# 카발라와 생명나무

## Jewish mysticism Kabbalah
## and
## the Tree of Life

글쓴이 김창호

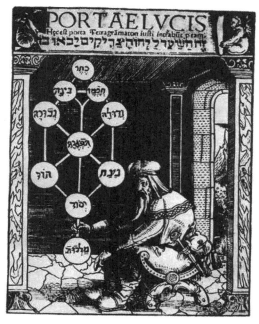

기독교인들에게 라틴어로 카발라를 소개한 책 「빛의 문」
(PORTAELVCIS) Zohar 의 출판과 거의 동시대에 스페
인 Kabbalist Joseph Gikatilla 가 13세기 말에 저술.
개종한 유대인 파울루스 리카우스(Paulus Ricius)는 처음
으로 이 작품을 라틴어로 번역, 기독교인들에게 카발라
(Kabala)의 개념과 입문과정에 해당하는 것을 제공한다.

예 랑

유대 신비주의

# 카발라와 생명나무
Jewish mysticism Kabbalah and the Tree of Life

지은이 _ 김창호

초판1쇄_ 2023.10.25
발행처 _ 도서출판 예랑
발행인 _ 김창호
등록번호_ 제 11-390호 1994년 7월 22일

주소_ 경기도 의왕시 왕곡로 55, 103-1102호
전화_ 010-2211-4111
팩스_ 031-696-6366
총판_ 하늘유통(031-947-9753)
Youtube.com/@biblelogos
http://cafe.daum.net/entebiblo

ISBN 978-89-88137-25-3 03200
정가_ 22,000원          ⓒ 김창호 2023

순례의 길을 함께 하는 모든 분에게

## 카발라 히브리어 원문해설을 위해 참고한 헬라어, 히브리어 사전과 프로그램

Greek -English Dictionary, The Complete Biblical Library. Springfield, Missouri, U.S.A.1990
The Strong's Exhaustive Concordance with Hebrew and Greek Lexicons. Baker Book House.1979
Dictionary of the Greek & Hebrew Bible 「완벽성경성구대전」
히, 헬-한글사전 편, 박형용(헬), 윤영탁(히) 역 아가페출판사, 1988
Analytical Key to the Old Testament, John Joseph Owens, Baker Book House.1992

Bible Program / https://biblehub.com/
웹사이트에서 참고한 〈카발라와 생명나무〉 관련 주요 논문
http://www.soul-guidance.com/houseofthesun/treeoflifestructure.ht
m

1. The Traditional Tree of Life : by Dirk Gillabel, 1983
2. The Structure of the Tree of Life : by Dirk Gillabel, 1983
3. The Tree of Life Expanded : by Dirk Gillabel, 1983
4. The Tree of Life Revised : by Dirk Gillabel, 1983
5. The Tree of Life and The Flower of Life : by Dirk Gillabel, 1983

위 논문들은 생명나무의 기본적인 이해를 위해 처음 입문할 때 참고했던 웹사이트
문헌들이다. 본서는 이를 바탕으로 나의 개인적인 생각하기를 통해 새롭게 이해한
생명나무에 관한 글이다.

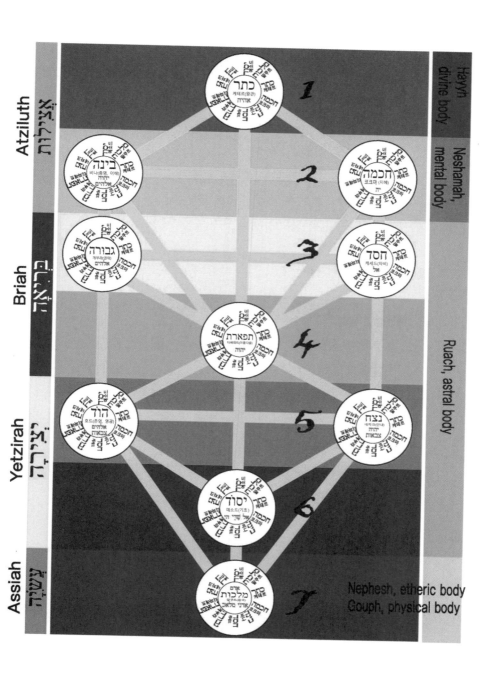

# 목  차

# 시작하는 말

동학의 인내천과 시천주는 세대와 지역을 달리하지만 존재 사유가 특정 지역의 전유물이 아님을 알게 해준다. 카발라를 소개한다는 것은 간단한 게 아니다. 나는 나의 성서 이해를 중심으로 순례의 여행을 하는 중, 풀리지 않는 수수께끼가 많았다. 여러 해 전 의문의 한복판에서 어렴풋이 들었던 유대 신비주의 카발리즘에 대해 떠올리게 되었고 구글 검색을 통해 카발리즘을 탐색하게 되었다. 카발리즘의 글들을 직접 번역해보고 개념을 파악해보니, 성서를 이해하는 데 매우 중요한 힌트를 얻게 되었다.

특히 카발라의 생명나무를 중심으로 전통 히브리인들의 주류 유대교와는 정반대의 생각으로 성서를 읽고 이해하는 신비주의 전통이 있다는 사실에 놀랐다. 카발라의 전체 문헌을 살펴볼 수는 없었지만, 카발라의 대표적인 상징 그림인 생명나무를 중심으로 살펴보았고, 생명나무에 등장하는 개념들을 이해해보려 나름 많은 시간을 보냈다.

아울러 서양 문명의 배면에는 주류 전통과 함께 카발라의 전통이 면면히 그들의 문화 속에 흐르고 있다는 사실도 발견했다. 서양 건축물의 곳곳에 마치 숨바꼭질하듯, 카발라의 문양이 비밀스럽게 담겨 있다는 사실들도 확인할 수 있다. 이는 각종 건축업무에 종사하던 카발리스트들에 의해 비밀스럽게 그들의 문양을 반영하고 흔적을 남겨 놓고 있다는 점이다. 베드로 대성

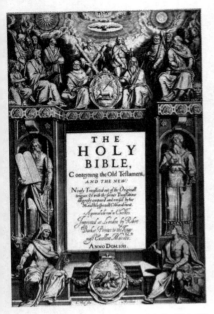

1611년 KJV 초판본 속표지 상단에 신성 네 글자인 야웨(יהוה)와 카발라 상징 그림이 선명

당에도, 기타의 각종 건축물에도 숱한 카발라의 문양들이 남아서 전해지고 있다. 심지어 KJV 번역 성경 초판본 속표지 그림에도 카발라 문양이 그려져 있다. 재판본에는 나타나지 않지만 비주류 신비주의 전통이 주류 건축물이나 각종 문화속에 면면히 흐르고 있다는 사실은 의미심장하다.

성서에서 풀리지 않는 수수께기로 남아 있던 이야기를 나는 카발라의 숨결을 통해 결정적인 힌트를 얻었고, 그에 대해 빚을 지고 있다는 점을 고백한다.

처음에는 생명나무 그림이 모세 오경을 압축한 도해라는 사실을 이해하기 위해 10개의 세피라에 대한 카발리스트들의 설명을 살피고 살펴도 그 이해가 명증하게 들어오지 않았다. 그래서 나중에는 그들의 설명을 뒤로하고 10개의 세피로트가 등장하는 성서의 문맥들을 일일이 살펴보고 또 탐색하였다. 나는 카발라의 생명나무에 등장하는 히브리어 개념들을 이해하려고 성구 사전을 이용하여 구약성서의 사용례를 모두 찾아보고 개념의 앞뒤 맥락을 숙고하였다. 이런 과정을 통해 내 눈에 들어온 카발라의 생명나무에 대한 확고한 흐름을 잡아낼 수 있었다.

이를 바탕으로 풀리지 않던 신구약의 많은 이야기를 내 나름의 시선으로 읽어낼 수 있게 되었다. 수수께끼 같던 요한계시록을 읽어내는 데도 바탕이 되었다. 서양 사유와 사상가들에게도 카발라의 전통에 담겨 있는 신비주의 전통이 무수히 영향을 미치고 있다는 점도 다수 확인할 수 있으나, 일일이 논구하기에는 역량뿐만 아니라 지면의 한계가 있다.

이 책은 카발리즘의 입문서 혹은 개론서가 다루는 카발라 신비주의 일반론은 취급하지 않는다. 개론서에 관심있는 독자들은 시중의 도서들을 참고하면 된다. 나는 카발라의 대표적인 상징 도해인 생명나무의 이해에 집중하고자 한다. 필자가 해석하는 카발리즘의 생명나무에 대한 이해는 K-카발라라고 불려도 무리가 아니라고 생각한다.

처음에는 우리에게 익히 소개된 카발라를 통해 카발라를 이해해 보려 많은 시간을 보냈지만, 위에서 밝혔듯 번역서나 서구의 카발라 해설서를 통해서는 큰 만족을 얻지 못했다. 나는 카발라에서 소개하는 생명나무의 개념 이해를 위해 독자적인 탐색에 몰입하였고, 성서와 깊은 씨름을 하면서 나만의 시각을 얻게 되었다. 감히 서구의 카발라 연구자들과 나의 이해와 해석을 공유하고 싶은 충동도 부인할 수 없다.

카발라의 생명나무를 탐색하면서 각 세피라에 등장하는 용어의 용례를 찾아보고 그 뜻을 살펴보는 것은, 생명나무의 도해가 성서의 내용을 압축한 그림이기 때문이다. 퇴계 이황은 성학십도를 통해 성리학과 유학의 핵심을 후학에게 쉽고 간결하게 전하였다. 동서를 막론하고 그 같은 방식은 후대에 전승하기 위한 매우 자연스러운 현상이기도 하다. 성학십도가 오래된 유교 경전을 이황의 탁월한 안목에 의해 10개의 도해(전승되어 오던 도해를 포함)로 압축하여 일목요연하게 나타낸 것이라면 세피로트의

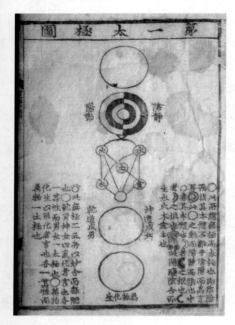

퇴계 이황의 성학십도 중 제일태극도

나무는 모세 오경인 토라의 핵심들을 상징화해서 하나의 그림으로 압축해 그려내고 있다는 점이다.

이제 저 그림을 어떻게 독해할 것이냐 하는 해석의 문제가 남는다. 야웨라는 히브리어 글자를 세로로 배열하니 사람의 형상이 된다. 카발라 생명나무의 핵심 개념은 신명 네 글자 '야웨'에 있다. 생명나무 역시 야웨를 그림으로 형상화한 것이다. 예수는 야웨의 신약적 이름이다. 야웨는 '나는 나다'를 안내하는 하나님이다. 신명 네 글자를 세로로 배치했을 때, 사람의 형상이 나타나는 것에서 카발리즘은 야웨는 사람을 비로소 사람 되게 하는 하나님이라는 걸 말하고 싶어한다는 점을 읽을 수 있다. 다음 그림은 이를 더욱 뒷받침해 준다.

그림 가장자리에 있는 히브리어는 예수라 이름한다. 그림 안쪽은 상부에 아담으로 하단은 이브라고 영어로 표기되어 있다. 야웨를 세로로 배열했을 때, 십자가에 달린 예수의 모습이 연상된다. 물론 이는 그저 글자놀이로 볼 수도 있다. 카발리즘의 상징성이 돋보이는 글자놀이다. 후대의 카발라 연구자들의 도형과 글자놀이라는 한계도 있지만, 인체비례도를 중심으로 도해는 앞으로도 새롭게 만들어질 것이다.

성서에는 옛사람들의 지혜가 가득 담겨 있다. 지혜의 보고(寶

인체비례도를 응용한 펜타그램

庫)요 광산이다. 따라서 카발라의 생명나무를 제대로 이해하려면 그것이 유래한 성서에 대한 이해가 뒷받침되어야 한다. 역으로도 성립한다. 카발라의 생명나무를 이해함으로써 성서에 대한 새로운 이해에 다다를 수 있다. 성서를 둘러싸고 이해를 달리하는 이들에 의해 서로 다른 종파가 생기고 종교 전쟁을 불사하며 역사는 흘러왔다. 지금도 여전하다. 카발라는 기존 성서 이해의 전통과 전혀 다른 방식이기에 비전(祕傳)으로 전해 내려올 수밖에 없었다. 기존 서구 신학의 전통과는 전혀 다른 방식의 성서에 대한 이해를 토대로 카발라의 생명나무는 그려진다.

지금은 글로벌 시대다. 동양의 고전이든 서양의 고전이든 지구촌 시대를 살면서 새삼 동서를 구분할 이유는 없다. 서로의 독특성을 이해하고 각각의 전통에서 파악하는 존재의 세계를 엿보는 지혜가 필요할 뿐이다.

카발라의 전통을 놓고 그것의 출처인 성서와는 동떨어진 채 불필요한 상상력을 동원한 해설이 난무하는 것은 도해의 부작용이다. 기존 기독교 전통의 도그마에 사로잡혀 생명나무를 설명하려는 모든 시도 역시 어리석음이다. 카발라는 도리어 기존 전통을 해체하고 훼파하는 강력한 힘이다. 기존 전통의 폭압을 견디며 비전으로 전해져 온 까닭이 거기에 있다.

새삼 유대 신비주의에 귀를 기울이는 이유는 무엇일까. 현재 성서를 둘러싸고 형성된 종교 전통은 도그마의 주장만 있을 뿐 결코 인생의 깊은 내면의 문제를 해결해내지 못하고 한계에 직면해 있다. 인간의 욕망을 부추겨 승승장구하는 종교의 한계는 분명하며 그 종말 또한 멀지 않았다. 서구 신학은 효력을 다하고 있고, 유효기간은 끝났고, 유통기한 역시 멀지 않았다.

이 책을 통해 소개되는 카발라의 개념들은 불교와 근현대 서양 사유와 동양에서 파악하는 인간 이해가 함께 융합되어 있고 나의 성서 이해를 바탕으로 카발라의 생명나무를 재해석하고 있다. 나는 카발라의 부정의 어법을 설명하기 위해 서양사유에서 헤겔의 변증법을 차용하고 동양의 반야심경에 나오는 공(空)과 무(無)의 개념도 차용한다.

교조적인 변증법과 교조적인 반야심경의 어법은 아인과 아인 소프, 아인 소프 오르를 설명하는 데에 아무런 도움이 되지 않는다. 헤겔의 변증법에 등장하는 개념과 반야심경에 등장하는 공(空)과 무(無)를 실존적으로 이해해야 한다. 그를 바탕으로 카발라의 기본 개념을 설명하려 하였지만, 헤겔의 변증법은 워낙 대중적인 언어가 아닌 까닭에 도리어 독자들에게 카발라의 생명나무를 어렵게 해석하고, 오해하는 위험도 있다. 그러나 이 같은 작업을 통해 서양 사유의 일단을 이해하는 것도 나쁘지 않으리라 생각한다. 하여 처음 아인과 아인 소프, 아인 소프 오르를 다룰 때에는 그 같은 접근법을 사용했다.

서양 사유의 밑뿌리에는 헬라 사상뿐 아니라 히브리 전통의 헤브라이즘이 자리하고 있다. 헤브라이즘도 여러 갈래가 있겠으나, 서양 사유의 배면에는 카발라의 전통이 크게 작용하고 있다는 점을 부인할 수 없을 것이다.

카발라 전통에서 전달하려는 그 본래의 뜻을 찾아 오늘의 언어로 풀이해 보려 했다. 때로 무리한 시도가 있더라도 독자들의 혜량을 바랄 뿐이다.

나는 이 글이 카발라의 전통을 이해하는 징검다리가 되길 바라며, 또한 성서 이야기에 더 깊은 힌트가 되길 바란다. 이 책이 나오기까지 도움 주신 분들이 많다. 정성껏 교정에 참여해 주신 분들께 특별히 감사한다. 함께 순례의 길을 걷는 모든 이들과 이 책을 출간하는 기쁨을 공유하기를 희망한다.

# 세피로트의 나무

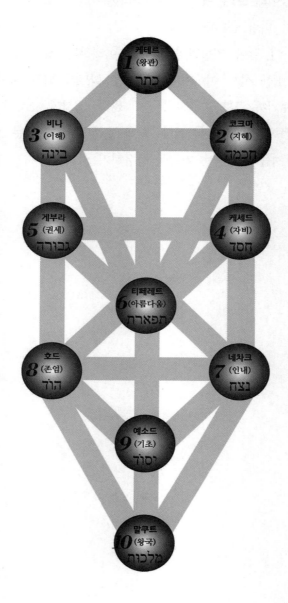

1 케테르 (왕관) כתר

3 비나 (이해) בינה

2 코크마 (지혜) חכמה

5 게부라 (권세) גבורה

4 케세드 (자비) חסד

6 티페레트 (아름다움) תפארת

8 호드 (존엄) הוד

7 네차크 (인내) נצח

9 예소드 (기초) יסוד

10 말쿠트 (왕국) מלכות

# I
# 신성 네 글자와
# 생명나무

# 신성 네 글자(יהוה)

카발라의 중심 주제는 신명 네 글자 '야웨(יהוה)'에 있다.

생명나무 도해의 배경에는 야웨 네 글자 세로 배열이 있다. 글자놀이를 통해 모세 오경에 담긴 핵심을 그려내려 한다.

야웨 하나님은 모세에게 계시된 하나님이다. 출애굽기 3장 14절에서 야웨 하나님은 아주 간결 명쾌하게 그 본래 의미가 드러난다. 출애굽을 단행하기 전 광야에서 모세를 향한 하나님의 부르심이 있었다. 모세는 바로를 피해 광야에서 장인 이드로의 양치기로 있는 동안에도 그의 내면에는 애굽에 있는 이스라엘 백성이 떠나지 않았고 마음에 걸렸을 것이다. 애굽에서 괴롭힘당하는 민족의 아픔이 절절히 전해져 왔음을 알 수 있다.

이때 떨기나무가 불에 타고 있었지만, 나무가 불에 사그라지지 않는다. 떨기나무의 불꽃은 민족을 향한 모세의 불타는 심장을 상징하는 것이고, 나무는 광야의 한가운데에 바로의 가시에 찔리고 있는 동족이고 그것이 모세의 가슴에도 그대로 전해져 사라지지 않는 것을 의미하는 것이다. 불꽃은 사라지지 않고 활활 타오르는데, 그 한가운데에서 바로의 가시에 찔리고 있는 자기 자신도 사라지기는커녕 더더욱 선명해진다. 물론 동족을 향해 있는 그의 마음이다. 그 같은 정황에서 야웨 하나님의 음성을 듣게 된다.

출애굽기 3장은 모세의 대전환과 자기 결정의 장이기도 하다. 그의 뜨거운 가슴 한가운데에서 신과의 대화요, 그중 3장 14절은 모세의 오도송(悟道頌)이 아니겠는가.

도대체 애굽에서 겪고 있는 백성들의 고통과 고난이 모세에게 무슨 상관이길래 모세는 백성들의 고통을 체휼하게 되었을까. 이때 모세는 질문한다.

> 모세가 하나님께 고하되 내가 이스라엘 자손에게 가서 이르기를 너희 조상의 하나님이 나를 너희에게 보내셨다 하면 그들이 내게 묻기를 그의 이름이 무엇이냐 하리니 내가 무엇이라고 그들에게 말하리이까(출 3:13)

조금 각색해보면 이러하다. 그의 뜨거운 가슴은 끊임없이 백성들이 눈에 밟혔을 게 분명하다. 가슴은 불타는데 그의 가슴을 불붙이는 존재에 대한 이해가 명증하지 않다는 게 또한 모세의 갈등이다. 유모(어머니)로부터 혹은 유대 전통 속에서 배운 하나님인 건 알겠지만, 그 존재가 도대체 누구인지 명확하지 않은 상태에서 뜨거운 가슴만으로 무작정 백성들에게 나아가서 설득

할 수는 없다.

불에 타지 않는 떨기나무 아래의 모세 이야기는 불덩이가
된 모세의 자기 정체성에 대한 씨름이라고 나는 여긴다. 여기서
'야웨 하나님'에 대한 천둥과 번개 소리를 듣는다.

אֶהְיֶה אֲשֶׁר אֶהְיֶה(에흐에 아쉘 에흐예. I AM THAT I AM)

이보다 명확한 오도송(悟道頌)이 또 있을까. 나는 나라는 말이
며, '나의 나 됨'이라는 말이다. 나는 나인 하나님! 출애굽이란
종의 상태로부터 '나의 나 됨'을 향한 첫걸음이다. 그의 하나님
은 야웨 엘로힘이라는 말이다.

'야웨'라는 히브리어 단어를 풀어보면 그 뜻은 He was that
He will Be 의 의미를 그대로 내포하고 있다. 야웨는 하야(BE)
동사의 완료시상(הָיָה He was)과 미완료 시상(יִהְיֶה He will be)의 합성어
다. 이 둘의 결합으로 이루어진 단어이며 거기 본래의 의미가
담겨 있다(상세한 내용은 본서 '야웨 신앙 여전히 유효한가' 편 참조). 야웨란
'그가 존재다'이며, 신약의 방식으로 하면 '내가 나로 나아 간
다'는 의미가 담겨 있으니, 야웨 엘로힘이란 '나의 나 됨'을 이
루는 하나님이라는 뜻이 명확하다.

따라서 '구원'이란 '나 아닌 나'로 살던 삶이, 즉 애굽의 바로 밑에서 종살이로 살던 삶이 비로소 내가 나로 살게 되는 것을 일컫는 성서의 독특한 언어다. 이를 출애굽이라고 하고 '구원'이라고 성서는 말해준다. 현재 '구원'이라는 말은 너무 배타적 용어로 사용되고 있는 게 사실이다. 나와 너를 구분하고 선민의식과 이방을 구분하는 타락한 용어로 사용되고 있다.

대다수 번역 성서가 이를 '스스로 있는 자'로 번역하면서 야웨의 의미가 퇴색되고 야웨 엘로힘이 아닌 엘로힘을 강조하고 말았다. 모세에게 계시한 본래의 의미는 숨어들고, 다시 예전 모세에게 모호했던 엘로힘으로 회귀하는 번역이 되어 버린 것이다. 즉, 3장 14절의 답변을 듣기 이전 모세의 상태에 머물던 알 수 없는 하나님인 엘로힘으로 말이다.

바울은 이런 표현을 한다.

에이미 호 에이미(I am what I am-고전 15:10).

이를 대개의 번역 성경들은 '나의 나 된 것'으로 번역해준다. 즉, '스스로 있는 자'로 번역하지 않는다는 것이고 이는 매우 적절하다 하겠다. 맥락은 조금 다르지만 출애굽기 3장 14절과 헬라어로는 동일한 표현이다. 에고(I)라는 강조하는 주어가 생략되어 있지만, 헬라어는 동사 속에 인칭 주어가 내포되어 있어서 에이미라는 말과 에고 에이미라는 말은 동일한 문장이다. 물론 후자는 에고 곧, '나'를 좀 더 강조하는 문장이라고 보면 된다.

성서는 결국 나로 살지 못하고 종으로 살 수밖에 없는 인생들에게 '나의 나됨'을 이루는 길을 안내하는 책이고 야웨 하나님은 바로 그 같은 하나님을 일컫는다. '내가 목자다'라고 계시된다면, 양치는 길을 안내하겠다는 뜻이고 '내가 목수다'라고 드러난다면, 나무를 잘 다루는 사람으로 인도하겠다는 뜻임은 자명하지 않은가.

모세에게 '야웨 하나님,' 곧 'I AM THAT I AM'으로 계시되었다면, 그리고 그런 그가 모세를 애굽의 백성들에게 보냈다면 애굽의 종살이를 벗어나 '내가 나'로 사는 길로 안내하겠다는 뜻이 명백하다는 말이다.

이 같은 엘로힘에 대한 정체성이 명확해지고 나서야 모세는 비로소 그가 떠나왔던 애굽을 향할 수 있었다. 바로 공주의 아들임을 거부하고 떠날 수밖에 없었던 그곳. 자기 백성들의 울부짖음이 있는 그곳을 향해 발걸음을 옮길 수 있게 되었다는 말이다.

히브리인들에게 드러난, 모세에게 드러난 '야웨' 하나님의 정체성은 신약에서는 예수 그리스도에게 그대로 수렴된다. '야웨 하나님'의 이름을 망령되이 부르지 말라는 엄중한 계명은 야웨를 또 다시 헛되이 부르지 말라는 말에 다름 아닌데, 히브리인들은 야웨를 '아도나이'로 바꿔 부르고 만다. 기록은 '야웨 엘로힘'으로 되어있는데 읽기는 '아도나이 엘로힘'으로 읽는다. 지금도 그러한 전통은 바뀌지 않고 성서를 읽을 때 혹은 낭독할 때 '야웨 엘로힘'이라 써놓고 '아도나이 엘로힘'으로 읽는다. 사람의 열심이 하나님의 이름을 바꿔놓고 마침내 '야웨'의 이름을 잃어버린다. 테트라그람마톤(τετραγράμματον), 신성한 네 글자라는 명칭으로 바꿔 부르기도 한다. 혹은 '하 쉠 (השם 그 이름)'으로 불렸다.

아도나이 엘로힘은 '주 하나님'이라는 뜻이다. 망령되이 부르지 않겠다는 그들의 충정이 역설적으로 하나님을 참으로 망령된 이름으로 바꿔 부르고 만 것이다. 그리하여 '야웨'는 히브리인들에게 활자로만 남아버렸고, 그들의 언어 속에서 잊혔다. 모세에게 계시된 야웨 하나님은 자취를 감춰버렸다는 얘기다.

대부분의 번역 성경들은 아예 '야웨'라는 말을 거세시킨다.

대표적으로 KJV 성경은 '야웨'라는 말 대신, 'the Lord'라는 말로 대체시켜 버린다. 물론 이것은 70인 역에서 야웨를 '큐리오스'로 번역한 것을 그대로 따른 것이다. 신약성서도 이 점에서는 70인 역 방식을 따라 '주 예수'로 부르고 있다. 이것은 참으로 터무니없고 어처구니없는 일이며 치명적인 왜곡이다. 야웨라는 이름을 신약성서에서 추방한 셈이다. 그러나 예수의 이름 속에 야웨는 수렴되었다. 여호수아, 호세아, 예수라는 이름을 통해 '야웨는 구원'이라는 의미가 이어졌다.

히브리어 텍스트에는 소리는 사라졌어도 문자는 남아 있다. 하지만 70인 역과 KJV 번역 성서는, 구약성서에서조차 야웨 하나님을 거세시키고 the LORD 로 변형시켜 버렸다. 성전을 사모하는 열심이 예루살렘 성전을 삼켜버렸듯, 하나님을 사모하는 열심(망령되이 불러서는 안 된다는 그 대단한 믿음)이 야웨 하나님을 아예 추방했고 뒷방으로 밀어냈다.

이로써 모세를 통해 드러난 계시를 전무후무하게 싹둑 잘라버린 유대교는 거기서부터 배타적이고 이기적인 이상한 종교로 전락해버리고 기독교는 변종 유대교라는 비판을 면할 수 없게 된다.

아웨 하나님으로 계시 된 하나님이 또다시 엄위하신 하나님으로 환원되어 버렸다. 이것은 유대교의 비극이고 역사의 비극이다. 그것이 어찌 유대교만의 일이랴. 거기서부터 야웨 하나님은 그냥 엘로힘의 별칭으로만 있고, 그의 위상은 다시 주 하나님(아도나이 엘로힘)이라는 이름을 달고 엘로힘의 자리로 떠밀려가고 만다. 우상의 나락으로 떨어져서 점진적인 계시가 아니라 도리어 퇴보하고 있고 계시는 사라져 버리고 말았다.

신약의 예수 그리스도는 이를 종식한다. 예수 그리스도 속에 야웨 하나님은 수렴되고 포괄한다. 구약 속의 신약은 '야웨'에 있다. 야웨가 가장 잘 함축된 신약성서는 계시록 1장 4절 후반부라고 할 수 있겠다.

ὁ ὢν καὶ ὁ ἦν καὶ ὁ ἐρχόμενος

(호 온 카이 호 엔 카이 호 에르코메노스)

which is, and which was, and which is to come(KJV)

이를 우리말 성경은 "지금도 계시고 전에도 계시고 장차 오실 자"로 대부분 번역하고 있지만, 이 또한 유감스럽게도 하나님을 우상으로 놓고 읽기 때문에 나타나는 번역문이다.

호 온 카이 호 엔 카이 호 에르코메노스는 예수 그리스도의 계시를 나타내주고 있는데, 모세에게 계시가 된 'I AM THAT I AM'에 대한 또 다른 생생한 표현이고 동시에 '야웨'를 그대로 담아내는 신약적인 표현이다. 예수 그리스도의 계시(야웨 하나님을 수렴하고 있는)에 대한 현재적 표현이라는 말이다. 우리 각자에게 드러나는 예수 그리스도의 계시요, 자신의 자신 됨을 현현하는 절묘한 표현법이다.

이 문장에서 헬라어의 시제를 세밀히 살핀다면, 거기 어디에서도 과거 현재 미래 시제로 나눌 수 없다는 걸 알 수 있다. 따라서 번역에서 '전에도, 혹은 장차'라는 표현은 적절하지 않다는 말이다. 예수 그리스도의 계시는 언제나 지금을 중심으로 이루어지고 있다. 그것은 먼 미래, 그러니까 장차 일어날 사건도 아니고 또한 어제에 있었던 일도 아니다.

호 온과 호 에르코메노스는 현재분사이고 호 엔은 미완료시제다. 헬라어에서 미완료시제는 부정과거와 확연히 구분된다. 부정과거(Aorist)가 어느 시점(포인트)의 동작을 말한다면 미완료시제(Imperfect)는 어떤 동작이나 상태가 아직 완료되지 않음을 나타내준다. 언제나 되풀이되는 것이고 반복적인 것을 일컬을 때 사용한다. 동시에 그것은 현재를 중심으로 현재분사를 지향하는 것을 의미한다. 현재, 과거, 미래로 번역하는 것은 어불성설이라는 말이다.

예수는 자신을 일컬어 에고 에이미(I AM)라고 선언한다(요 8:58). 아브라함이 나기 전부터 '나는 나다'라고 하고 있다. 이 위대한 선언 속에 '야웨 하나님'이 그대로 담겨 있다.

예수의 어록은 I AM 이라는 1형식 문장, 그리고 수많은 보어가 따라와 2형식 문장을 이룬다. 길과 진리와 생명뿐만 아니라, '나는 빛이다. 나는 양의 문이다. 나는 목자다.' 등 수많은 정체성의 확장이 이루어진다. 그 모두는 I AM 에서 시작되고 마치는 것이며 나의 나 됨이 어떻게 이루어지는지를 보여주고 또한 안내한다. 그런 의미에서 그는 주(Lord)이며, 모범이고, 안내자요 야웨의 신약적 완성이다. 여호수아는 '야웨는 구원이심'이라는 의미가 있는, 모세 이후 광야에서 이스라엘 백성들을 가나안으로 인도하는 모세의 후계자의 이름이다.

여호수아의 이름은 예수와 헬라어로 철자가 똑같다(행 7:45, 히 4:8). 의미 또한 같다. 야웨는 구원이라는 의미를 담고 있다. 마태복음 1장 21절은 야웨는 구원이라는 의미의 이름인 예수로 이름 짓는 까닭이 자기 백성을 저희 죄에서 구원할 자이심이기 때문이라고 기록하고 있다.

따라서 야웨는 구원이고, 예수는 야웨의 구원을 이루어간다. 모세를 믿었다면 나를 믿었을 것이라는 예수의 말씀은 여러 가지 의미가 있겠지만, 이 점에서도 명확하다.

> 모세를 믿었다면 또 나를 믿었으리니 이는 그가 내게 대하여 기록하였음이라(요 5:46)

모세를 제대로 안다면 예수도 그대로 드러난다.

출애굽기 3장 14절은 모세의 새로운 출발이다. 모세 오경은 모세의 이러한 신관의 토대 아래 이야기가 모아졌고, 편집과 저작되었다고 보는 것이 타당하다. 창세기의 수많은 이야기는 그러한 모세의 관점이 반영되고 투영되었다는 말이다. 창조 이야기, 에덴의 아담 이야기, 노아 이야기, 아브라함의 이야기, 이삭과 야곱 이야기들 속에 어찌 야웨 하나님에 대한 모세의 생생한 계시가 배제된 채 배치될 수 있었을까.

# 생명나무 풀이에 앞서

전통에 대한 해석은 누구의 독점물일 수 없다. 해석은 무한히 열려 있다. 도대체 해석을 뉘라서 독점적으로 소유할 수 있다는 말인가. 유행가 가사에는 사랑 이야기가 수없이 많다. '사랑은 눈물의 씨앗'으로부터 수사적인 표현이 수없이 등장한다. 작사가는 유사한 표현을 무수히 구사한다. 언어는 누구의 독점물이 아니기 때문이다. 언어는, 그리고 전통의 사유물은, 그리고 사유에 대한 해석들은 이미 공공재다. 그것이 해석되어 공표되는 순간부터 그것은 나의 것이 아니다. 내게서 떠나 누구와도 조우할 수 있고 또 거부될 수도 있다. 만일 그 해석이 자신만의 것이라면 공표하지 말고 혼자 갖고 있으면 된다. 그것은 반드시 좀이 먹고 동록이 해하게 된다. 글을 쓰고 말을 하는 까닭이 여기에 있다. 성서 혹은 도덕경이나 수많은 인문학 서적들은 공공재다. 모세 오경을 비롯한 구약의 전통에 대해 비밀스럽게 전승되어온 카발리즘도 이미 공공재다.

윈도우 OS를 바탕으로 수많은 앱이 창발적으로 개발되는 것은 더더욱 권장된다. 구구단을 배웠으면 이를 바탕으로 수많은 연산활동을 하는 것은 너무도 당연하다. 성인(聖人)은 없다. 선생도 없다. 모두가 한시적이다. 선생 되려는 것은 그런 점에서 어리석음이다. 다만 자신의 의견을 표명하면 된다.

성서에 대한 나의 개인적 해석을 바탕으로 누군가 삶을 변화시키고 닫힌 의식이 확장된다면 나는 나의 해석에 보람을 느낀다. 나의 이해와 해석을 바탕으로 누군가 그것에 덧붙여 그 자신의 새로운 해석의 세계를 넓혀간다면 그 또한 의미 있는 일이다. 나의 사유는 수많은 이전의 스승과 전통의 영향을 받아 그들을 끊임없이 넘어서려 한다. 성서나 도덕경이나 반야심경이나 많은 현자의 인문학 서적들은 나의 언어로 변환된다. 언어는 사용하는 이에 의해 끊임없이 새로운 기의(記意)로 변용되기 때문이다. 내가 변용한 것을 비판할 수는 있지만, 전통의 영향 아래 있는 그 자체를 비판할 수는 없다. 누구도 전통에서 벗어날 수 없기 때문이다.

나는 세종대왕의 영향 아래 한글을 사용하고 있다. 나는 한 번도 세종대왕의 한글을 표절한다는 생각으로 사용한 적이 없다. 한글을 자유자재로 사용하는 것에 부끄러움을 느끼지 않는다. 그것은 이미 공공재로 우리에게 와 있기 때문이다.

니체는, 철학은 기본적으로 폭군 같은 충동이라고 했다. 철학만이 아니고 어떤 영역의 학설에서도 마찬가지다. 모든 이론과 해석체계를 확립하려는 이들의 배후를 보라. 한 이론을 반박

할 수 있다는 것은, 치밀한 두뇌의 소유자들에겐 입맛이 당긴다.[1] 그래서 모든 해석체계 혹은 이론체계는 이미 누군가에 의해 여지없이 해체된다. 따라서 해석이나 이론체계를 세우고 그것을 소유하며 거기에 갇혀 있는 것은 어리석음이요, 불안이다. 정신의 오만함은 지배를 낳고 복종을 요구한다. 편견을 생성하고 굴종케 한다.

거기 어디 니체가 말하는 인간의 위대한 자유 정신이 깃들 수 있을까. 니체 당시 풍미하던 민족주의니 조국애니 혹은 나만의 독점적 사유와 해석이니 하는 것 역시 낡은 애착과 편협함이다. 깨달음은 정신의 먹거리(糧食) 활동이지만 깨달음에 사로잡히면 그게 감옥이 된다. 정신의 오만을 낳는다. 성서는 바빌론에 포로로 잡혀가는 이야기를 통해 그 같은 정신 현상을 담아낸다. 즉, 정신이 오만의 포로가 되면, 마치 바빌론에 잡혀간 것과 방불한다. 영지주의적 특성이다. 성서의 바빌론 포로 이야기는 인간의 그 같은 특성을 은유한다. 그러므로 우리는 늘 "스스로 아는 것"에 잡히지 말고 그것으로부터 자유로워야 한다.

모름지기 현대인들은 자신답지 않게 살아가면서 '세인의 독재'하에 자신을 잃고 꼭두각시와 같이 타의에 의해서 움직이는 그릇되고 비본래적인 삶(Uneigentlicjkeit)을 청산하고, 존재에게로 되돌아와서 존재자에 매료되고 존재자를 위주로 해서 존재 중심의 삶을 살아야 하며 존재의 빛으로 자신과 세상만사를 이해

---

1) 니체, 「선악의 저편·도덕의 계보」 참조, 김정현 역, 책세상, 2002

하고, 진정 '현존재'로서의 자신답게, 참되고 본래적인 자신다운 삶을(Eigentlichkeit) 영위해야 한다.[2)]

　하이데거의 존재 사유 핵심도 본래적인 자신다운 삶에 있음을 여실히 보여주는 것이라 하겠다. 타의에 의해서 움직이는 그릇되고 비본래적인 삶을 살게 되는 까닭은 어디에 있을까. 여러 가지 원인을 들 수 있겠지만, 그중 첨병은 신과의 관계에서 비롯된다. 신이라는 이름을 지니고 있지만, 일개 존재자의 하나로 전락해서 우상이 된 채 엘로힘이라고 하는 이름을 지니고 인생의 전면에 등장해 지배력을 행사하는 신이야말로 인생이 스스로 생각하고 본래적인 삶을 향해 한 걸음 나아가는 길을 차단하는 데 큰 역할을 한다. 절대타자요 폭력적인 신. 신을 중심으로 그저 한낱 세인 곧 평균적 인간으로 있는 채 스스로 생각하지 않고 전해진 도그마에 의존하는 종교성은 타자 의존적(신에 대한 요청) 식민근성을 더욱 부추긴다.

　성서 혹은 히브리인들의 카발라에서 말하는 '야웨'는 절대타자의 폭력적 신을 의미하는 게 아니라, 하이데거가 말하고 싶은 '존재'라는 사실이다. 이 같은 견해에 대해 견강부회라고 비판할 수도 있을 것이다.

　'야웨'라는 신의 이름은 '존재'를 담고 있다. 이를 달리 해석하는 이들에 의해 '야웨 엘로힘'조차 우상으로 변모시켜 절대타자로 둔갑해 있고 인생들이 부복해서 인육제사(人肉祭祀)를 통해 은총을 입어야 하는 존재로 하늘 높은 곳에 올려져 있다. 유대

---

2) 「하이데거의 존재와 현존재」 김종두, 새물결플러스 2014, 47쪽

신비주의로 알려진 '카발라'의 삼각형 그림. 그 안에 그려져 있는 '야웨'는 결코 인육제사(人肉祭祀)의 대상으로 삼기 위한 상징 그림이 아니다. 나의 나 됨을 이루는 것이 '야웨'이고 존재와 마주하는 것이며 구원이라는 것을 비밀스럽게 전하고 싶은 비전(秘傳)의 전통, 카발라 전승가들의 묘책이다.

그는 거기 그렇게 현존재[3]와 격절(隔絶)로 있는 게 아니라, 여기 내존(안에 있음)하고 있을 뿐만 아니라 끊임없이 존재와 마주해서 존재의 빛으로 나아가려는 현존재는 존재와 외존(존재와 떨어져서 존재를 향하여 있음, 지성소와 성소의 관계와 같음)의 형태로 마주하고 있다.

카발리즘에서 말하는 아인, 아인 소프, 아인 소프 오르의 개념은 조물주가 물리적 우주를 창조할 때의 신비적 현상을 일컫는 게 아니다. 우주 만물의 창조 얘기가 아니라는 말이다. 인간의 의식이 타자의 지배 아래에 있다가, 즉 비본질에 속해 있다가 이를 극복하고 본래적인 삶을 찾아가는 여정에서 나타나는 비의(秘意) 개념이다. 창세기 1장 역시 마찬가지다. 창조 신화의 이야기를 비유로 차용하고 있을 뿐, 우주 창조의 얘기가 아니라 인식주관의 새로운 세계에 대한 창조 이야기다. 의식이 비로소 자기의식으로 일깨워져 마침내 하나님의 형상과 모양의 사람을

---

3) 현존재(現存在, 독일어: Dasein)는 마르틴 하이데거의 실존주의 철학, 특히 《존재와 시간》에서 중요하게 다뤄지는 개념이다. 독일어로 '그곳에(da) 있는(sein)'이라는 뜻이다. 인간만이 존재에 대해 물음을 던질 수 있다. 하이데거는 이런 특성 때문에 다른 존재자와 구분하여 존재 물음의 인간에 대해 현존재라 했다. 본서에도 현존재라는 말을 자주 사용하고 있는데, 존재에 대해 묻는 인간의 특성을 강조해서 이 개념을 사용한다.

이루는 과정을 일컫는다.

의식은 처음에는 부득불 타자에 의해, 전통에 의해 의식활동이 이루어지기 시작하고 활성화된다. 타자가 씨를 뿌리고 물을 주고 의식활동의 영토에 들어온다. 곧 전두엽과 후두엽, 좌뇌와 우뇌의 각종 신경망을 타자가 자극하여 활성화한다. 정보전달 체계의 우주가 반짝이고 뉴런과 뉴런 사이를 잇는 신경 전달 물질이 활성화된다. 어머니와 아버지에 의해 시작된다. 어머니와 아버지에 의해 자극된다는 것은 전통과 사회의 집약이 어머니와 아버지를 통해 전달된다는 것을 의미한다. 즉 타자가 언어 감각을 일깨우고 대뇌피질에 각종 의식의 씨를 반복해서 뿌리며 자극한다. 처음에는 누구나 그렇게 의식의 세계가 열리고 있으니 따지고 보면 타블라 라사4), 백지에 그림을 그리는 것은 스스로가 아니라 타자라는 점이다. 의식이 타자에 종속될 수밖에 없고 타자의 꼭두각시로 형성될 수밖에 없는 까닭이다.

의식은 꼭두각시 노릇에서 점차 독립의 과정을 겪게 되고 마침내 스스로에 의해 의식활동이 펼쳐지는 마당을 지향(指向)한다. 정신의 발달단계라고 할 수 있고, 헤겔이 말하는 절대정신을 향해 여행하게 된다. 비로소 비존재(꼭두각시)에서 존재(의식의 독립, 자기 정신)를 향하게 된다는 점이다. 카발라는 그 같은 역동적인 과정에서 아인, 아인 소프, 아인 소프 오르의 개념을 등장시켜 의식의 독립과정을 생생하게 증언한다.

반야심경의 공(空)이나 무(無) 역시 마찬가지다. 우주 만물의

---

4) 타블라 라사 tabula rasa, 라틴어로 '깨끗한 석판'

공을 이야기하는 게 아니다. 12 연기와 의타기성(依他起性)으로 인해 고정불변한 것은 없으므로 만물이 공하다는 얘기는 번지수를 잘못 짚은 것이다. 색즉시공(色卽是空)에서 색(色)이란 저기 그렇게 있는 우주와 만물을 일컫는 색(色)이 아니다. 거기 그렇게 있는 우주 만물은 단지 자신들의 현상을 질료로 인식주관(六根)에 제공(六境)하고 있을 뿐이다. 그것을 인식하고 해석하는 인식주관에 수렴된 세계가 색(色)이다. 오온(五蘊)에 의해 인식된, 인식하는 육체(六根)를 일컬어 색(色)이라 한다. 이때 인식된 것을 식(識)이라 한다. 색즉시공(色卽是空)의 색은 거기 그렇게 있는 만물이 아니라, 그것을 인식하는 여기 내가 인식하는 인식의 세계를 일컫는 말이다. 의식공간에 나타나서 의식의 집을 이루고 있는, 의식의 집에 채워져 있는 무수한 가구(家具)들을 일컬어 색(色)이라 한다.

왜 색이 공하다는 깨달음이 찾아올까. 그것은 자신의 본질과는 무관하게 타자의 자극 때문에 의식의 집이 지어졌고, 또 그 집이 타자에 의해 만들어진 가구(家具)들로 채워졌으니 나의 본질과는 무관한 그들의 것(타자)이라는 자각이 찾아올 때, 비로소 색은 공하다는 인식이 주어진다. 나라고 채색된 그 모든 게 나와 무관한 것이었다는 각성이 찾아올 때 부르는 노래가 색즉시공(色卽是空)이다. 즉 나는 꼭두각시가 아니아(色卽是空)라는 절망과 희망의 경계에서 부르는 노래다.

따라서 공(空)과 무(無)는 해석의 세계가 아니다. 거기 그렇게 있는 세계의 본질에 대해서는 알 수가 없다. 공한 것도 무한 것도 아니다. 알 수 있는 게 아니다. '단지 모를 뿐'만 있을 뿐이다. 자연과학에서 밝히는 규칙들도 그들이 제공해주는 현상에 대해서만 말할 뿐이지, 그것 자체를 말하는 게 아니다. 장미가 제공해주는 현상만을 보고 종(種)과 속(屬)을 분류하고 정돈해서 장미라고 말할 뿐, 장미 그 자체의 본질에 대해서는 알 수 없다는 말이다. 따라서 공과 무는 인식주관이 체험적으로 경험하는 세계다. 자기 자신에게 형성된, 색수상행식을 통해 체계 지워진 의식세계의 공(空)함과 무(無)를 경험하는 것이지, 세계에 대한 해석의 결과물이 아니다.

카발라의 아인과 아인 소프, 아인 소프 오르 역시 마찬가지다. 아인과 아인 소프는 존재(sein)의 터다. 공과 무는 현존재에게 드러나는 존재의 토대다. 그런 점에서 공(空)과 무(無)야말로 어둠이 아니라 빛(아인 소프 오르)의 토대라는 말이다. 공과 무는 빛의 자궁이고 '나'를 잉태하고 낳는 태반이다. 실존적으로 다가오는 아인 소프의 경험이 우리 앞에 펼쳐져 있는(진설된) 길이고 먹어야 할 빵(陳設餠)이다. 아인(not, 無)은 물리적 우주 창조의 프로세스가 아니라 의식이 혁명적으로 변화하는 변곡점이다.

# 신비주의란?

 

흔히 카발라를 유대 신비주의(mysticism)라고 일컫는다. 신비주의에 대해 해명하고 카발라의 개념을 살펴볼 필요가 있다. 신비주의는 반지(이)성적이고 비합리적이며 초자연주의를 추구하며 비밀주의를 고수한다는 것은 전적으로 신비주의를 오해한 것에서 비롯된다. 강신무의 신내림이나 임사체험 혹은 유체이탈과 같은 개인의 비밀스러운 체험 등을 신비주의라고 규정하는 것이 적절할까. 신비주의의 본령은 그 같은 것에 있는 게 아니다.

신비주의란 비밀스러운 가르침이 아니다. 비밀스러운 가르침과 비밀의 가르침은 전혀 다른 말이다. 비밀스러운 가르침은 감추고 싶은 게 있다는 말이고, 비밀의 가르침은 감춰진 것, 덮여 있는 것을 드러내고 싶다는 뜻이니 서로는 정반대의 말이 된다.

신비주의는 비밀의 가르침이며 비밀을 전함이다. 물론 비밀이 드러날 때 기존 주류 종교의 박해가 극심해 비밀 드러내기가 비밀스럽게 전수될 수밖에 없었다. 그래서 많은 오해가 있는 것도 사실이다. 밀교(密敎)는 비밀의 가르침이란 뜻으로 문자 언어로 표현된 현교(顯敎)를 초월한 최고심원(最高深遠)한 가르침을 말한다. 공개된 비밀은 비밀(무스테리온)일까. 형용모순인듯하지만, 여전히 누군가에게는 공개되었어도 비밀이다.

도대체 삶이란? 사랑은? 마음은 무엇이지? 나는 누구이고 신(God, 神)이란 무엇인가? 이런 말은 이미 모두 공개되고 노출되어 모두가 알고 있다. 알고 있으면서도 모른다. 그러므로 비밀이다. 신비주의는 이미 열어 보였지만, 그러나 여전히 비밀스러운 것을 주제로 삼는 것이 신비주의요 혹은 밀교다. 관습과 도그마로 닫힌 시스템에서는 다룰 수 없는 주제들을 다루다 보니 밀교 형태를 띠기도 한다. 열린 사회일수록 밀교가 필요 없다. 오늘날 온라인에서는 모든 주제가 다 논의된다. 인류는 더는 닫힌 사회로 갈 수 없다. 다만 그런데도 여전히 비밀은 비밀이다.

"이성의 맷돌로 분쇄되어 굳어지기 전에 정신의 통밀을 맛보고 싶다."라는 것이 신비주의자들의 관심 사항이다.

모름지기 통밀빵이 몸에 좋다고 했던가. 이성의 분쇄기로 잘게 부수기보다는 마음의 발효 통에서 발효 숙성할 때 도리어 원만한 이해(총명, Understanding, 비밀의 드러남, 존재 아래 머뭄)를 경험한다. 이성의 맷돌을 돌려서 분석하고 나누고 쪼개어 언어로 표현된 것이 현교(顯敎)의 도그마라면 드러나지 않은 것에 관한 관심 사항이 밀교요 신비주의다. 그러므로 철학자는 신비주의자라는 말이 틀린 말이 아니다. 비밀을 드러내고 설명하고 분석하고 의식에 통합시키는 활동을 하는 이들이 바로 철학자이기 때문이다. 하지만 여전히 드러난 것은 빙산의 일각이고 많은 것은 비밀로 남아 있다.

철학 함이란 드러난 것이 아닌 드러나지 않은 것에 가지는 관심이다. 그런 점에서 오늘날은 철학자를 만나기가 쉽지 않다. 이성의 분쇄기만 돌려대는 이는 철학자가 아니다. 신비의 바다에서 이성과 감성은 그저 작은 구성요소일 뿐이다. 예술가를 신비주의자라고 말한다 해서 기분 나쁠 필요는 없다. 드러나지 않은 것(비밀)을 창조적으로 드러내는 작업이 예술가들의 활동이지 않은가.

비밀 전체를 언어로 표현하기는 불가능하다. 의식에 통합하려는 무수한 설명에도 불구하고 부분만을 은유와 비유로 표현할 수밖에 없다. 예술은 비밀의 세계를 은유를 동원해 표현의 세계로 끄집어내는 창조 활동이다. 현교와 밀교는 서로 대척점에서 배척의 관계가 아니다. 현교는 끊임없이 밀교로부터 자양분을 공급받아야 하고 밀교는 현교에 에너지를 흘려보내야 경직되지 않는다. 여기서 밀교란 비밀스러운 종교 조직을 의미하는 게 아니라 그를 훨씬 넘어선다. 문사철(文史哲)이 추구하는 고뇌의 공간, 시인들의 감수성에서 드러나는 언어, 예술인들의 심미적 세계에서 빚어 드러내고 싶은 창조물들은 곧 밀교적 영역이라 하겠다. 현교는 끊임없이 그들과 교감하며 귀를 열어야 도그마에 갇히지 않는다.

카발라 신비주의의 가장 중요한 본령은 '신'의 문제다. 신의 문제는 동시에 인간의 문제다. 신과의 합일과 일체는 신비주의 주제 중 주제라 할 수 있다. 도그마에서 설명하는 신의 문제가 아니라, 네 안에 타자가 아닌, 네 안에 그, 곧 신이 존재한다는 것이다. 누구나 신을 말해도, 신비의 영역에 있는 신과 신의 발현에 대해 카발라의 신비주의에서처럼 분명하게 말하기란 쉽지 않다. 카발라에서는 네가 곧 그다. 그와 하나다. 어떤 과정을 거쳐서 하나가 되는가를 설명한다. 카발라의 신비주의는 하나님과 하나(One with God), 곧 일체가 되는 과정을 주목하고 거기서 인간의 진정한 얼굴이 드러난다는 것을 천착한다. 카발라의 생명나무(The Tree of Life)는 신과의 온전한 합일을 나타내는 그림이다. 인간의 영적 창조의 단계를 설명하는 도해며, 동시에 이것의 완성이 신과 합일(single one)의 성취라고 본다. 그런 점에서 카발라는 유대 신비주의 전통이다.

# 생명나무의 토대

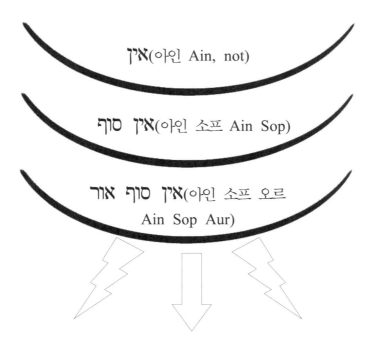

אָין(아인 Ain, not)

אָין סוף(아인 소프 Ain Sop)

אָין סוף אור(아인 소프 오르
Ain Sop Aur)

# 아인(אין)

히브리어 아인은 영어로 Not 이다. No 로 이해해도 된다. 그러므로 아인은 '부정어'인 셈이다. 유대 신비주의 카발라를 이해하기 위한 첫걸음은 부정어 아인을 통찰하는 데서 시작된다. '아인'은 무엇일까? 그것은 물리적 우주 창조와 연관해서 초월자인 신이 아무것도 없는 데서, 비로소 물질 우주를 창조하는 창조의 기반이라고 이야기가 전개되면 참으로 곤란하다. 다수의 카발라 해설가들이 거기서 시작하려 한다. 아무것도 없는 (아인) 데서 우주의 창조가 시작되는 창조의 신비를 말하려는 것일까. 그렇게 접근하면 카발라의 아인을 깊이 오해하는 것이다.

불가의 도움을 받아 이해해보자.

깨달음이란 무엇일까.

어떻게 마음을 관찰하는 것을 깨달았다고 합니까?

"十地經에 이르기를 '중생의 몸 안에 금강(金剛)과 같은 불성이 있으니, 마치 해와 같아서 본체가 밝고 원만하며 한량없이 광대하다. 다만 오온(色蘊, 受蘊, 想蘊, 行蘊, 識蘊)의 검은 구름에 덮여서 마치 항아리 속에 넣은 등불과 같이 능히 드러내지 못할 뿐이다'고 하였다. 또 열반경에 이르기를 '모든 중생이 다 불성이 있으나 무명에 덮여서 해탈을 얻지 못한다'고 하였다."

"불성이란 깨달음이니, 다만 능히 스스로가 깨달아서 지혜가 밝아져 덮였던 것을 여의기만 하면 해탈이라 한다. 그러므로 모든 선은 깨달음이 근본임을 알아야 한다. 깨달음의 뿌리에서 모든 공덕의 나무가 나타나며, 열반의 열매가 이로 말미암아 이루어진다. 이렇게 마음을 관찰하는 것을 깨달았다고 한다." 5)


오온의 검은 구름에 덮여 있다는 것은 카발라에서 말하는 아인 곧 부정되어야 할 인식의 세계를 덮고 있는 검은 구름이다. 무(無)로 드러나야 할 무명과 상응한다. 오온의 검은 구름이 걷히는 것은 지식으로 도달할 수가 없다. 다만 무의 경험을 통해서만 오온의 검은 구름, 구름이 걷힌다. 카발라에서 말하는 생명나무의 그림을 그리기 전 우리가 먼저 만나야 하는 것은 따라서 아인(אֵין)이다. 아인은 타자에 의해 시작된 의식 혹은 인식의 세계가 오온의 작용으로 하늘의 태양을 가리고 있는 검은

---

5) 「선문촬요」 관심론 중에서, 경허 엮음, 이철교 역, 민족사, 1999

구름이라는 사실이 밝혀질 때 비로소 부정이 이뤄진다는 점이다. 카발라에서의 아인은 오온의 검은 구름을 걷어내는 무의 체험을 일컫는다. 오온의 검은 구름이 하늘에 차일처럼 드리워져 있는 동안 인생은 그 누구도 창조적 삶을 살지 못한다.

생명나무의 열매를 양식으로 먹지 못한다. 선악의 나무 아래 살게 되어있고, 한 치도 그를 벗어날 길은 없다. 그러므로 아인은 반야심경에서 나오는 조견오온개공(照見五蘊皆空) 도일체고액(度一切苦厄)을 한마디로 표현한 카발라식 표현이다. 아인과 아인 소프와 아인 소프 오르는 아인이 점차 분명해지고 심화된 개념이다. 아인 소프 오르는 진공묘유(眞空妙有)에 상응한다. 어찌 아무것도 없는데, 공이고 무인데 오르(光)라고 할 수 있을까.

깨달음의 생명작용이 시작된다는 것은 곧 무의 체험을 토대로 했을 때만 가능하다. 깨달음이란 의식이 의타기성(依他起性)을 벗어나 스스로 자기 활동을 한다는 말이다. 타자 존재의 부정을 통해 비로소 자기 존재의 긍정이 시작되는 것, 의식의 자기 활동이 곧 깨달음이다. 타자 존재의 부정이란 타인 부정과 다른 말이다. 내 안에 존재하는 이물질 곧 나 아닌 내 안의 타자 존재6)의 부정을 일컫는 것이지, 저 밖에 있는 타인을 부정한다는

---

6) 내 안의 타자에 관해서는 프로이드와 라캉의 정신분석학, 그리고 유고슬라비아 출신 철학자 지젝이 심도 있게 논의한다. 특히 라캉에 의하면 소타자(small other)가 있고 대타자(Big Other)가 있다고 한다. 소타자란 유아기에 어머니라는 거울을 통해 상상으로 형성한 자기 기만의 허구적 자아다. 타자의 거울을 통해 형성한 자아 이미지가 소타자요, 대타자란 소타자를 거세하고(무의식의 영역으로 밀어내고), 아버지로 상징된 타자 세계의 이미지를 자신으로 삼는데 이를 대타자라 한다. 최○○은 최○○인가? 활발한 연예활동을 통해 대중들에 의해 형성된 인기인 이미지의 최○○은

뜻이 아니다. 그러므로 의식의 자기 활동이 시작되려면 아인에 뿌리를 내리면서부터 곧 의식의 자기 활동이 시작되는 것이다. 그곳이 하늘이다. 그곳이 빛이 있는 곳이다. 창세기 1장의 이야기고, 에덴의 이야기도 거기서 시작된다.

카발라의 생명나무는 하늘에 뿌리를 두고 있다. 아인과 아인 소프와 아인 소프 오르로 표현되는 곳이 생명나무의 하늘이고 뿌리를 올리는 곳이다. 북두(상두)에 뿌리를 두고 있음을 상징하는 우리 조상들의 상투는 일곱 번 감아올려 틀어준다. 우리의 의식은 처음에는 땅에 뿌리를 둔 채 타자에 의해 시작된다. 후에는 이를 부정하고 하늘에 뿌리를 두고 새롭게 시작하는데, 비로소 선악에서 떠나 생명나무의 싹이 시작된다. 깨달음이라는 말은 그 시작을 함축하는 말이다.

케테르와 코크마와 비나의 삼각형, 곧 '야웨'에 상응한다고 하겠다. 마음의 관찰이 깨달음이라고 단순화시켜 표현하고 있지만, 카발라의 표현 방식을 빌면 코크마와 비나다. 모든 공덕의

---

어릴 적 상상으로 형성한 자기 자신의 이미지인 소타자를 거세하고 대중들의 인기에 의해 형성된 새로운 이미지를 자신의 모습으로 삼는다. 그러나 그것은 실재의 최○○이 아니다. 상징계에 등록된 최○○일 뿐이다. 이렇게 형성된 이미지를 대타자라 한다. 소타자든 대타자든 주최가 타인을 만나면서 형성한 내 안에 들어온 나 아닌 나, 곧 타자의 모습이다. 대타자의 등록을 위해 소외되고 거세된 소타자의 욕망이 분출하며 반란을 일으키고 상징계에서 형성된 나와 끊임없이 투쟁한다. 욕구와 요구 사이의 갈등이 춤을 춘다. 실재계의 자유와 자기 존재를 일으키기 위해 상징계를 전복시키고 새로운 질서를 만드는 창조의 힘을 라캉은 쥬이상스(jouissance), 모반의 성적 충동이라 한다. 카발라의 아인은 존재 자아에 이르기 위해 대타자는 물론 소타자 역시 부정하는 아인이다. 본서는 이 둘을 타자 자아의 개념에 포섭한다.

나무가 나타나는 뿌리인 셈이다. 그래서 생명나무다.

흔히 깨달음을 부분적 지식의 획득으로 오해한다. 그 같은 지식의 소유는 도리어 탐진치의 결과물에 불과하다. 지식은 도리어 탐진치 삼독(三毒)을 바탕으로 정신을 타락시킨다. 정신의 오만만 키울 뿐이다. 그때의 지식은 소유물로 남아 독액이 된다. 그것은 깨달음이 아니다. 오온의 검은 구름을 더욱 짙게 만들 뿐이다. 역설적으로 지식의 소유를 극대화해서 그 끝에 탐진치로 인한 괴로움과 갈등을 겪고 난 후 그것의 쓸데없음에 이르게 되니, 마침내 무를 체험하게 된다. 그 점에서 버섯구름은 징검다리요 그나마 지식의 유용성이라 하겠다. 에덴의 이야기에서 선악을 아는 지식의 나무가 되는 것은 그러므로 모든 인생의 실존에 대한 진단이다. 무를 체험하면 지식이 무화(無化)되는가. 그렇지 않다. 그것이 아무것도 아니라는 것을 알아채는 것일 따름이다. 화장품으로 삼거나 더는 페르소나 곧 가면을 직조하는 재료로 삼지 않을 뿐이다.

깨달음이란 마음을 관찰하는 것이다. 지극한 마음의 처소에 숨어있는 광대한 빛에 다가가기다. 성서는 그곳을 지성소(至聖所)라 일컫는다. 거기 '아무것도 아닌 모든 것', 곧 밝고 원만하며 한량없는 광대함이 있다. 요한계시록의 수많은 상징어가 이를 은유한다.

그러므로 깨달음이란 오온의 버섯구름이 결국 아무것도 아님을 알아챔이며, 무변 광대한 빛을 발산하는 마음을 바라보는 것이다.

# 아인 소프 Ain Sop(אין סוף)

아인 소프는 어떤 의미의 상징적 장치일까.

카발라의 핵심이 모세 오경이고 카발라가 서양 사유의 배후에 작용하는 밑바탕이라면 Ain Sop Aur(אין סוף אור)는 모세 오경과 서양 사유는 어느 지점에 상응할까. 이들 이야기를 의식의 자기 전개과정에서 살펴보면 아인(Ain, not), 즉 부정되어야 할 이전의 형태는 무엇일까.

모세 오경의 형태로 말하면 애굽이요, 바로와 애굽 체계라하겠다. 애굽은 의식세계에서는 풍요의 은유다. 나일강 삼각주평야는 4대 문명의 발상지인 곡창지대다. 모든 인생은 생존의세계에서 풍요를 향해 서 있다. 요셉을 따라 애굽의 풍요를 향해 나아간다. 태어나자마자 의식의 세계에는 그 같은 세계관이자연스럽게 들어선다. 모든 인생이 그러하다(自). 생존 본능을 따라 형성된 세계가 출애굽 이야기 속에서는 애굽이다.

서양 사유에서 아인은 어떻게 나타나고 혹은 반영될까. 헤겔의 변증법에 잘 담겨 있다. 헤겔 철학에서 즉자존재(卽自存在, An sich)라는 개념이 등장한다. 영어로 Being in itself. 즉자존재라고 번역된 이 의미는 무엇인가. 철학 용어라서 일반인들에게 생소한 이 개념은 철학의 주변을 맴도는 이들에게도 어렵다. 다분히 서양철학 전공자들의 개념 이해의 결핍 속에서 소개되었기 때문은 아닐까. 모호한 전달과 모호한 이해인 셈이다. 즉자존재란 그냥 그 자체로 있는 존재다. 사물 존재자를 보면 쉽게 이해할 수 있다. 나무는 그 자체로 있는 존재(being in itself)다. 그렇게 그 자체로 있는 존재, 단순히 표현하면 그냥 그렇게 있는 존재를 일컫는다. 문제는 사물 존재를 일컫기 위해서 이 개념이 등장하는 게 아니라는 점이다.

사물 존재가 아닌 정신의 존재인 인간에게 그 자체로 있는 것은 무엇일까. 타자가 주인이고 자신은 타자의 요구에 반응하는 사물 존재처럼 있다는 건 무엇을 의미하는 걸까. 애굽의 풍요를 선택한 대신 파라오의 노예로 살던 유대인의 이야기와 같다. 결국 타자가 주인이며 정작 자신은 노예가 되었다. 주인과 노예 사이의 인정 투쟁으로 점철되어 있어 갈등과 고뇌가 있지만, 마치 사물 존재처럼 여전히 그냥 그렇게 그 자체로 있는 존재가 즉자존재(卽自存在 An Sich)다.

원래 그리스어 카타우토(κατ' αὐτὸ)에서 시작되었다고 하는 An sich 는 칸트의 Ding An Sich(물자체)에서 물자체의 개념으로 사용되었고 헤겔과 사르트르를 통해 그 의미가 심화되었다. 사르트르의 표현대로 저기 있는 자연의 사물들은 An Sich(즉자존재)

로 있다. 즉 그냥 그렇게 그 자체로 있는 것을 의미한다. 문제는 자연에 펼쳐져 있는 저 나무나 산이나 바다의 즉자존재가 아니다.

의식의 세계에서 즉자존재(그 자체로 있는 것)에 대해 문제 삼는다. 내게, 우리에게 있어서 '卽自存在(An Sich)'는 무엇으로 어떻게 있는가. 아무런 생각 없이 그저 그대로 사물 존재처럼 존재하는 정신의 상태를 일컫는다.

타자가 주입한 것을 중심으로 자기 생각은 없이 무의식에 이미 들어와 있는 타자의 세계가 그냥 주도하는 채로 있는 존재다. 즉자존재는 자기 생각인 것처럼 말하지만, 생각 없이 반응한다. 사물 존재처럼 반응한다. 나무는 바람에 흔들린다. 그렇게 반응하는 것을 자기 자신이 자신의 몸을 흔든다고 여긴다. 사물 존재는 언제나 그렇게 서 있다. 스스로 흔드는 게 아니다. 바람에 흔들릴 뿐이다. 즉자존재의 특성이다.

즉자존재는 개인의 의식 내부에서 타자와 자신이 분리되지 않고 함께 있는 존재, 타자가 자신인 존재다. 타자와 자신이 주인과 노예로 있어 갈등과 다툼과 혼돈으로 있지만 분리되어 있지 않고 그 같은 존재로 있다는 인식조차 없이 그냥 함께 있는 존재가 즉자존재다. 달리 말하면 자신은 없고 타자가 주인으로 있는 존재가 즉자존재다. 대개 이 개념을 명증하게 설명해주지 못한다. 주인과 노예로 있다는 인식조차 없이 그냥 그렇게 있는 존재를 일컬어 즉자존재라 하겠다.

누가 주인인가. 유감스럽게도 의식의 초기 형태는 타자가 주인이고 자신은 노예다. 노예는 늘 주인의 눈치만 보고 산다. 타인이 나를 어떻게 볼까만 의식한다. 인정 투쟁조차 포기하고 대인기피증에 이어 대인공포증에 빠져들게 되는 것, 이 모두가 자신이 주인이 아니고 타인이 주인이라는 반증이다. 현대인들의 질병이다.

그러므로 이 같은 정신의 상태를 사물 존재로 비유한다. 의식의 즉자존재 상태가 마치 사물 존재처럼 박제된 상태, 노예 상태로 박제된 의식 상태를 일컬어 즉자존재라 하는 것이다. 즉자존재가 권력을 획득하게 되면 대개 파괴적이고 폭력적으로 나타난다. 권력의 획득이 인정 투쟁의 승리인 양 오해한다. 그의 정신은 여전히 노예요, 사물 존재로 있을 뿐이다. 그러므로 이는 주체적인 것이 아니다.

이것이 인생들의 양태다. 사물 존재자인 나무가 그렇게 있는 것처럼, 사물 존재자인 산이 그렇게 있는 것처럼, 인생들의 의식의 세계가 그냥 그렇게 타자가 주입하고 형성해놓은 그대로 있는 것을 일컬어 서양 사유에서는 An Sich 라 한다.

여기서 존재의 변증법은 어떻게 진행되는 것일까. 인간의 정신은 어떻게 진화할까. 있음(有 Being)과 없음(無 Nothing), 그리고 생성(Becoming)의 관계에 주목한다.

즉자존재에 어느 날 찾아오는 강력한 부정이 카발라에서 말하는 Ain(not)이다. 비로소 주인과 노예로 있다는 사실이 찾아온다. 애굽은 타자의 세계요, 타자와 내가 구분되지 않고 하나로 있는 즉자존재(An Sich)가 자기 자신에게 탄로 나는 순간이 아인(Ain)이다. 이때 비로소 구별되지 않고 하나로 있던 타자와 내가 구별되기 시작한다. 즉자존재(An Sich)로 있는 의식에서는 누가 주인인가. 타자가 주인이다. 나는 타자와 하나로 있으면서 동시에 노예로 있다. 타자(주인)의 마음에 들기 위해 노예 형태로 있는 게 즉자존재의 양태다.

Ain(not)이 찾아오면 애굽의 노예 상태에 관해 묻고 답하게 된다. 의식의 세계에 격동이 일어나기 시작한다. 그러면서 분리가 시작된다. 타자, 여기서 타자란 내 의식의 밭에 형성되어 있는 의식 내의 타자를 의미한다. 분리가 시작되면서 그냥 그렇게 있는 존재인 즉자에 관해 묻고 답하려고 하는 새로운 존재가 대자존재(對自存在 für sich, Being for itself, 스스로를 위한 존재)다. 대자존재 (für sich)는 노예가 아니라 비로소 스스로를 위한 존재요, 카발라의 '아인 소프 오르'다.

내가 비로소 내 안의 의식을 바라보면서 즉자로 있는 것에 관해 묻고 답하는 존재다. 내 안의 타자와 내가 비로소 분리되기 시작하면서 주인인 타자 곧 애굽의 '바로'에 대해 '아니다 (Ain, not)'를 반복(Ain Sop, endless not, endless denial)하기 시작하는 존재가 für sich(스스로를 위한 존재의 자각)다. 여기서 무(無 Nothing) 가 등장하는 것이다. 이것이 자기의식이 시작되는 지점이다. 주인과 노예의 자리가 바뀌는 존재의 변증법이 시작된다.

헤겔의 테제(正)가 An Sich 에 있다면 안티테제(反)는 für sich 인 셈이다. 의식하는 의식과 의식되는 의식이 구별되면서 의식하는 의식과 의식되는 의식이 떨어져 있게 된다. 여기서 의식되는 의식은 의식하는 의식의 대상이 되는 An Sich 이고, 의식하는 의식은 의식되는 의식과 떨어져서 의식되는 의식을 바라보는 für sich 라 하겠다. 그러면서 An Sich-für sich(즉자-대자)

의 지양(止揚 Aufheben, 合)이 이루어진다. 즉자-대자적 존재(卽自-對自的
存在, An-und-für-sich-sein)를 향한다.

헤겔이 말하는 주관 정신의 변증법이 진행되는 것이다. 즉
타자가 일방적으로 형성해놓은 것, 타자의 바다에 빠져 있는 의
식이 비로소 자기의식으로 눈 떠가기 시작하며 자기의식의 빛
이 시작되는 것이 아인 소프 다음에 찾아오는 '오르(Aur, lights)'
다. 이를 일컬어 카발라에서는 '아인 소프 오르'라 한다. '아인
소프 오르'는 모세 오경을 비유하면 출애굽 후 홍해를 건너 떠
나는 광야의 여행이다. 지양(Aufheben, 止揚)은 출애굽의 이야기에
서 가나안에 해당한다. 止揚(Aufheben)은 Being and Nothing, 곧
부정과 동시에 보존하면서 통일, 결합하는 개념이다. 출애굽에
서 가나안에 정착하는 이야기는 주관 정신의 변증법이기도 하
려니와 역사의 변증법이기도 하다.

유사한 구조와 패턴으로 불가의 수행방식인 지관(止觀)이 있
다. 지(止)와 관(觀)은 상반되는 개념이 하나로 결합하여 있다. 멈
춰서 보는 것, 단선적으로 보면 수행법으로 사마타와 위빠사나
지만 부정(Nothing)을 통해 빛(Aur)를 본다는 점에서 헤겔의 변증
법적 구조가 깃들어 있다. 삼매(samadhi)는 이전(이미 의식에 형성되어
있는 선입관과 편견)에 대한 일체의 멈춤(止, Ain)이며 그 속에서만 새
로움을 보게(觀) 되는 것, An Sich, für sich, An-für sich
(Aufheben)의 구조와 패턴, 같은 결이 불가 수행법에도 나타나고
있다.

헤겔에게서는 역사도 변증법적으로 변화하고 사물 존재도
그렇게 존재하지만, 인간의 정신 또한 변증법의 형태로 절대정

신에 이른다는 것이다. 주관정신과 객관정신, 절대정신 그 모두 변증법의 방식으로 된다(Becoming)면 거슬러 올라가 카발라에서 그 같은 무늬를 선명하게 발견할 수 있다.

카발라의 생명나무는 헤겔의 정신현상학 올드 버전이며, 카발라 버전이라고 하면 지나친 표현일까. 그것은 카발라의 사유에서 서양 지혜자 사유의 개연성과 배후 그 밑뿌리를 엿볼 수 있다는 말이기도 하다.

존재(being)에서 무(Nothing)로, 무에서 존재(becoming)로 넘어감이 헤겔의 변증법이라고 한다면 처음 존재는 무엇이며 무는 무엇이고 다시 존재로 넘어감이란 무엇일까. 여기 넘어감에서 직관된 생성(becoming)이라는 개념이 등장한다.

자신을 자신 되게 하는 여정에는 항상 절대적 동요와 불안정이 찾아오게 마련이다. 애굽에 대한 부정이 자기 계시인 셈이다. 이것이 부정의 부정이다. 처음 형성된 애굽이라는 정체성의 정신세계(자신)에 대한 부정이 출애굽이며 그것은 동시에 광야다. 광야는 부정(Nothing)인 셈이다. 요단강은 한 번 더 부정을 부정한다. 이러한 부정을 통해 Aufheben, 가나안에 이르게 되는 것(Becoming)이며 역사도 이 같은 방식으로 전개된다. 우리 의식의 자기 전개가 그렇게 변증법적으로 절대정신을 향해 나아가는 것이다. 절대정신은 자유정신이다. 자유정신이란, 애굽으로부터의 탈애굽이고, 타자로부터 탈타자에서 존재 자아(εἶναι Ἐγώ 에이나이 에고)를 향해 나가는 정신이다.

# 아인 소프 오르 Ain Sop Aur(אין סוף אור)

우리의 의식세계는 온통 타인의 생각을 기반으로 형성(예치라)되어 있다. 아버지를 통해 사회에서 낙오되거나 도태되지 않도록 전달된 사회적 양식을 일차로 받아들인다. 전통의 이름으로, 각종 뉴스가 제공하는 것을 기반으로, 오감이 전해주는 감각기관의 통로로, 오온 즉, 제각각 색수상행식(色受想行識)의 작용에 따라 필터링 된 것을 통해 인생은 자기의 의식세계를 형성해간다. 안이비설신의의 육근과 육경 곧 색성향미촉법을 통한 동물적인 약육강식과 정글의 법칙을 기반으로 일차 의식(육식)의 세계가 형성되고 또 창조된다.

이렇게 형성된 의식을 자기 자신이라 이름을 붙이는 데서 갈등과 곤혹스러움이 계속된다. 정체성의 혼란이 온다. 그것은 현대인의 지독한 질병인 우울증의 씨요 밭이 된다. 그렇게 형성된 세계관을 바탕으로 선악을 판단하고 옳고 그름과 시시비비를 나누려 하니 아귀 지옥이 생기는 것이다. 끝없고 끝이 없다. 정치뉴스가 그렇고 종편의 토론이 그러하고 우리의 일상이 그러하지 않은가.

히브리어로 아인이란 Not 이고 No 다. 이렇게 형성된 세계에 대해 어느 날 단호하게 찾아오는 No 를 일컬어 카발리즘에서는 '아인'이라 한다. 그게 어떻게 자신일 수 있는가에 대한 허무와 헛됨이 도래한다. 반야심경의 공(空)이다. 도무지 빈탕이었다는 자각, 조견오온개공의 찾아옴이며 색즉시공(色卽是空)의 드러남이다. 색즉시공은 저기 그렇게 있는 사물(things)과 물자체(thing in itself)에 대한 이야기가 아니다.

이것은 혼란이고 격동이고 캄캄함이고 심연의 낭떠러지다. 그곳이 새로운 창조의 기반이라는 게 카발리즘의 아인이다. 아인은 반야심경의 공이요, 태극의 태허(太虛)다. 심연의 깊이가 더해지면서 아인 소프 Not End, 즉 아님의 끝없음과 그것의 반복이 계속된다. 히브리어 소프는 End 를 의미한다. 아님의 끝없음, 이것도 아니고 저것도 아니고 '아니고'가 반복된다. 거기서 반야심경에 등장하는 유명한 구절 무안이비설신의(無眼耳鼻舌身意)요, 무색성향미촉법(無色聲香味觸法), 무안계내지무의식계(無眼界 乃至 無意識界)가 찾아온다. 그 같은 실존적 자각이 아인 소프다.

카발리즘의 생명나무는 물리적 우주 창조에 관한 설명이 아니라는 말이다. 카발리즘의 생명나무를 물리적 우주의 에너지 원리로 설명하려는 수많은 시도는 따라서 알 수 없는 것에 명찰을 붙이는 꼴이 되고 만다. 물론 인생의 호기심이 물리적 우주의 생성에 대해 작동하는 것은 당연하다. 그러나 카발리즘이 물리적 우주의 창조와 에너지 법칙에 대한 옛사람들의 설명이라는 점에 방점이 찍히면 잘못된 과녁을 향한 것이 되고 만다.

아인 소프는 실존 인식의 통절함이다. 그동안의 모든 이성적 인식의 무화요, 감각기관을 통해 찾아온 세계가 본래의 나와는 무관했다는 통절함이다. 그게 아인 소프다. 무는 과연 무인가. 거기 그렇게 있는 것을 무라 하는 게 아니다. 자신의 안이비설신의와 색성향미촉법의 육경, 즉 오온에 의해 형성된 인식과 의식이 오도되었다는 의미의 무(無)라는 점이다.

지혜를 좇아 달음질하던 무수한 방황이 결국 약육강식 세계관의 소산이었고 가부좌를 틀고 명상을 통해 신인 합일에 도달하고 그렇게 해서 얻으려 했던 수많은 몸짓이 결국 아무것도 아니었다는 자각이 아인 소프요 무의 체험이다.

이것이 무의 경험이고 카발라에서 지적하는 아인 소프다.

비움은 거기에서 도달할 수 있는 것일 뿐, 비움을 위해 아무리 애쓴다 한들 허(虛)에 도달할 방법은 없다. 아인과 아인 소프가 찾아올 때 비로소 인생은 비움의 도를 알게 된다. 이전의 '나'는 내가 아니었다. 아귀였고 폼생폼사 귀신이었다는 자각. 거기서 생성되는 모든 소산물은 강퍅함이고 저 잘난 맛이고 티끌과 먼지만도 못한 것에 목숨을 걸었다는 인식이 찾아옴이다.

이 같은 격동의 시기를 지나는 동안, 새로운 빛이 찾아온다. 아인 소프가 어느덧 고단함과 수고로움을 한순간 용해하여 쉼으로 안내한다는 사실이다. 아인 소프가 흑암이 아니고 깊은 어둠만이 아니고, 심연의 늪에 빠진 것만이 아니라, 그것이 도리어 깊은 한숨을 내쉼이며 안식이라는, 아인 소프의 빛이 찾아온다는 점이다. 이를 일러 '아인 소프 오르'라 한다. 오르(אור)는 빛을 의미하는 히브리 단어다.

비로소 새로운 세계가 시작된다. 여기서부터 창세기 1장이 열리기 시작한다. 인생의 새날들은 그렇게 시작되는 것이다. 아인 소프 오르는 "흑암이 깊음 위에 있고 하나님의 신이 수면에 운행하시더라"에 대한 그림이고 창세기 1장에 나오는 빛이 있으라 하는 번개의 순간이기도 하다. 물론 번개는 생명나무의 케테르(왕관)임이 분명하지만, 아인 소프 오르는 케테르를 통해 창조의 통로를 열어간다는 점이다.

이것이 창조의 첫날이고 창조의 기반이다. 케테르는 거기서부터 비롯된다. 빛의 왕관이 비로소 씌워졌다. 성서의 창조 이야기는 따라서 물리적인 세계를 비유한 것일 뿐 물리적 세계의 창조 이야기가 결코 아니다. 존재의 세계가 개현 되어가는 이야기이다.

# 카발리의 생명나무 세피로트와 네 세계

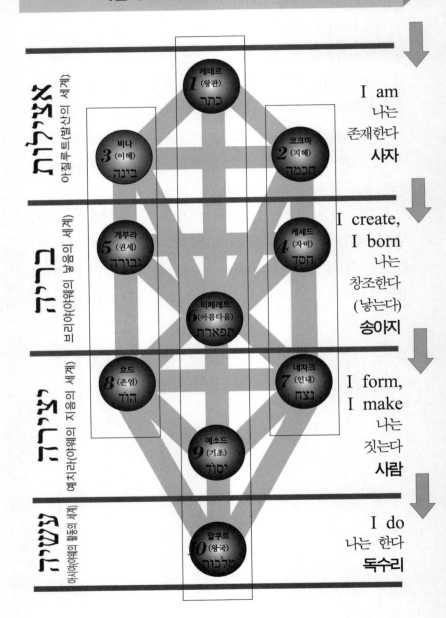

아칠루트(발산의 세계)

1 케테르 (왕관) כתר

3 비나 (이해) בינה

2 코크마 (지혜) חכמה

I am
나는
존재한다
**사자**

브리아(아래의 낳음의 세계)

5 게부라 (권세) גבורה

4 케세드 (자비) חסד

6 티페레트 (아름다움) תפארת

I create,
I born
나는
창조한다
(낳는다)
**송아지**

예치라(아래의 지음의 세계)

8 호드 (존엄) הוד

7 네차크 (인내) נצח

9 예소드 (기초) יסוד

I form,
I make
나는
짓는다
**사람**

아시아(아래의 활동의 세계)

10 말쿠트 (왕국) מלכות

I do
나는 한다
**독수리**

Ⅱ
생명나무와
세피라

יהוה

# 아칠루트(אצילות)계 - 발산의 세계

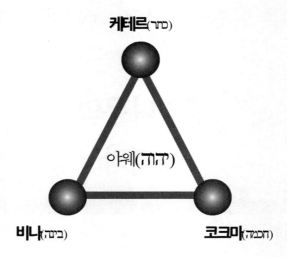

아칠루트(אצילות divine emanation)는 신성의 발현이라고 할 수 있다. 아칠루트는 야웨요, 야웨는 케테르, 코크마, 비나로 구성된 삼각형의 세 세피라[7]로 세분해서 표현하지만, 그러나 동시에 하나다. 인체로 하면 머리에 해당한다. 인식과 의식의 활동 공간이다. 아칠루트계의 세 개념을 이해하고 나면 왜 아칠루트계라고 구분했는지 쉽게 이해가 된다. 스스로 발산하는 신성(divine)의 발산의 세계라 한다. 유대 카발라에서는 존재의 현현을 '야

---

7) 세피라는, 생명나무의 열매를 구(球)의 형태로 그리는데 그 명칭을 세피라라 한다. 복수로는 세피로트(ספירות, Sefirot)다. 세피로트의 어원에 대해선 두 가지 설이 있다. 히브리어로 청옥을 의미하는 세피어르(Sappir)에서 유래하였는데, 세피어르(Sappir)는 신이 세상을 창조할 때 뿜어낸 광선의 빛깔이라는 뜻이다. 또 하나는 히브리어로 '수'를 의미하는 사파르(Safar)에서 유래되었다는 설이다. 카발라 생명나무에는 열 개의 세피라가 있다.

웨'라고 일컫는다. 케테르는 에히야 곧 I am 이다. 의식의 세계에 먹구름이 찾아오면서 벼락과 함께 천둥이 내려치게 되는데 카발라에서는 이를 히브리어의 가장 작은 글자 요드(')로 상징화하고 왕관 케테르라 칭하는데, 비로소 '나는 나'가 시작되는 존재의 꿈틀거림이고 존재의 나타남을 상징하는 세피라다.

이는 현존재가 존재와 마주 보고 응시하게 되는 눈 뜸이며 깨침이다. 이는 의식세계의 벼락이고 천둥이다. 의식의 세계에서 제대로 모습을 갖추려면 이어서 직관지와 비나를 거쳐 무르익고 성숙하여야 비로소 의식의 자기 꼴을 갖춰가게 된다. 이를 '야웨'라 하며, 존재인 '나'다. 현존재가 존재를 마주하여 존재의 빛을 발산, 발현, 혹은 현현하기 시작한다. 비본질의 나를 뒤로하고 '본질의 나'의 꼴을 갖춰간다는 말이다.

육체의 세계에서도 한 생명의 탄생은 경이롭고 놀라운 일이며 모두가 축하할 일이다. 의식의 세계에서 다시 태어난다는 것은 기적 중의 기적이다. 현존재가 존재와 마주하여 존재에 눈뜬다는 것은 경이로움 중의 경이로움이다. 창조의 으뜸이다. 성서의 맥락으로는 하나님의 형상이다. 동시에 아칠루트는 창조자가 된다. 인자의 기도문에서 '뜻이 하늘에서 이루어진 것 같이'에 해당하는 부분이 '아칠루트계'라 하겠다. '나다(I am)'는 비로소 나의 됨됨이를 구성해가는 창조주가 되고 창조자가 된다.

처음 삼각형을 이루는 3개의 세피라가 야웨요 창조자가 된다는 뜻은, 그것에 의해 브리야계가 태어난다는 의미이기도 하다. 이어서 예치라계는 물론 아시야계가 태어난다. 그 근원에 아칠루트가 있다.

# 1. 케테르(כתר) - 왕관

## 인자의 임함과 번개

히브리인들은 우주의 원초적 진동을 문자 요드(י, Yod)로 상징한다. 요드는 히브리어 알파벳의 가장 작은 문자며, 운동의 한 점을 상징하고 그 자신의 주위를 움직인다. 요드의 움직임으로부터 다른 문자는 구조화되고 앞으로 나타난다.

문자 Yod 는 근원적 점으로도 사용되고 알파벳 문자로도 사용된다. 원래 점으로서의 요드는 자연어에서 구두 문자보다도 더욱 명백한 최초의 진동과 유사하고, 한 줄기 번개와 같은 빛을 상징하기도 한다.

그것은 현재까지 최초의 진동으로(힌두교의 Om 처럼)[8] 들려질 수

---

8) 옴은 힌두교에서 사용하는 만트라다. 옴은 힌두교에서 최고의 절대자 의식, 아트만(Atman), 브라만(Brahman), 또는 우주 세계의 본질을 의미한다. 인도 전통에서 옴은 신의 음파 표현, 베다 권위의 표준 및 구원론적 교리와 관행의 중심

있는 음이다. 간단한 문자 요드가 히브리어 알파벳의 일부고, 그러므로 다른 히브리어 문자처럼 말해질 수 있는 원형적 표현이다(갓 태어난 아이의 일성은 '아'다. 우리말 한글 모음인 지금은 사용하지 않는 아래아(.)다. 옹알이나 구음을 생각해 보라. 언어로 분화되고 문자로 표현되기 전, 최초의 원형적 언어를 바탕으로 말의 세계가 확장된다. 히브리어로는 첫 글자 알레프가 그 시작이고 일성이다). 문자로서의 요드는 근원적 요드(점과 진동을 표시하는)의 반영이다. 근원의 점(point)인 요드를 표현하기 어렵지만 간단한 문자로서 요드는 나타난 세계에서 만들어진다. 근원적 요드의 점은 나타난 세계에서 모든 것의 중심이다. 그것은 우주 존재의 중심이다. 단순한 문자 요드(Yod)는 개성화를 유발하는 개별적 존재의 중심에도 놓여 있다.

우주의 원초적 진동을 인간 내면의 우주 창조와 관련(개별적 존재)하면 그 비유가 더욱 분명해진다. 의식혁명의 세계에서 요드 역시 최초의 진동을 상징하는 단초다. 이는 번개로 비유할 수 있다. 인자란 사람의 아들을 일컫는다. 사람이 사람의 아들로 다시 태어나는 것을 인자라 하고 두 번째 사람이라 일컫는다. 인자의 임함이란 그런 점에서 번개로 다가온다.

요드는 알레프를 구성하는 중요한 문자다. 대각선을 중심으로 오른쪽 위와 왼쪽 아래에 요드 점을 찍어서 히브리어 첫 글자 알레프(א)를 구성한다. 상형으로는 황소를 본뜬 것이나, 그

---

측면으로 사용된다. 음절은 종종 베다, 우파니샤드 및 기타 힌두교 경전에서 각 장의 시작과 끝에서 발견된다. 옴은 Omkara, Pranava 라고도 부른다. 옴은 우파니샤드에서 처음 언급된다. 그것은 "우주의 소리" 또는 "신비한 음절" 또는 "신성한 것에 대한 확증"의 개념 또는 우파니샤드의 추상적 영적 개념에 대한 상징과 다양하게 연관되어 있다. <위키백과에서 인용>

의미는 정신이 새로 태어났을 때의 첫소리를 상징한다. '아래아
(·) ㅏ(א)'는 '아하!'의 원초적 제소리다. 하여 정신이 새로 태어
날 때, 존재 자아가 내는 하늘 소리의 시원이라는 말이다.

바리새인들이 하나님의 나라가 어느 때에 임하나이까 묻
거늘 예수께서 대답하여 이르시되 하나님의 나라는 볼 수
있게 임하는 것이 아니요 또 여기 있다 저기 있다고도 못
하리니 하나님의 나라는 너희 안에 있느니라 또 제자들에
게 이르시되 때가 이르리니 너희가 인자의 날 하루를 보
고자 하되 보지 못하리라 사람이 너희에게 말하되 보라
저기 있다 보라 여기 있다 하리라 그러나 너희는 가지도
말고 따르지도 말라 번개가 하늘 아래 이쪽에서 번쩍이어
하늘 아래 저쪽까지 비침같이 인자도 자기 날에 그러하리
라 그러나 그가 먼저 많은 고난을 받으며 이 세대에게 버
린 바 되어야 할지니라 노아의 때에 된 것과 같이 인자의
때에도 그러하리라 노아가 방주에 들어가던 날까지 사람
들이 먹고 마시고 장가들고 시집가더니 홍수가 나서 그들
을 다 멸망시켰으며 또 롯의 때와 같으리니 사람들이 먹
고 마시고 사고팔고 심고 집을 짓더니 롯이 소돔에서 나
가던 날에 하늘로부터 불과 유황이 비 오듯 하여 그들을
멸망시켰느니라 인자가 나타나는 날에도 이러하리라(눅
17:20-30/마 24장 참조)
번개를 번쩍이사 원수들을 흩으시며 주의 화살을 쏘아 그
들을 무찌르소서(시 144:6)

네가 번개를 보내어 가게 하되 번개가 네게 우리가 여기
있나이다 하게 하겠느냐(욥 38:35)
그 생물들은 번개 모양같이 왕래하더라(겔 1:14)


카발라의 생명나무에서 아인과 아인 소프가 공의 경험이고
무의 경험이라면 아인 소프 오르는 무(無)가 단지 무(無)만이 아
니라 비로소 닫힌 사고(village mentality)로부터 벗어남이고 한 번도
가보지 않은 세계에 대한 첫 발걸음이라 하겠다.

케테르는 출애굽기 3장 14절에 나타난 대로 모세에게 드러
난 예흐예 아쉘 예히에(אֶהְיֶה אֲשֶׁר אֶהְיֶה 나는 나다)의 첫 울음소리다.
막 태어난 아기가 탯줄이 잘리면서 비로소 첫 호흡을 저 스스
로 하듯, 빌리지의 전통이 그 정신을 지탱케 하던 탯줄이었다면
탯줄 잘려나감이 아인과 아인 소프다. 그런가 하면 두려움 속에
서 제 홀로 숨쉬기 시작하는 순간이 아인 소프 오르면서 케테
르와의 접점이 이루어진다. 정신적 본토, 친척, 아비 집을 떠남
이고 부모와 형제와 전토를 버림이 아인이고 아인 소프 오르다.
지금까지 경험에서 얻은 분별지, 색(色)이 모두 공(空)이라는 자각
이다.

그 첫 일성을 카발라에서는 도해(圖解)로 그리면서 생명나무
의 케테르(王冠)라고 칭하고 있다. 그래서일까. 여기에 관여하는
천사의 이름을 '예흐예'(אֶהְיֶה I am)라 한다. 천사의 이름이면서
신의 명칭이기도 하다. 정신적으로 비로소 '독립된 나'가 태어
난다는 뜻이고 이를 비로소 존재라 한다.

## 혼돈과 공허─토후(ז֫֫הֹו)와 보후(וֹהֹו)

빛은 호쉐크(흑암 ֹֹֹ֫֫֫שך) 속에서만 비로소 비출 수 있다. 사르
트르의 무는 존재의 중심에 똬리를 틀고 있다는 말의 진의. 허
무주의의 무가 아니다. 패배주의의 무는 더더욱 아니다. 일시적
으로 허무주의의 옷을 입을 수는 있다. 패배주의와 깊은 절망의
옷을 입고 나타나기도 한다. 갑자기 아무것도 아님이 찾아올
때, 그것의 실체가 무엇인지 도무지 알 수 없기 때문이다. 왜냐
하면 그것이 실은 성서의 표현대로 십자가의 죽음이기 때문이
다. 비존재의 부정 가운데 찾아오는 무다.

따라서 케테르는 "빛이 있으라 하시매 빛이 있었고"를 의미
한다. 생명의 면류관을 의미한다. 빛은 하늘에서 번개와 천둥으
로 오는 것이어서 '케테르'다. 위로부터 낳는 것이고 위로부터
씌워지는 것이어서 '케테르'다. 경험에서 얻은 지혜거나 지식이
아니다. 그 탯줄은 도리어 잘려나간다. 모든 신학적 지식과 배
운 지혜(다니엘은 이를 머리가 금으로 만들어졌다고 비유한다)의 공급원인 탯줄
이 잘리면서 떠나가 버린다. 생명나무의 첫 번째 세피라인 케테
르는 이렇게 시작되며 비로소 독립적인 의식의 새싹이 돋아나
는 순간임을 알 수 있다.

천체물리학에서 우주 탄생의 신비에 대한 이론 중 빅뱅 이
론이 있다. 대폭발이론과 마찬가지로 의식의 세계에 대폭발이
일어나는 창조의 빛이다. 지금까지 한 번도 경험한 적이 없는
새로 태어남이다. 케테르의 세피라(ㄱ)는 비로소 '내가 나'임을
알리는 시작이다. 존재의 시작이고 생명나무의 시작이다.

## 2. 코크마(חכמה)-지혜

생명나무에서 지혜라고 번역된 두 번째 세피라는 코크마다.

아인 소프 오르의 경험 이후 찾아오는 번개와 천둥이 케테르라면 그것은 도대체 '알 수 없음'이고 막막함이고 캄캄함이다. 이전의 모든 앎이 스스로의 앎이 아니라 배운 앎이고, 이기적인 속성을 중심으로 한 오감의 경험적 앎이고, 전통이 전해준 것을 기준으로 한 선악을 분별하는 지식의 앎이다. 나의 의식이 그것에 종속되어 조금도 벗어날 수 없는 것이라는 대오(大悟)가 이루어지는 것이 '케테르' 왕관이다. 아인과 아인 소프와 아인 소프 오르를 거쳐 찾아오는 각성(覺醒)이다.

이전의 앎은 선악이고 오만이고 거기서 이루어지는 모든 인생의 탑이 결국 동물의 왕국에서, 약육강식의 속성의 한계에서 조금도 벗어나지 못한 몸짓이었다는 자각을 통해 그것의 헛됨을 경험하게 되는 공(空)의 체험, 일체가 모두 공이라는 자각이

'케테르'다. 照見五蘊皆空(조견오온개공)의 드러남이 곧 케테르다. 그러고 나면 당연히 度一切苦厄(도일체고액)이 찾아온다.[9] 인생의 차원 상승을 도모하거나 깨달음을 통해 더 큰 지혜자가 되고자 하는 그 모든 몸짓이 동물의 왕국에서 상위 포식자가 되려는 것 외에 '아무것도 아님'(Nothingness)이라는 대오가 곧 공의 경험이고 무의 경험이다. 철저한 자기부정의 사건인 셈이다.

아인 소프는 '케테르'를 감싸고 있고 케테르는 아인 소프의 중심에서 태어난다. 케테르는 비로소 존재(sein, ὁ ὤν, being)의 시작이고, 씨 눈이고, 의식세계의 발효 종균이다. 생명의 왕관이며 면류관이다.

반야심경의 도일체고액(度一切苦厄). 이것이 성서에서 말하는 죄가 흰 눈같이 희어짐이고 도말이며 죄 사함이다. 예수의 십자가는 온몸으로 이를 알려주는 징조요 상징적 메시지다. 예수의 십자가 죽음이 그의 제자들에게는 아인이고, 아인 소프고 아인 소프 오르인 셈이다. 대속이 아니라 징조요 메시지라는 말이다. 십자가 사건은 예수와 제자들이 그랬던 것처럼 누구나 각각 동일하게 일어나야 비로소 '존재'에 눈뜬다.

예수가 다 대속했고 그것을 믿기만 하면 된다는 터무니없는 도그마가 세상에 판을 치고 있다. 예수의 메시지와 그의 죽음을 헛되게 하는 속임수일 뿐이다. 그 같은 집단 체면에 온 인류가 몸살을 앓고 있다. 공기 중에 산소는 약 21%요 질소는 약

---

9) 불가에서는 색(色) 수(受) 상(想) 행(行) 식(識), 다섯 가지가 쌓여 인간의 의식을 구성한다 하여 이를 오온(五蘊)이라 한다. 반야심경은 오온을 비추어 그것이 모두 공(空) 함을 보게 되면 일체의 고통과 괴로움을 건너가게 된다고 전한다.

78%라 한다. 질소는 벼락이 번쩍이고 우레가 내리칠 때 대부분 만들어진다고 한다. 생명의 요소는 산소만이 아니다. 생명을 살리는 대부분의 요소가 질소화합물로 이루어진다는 사실이 경이롭지 않은가. 천둥 번개가 그 원천이라는 것도 놀랍지 않은가.

케테르는 비로소 존재로 태어남이다. 존재에 귀 기울임이 시작된다. 의식의 세계에서 이전에 경험하지 못한 새로운 자신의 존재가 역동하기 시작한다는 말이다. 이전의 눈, 코, 입, 귀, 촉, 의가 작동하는 게 아니라 새로운 눈, 코, 입, 귀, 촉, 의가 작동하게 되는데 이때의 작동 원리에 따라 처음 눈뜸, 깨침이 코크마다. 지혜라고 일컫지만 불가의 방식으로 하면 돈오(頓悟)이기도 하다. 직관지(直觀知, science intuivita)이기도 하다. 케테르가 존재의 태어남이라면 코크마는 새로 태어난 존재의 직관 의식이 제소리, 하늘 소리를 듣고 작동하는 깨침이다. 존재의 눈뜸이 '케테르'라면 조금 더 진척된 것, 조금 더 자란 것, 새로운 의식의 미생물 군집이 이루어진 것이 '코크마'다. 깨달음의 군집이며, 숙성이다. 카발라에서는 이를 상징해서 생명나무 두 번째 세피라로 그려 넣고 있다.

존재의 중심에서 무(無)가 똬리 틀고 있듯 아인과 아인 소프, 공과 무가 케테르와 코크마를 품고 있다. 어느 사이 생명이 약동한다. 달걀 껍데기를 깨고 병아리가 태어나듯, 이전 두껍게 덮고 있던 의식의 감옥을 깨고 새로운 의식이 약동한다. 의식의 껍질을 뒤로 한 채 사방을 두리번거리며 둘러본다. 이것이 '코크마'다. 존재의 발현이다. 존재의 드러남이다. 비로소 존재의 꿈틀거림이다. 비본래적이고 비본질적인 자신의 모습을 뒤로 한 채 마침내 자신의 본래 모습이 깨어난다. 자기 정신의 발아가 시작됨이다. '나는 나다'의 실체가 태어나는 산실(産室)이라는 말이다. 코크마의 아버지는 케테르다. 케테르는 아들을 낳는다. 그것이 코크마다.

카발라에서는 이 같은 관계의 경로를 히브리어 문자 알레프(א)로 상징화해서 도해에 그려 넣는다. 존재의 일성, 그 탄성의 소리가 알레프(א)라는 말이다.

다음으로 케테르, 코크마와 삼각형을 이루는 '비나'를 살펴보려 한다. 삼각형 안에 신성 네 글자(יהוה)를 그려 넣는 그들의 상징성을 비로소 이해할 수 있을 것이다. 내가 비로소 내가 되는 '나답게'의 비밀이 거기 선명하게 나온다. 야웨의 비밀이다.

지혜는 그 얻은 자에게 생명나무라 지혜를 가진 자는 복되도다(잠언 3:18)

# 3. 비나(בִּינָה)-이해, 총명

　카발라의 세 번째 세피라는 비나(בִּינָה)다. 삼각형 세 번째 꼭짓점을 그리고 있다. 케테르, 코크마, 비나는 생명나무의 처음인 아칠루트(אֲצִילוּת 신성의 발산, divine emanation)의 세계, 상층부를 이룬다. 케테르에 관여하는 천사는 '에히야'요 코크마에 관여하는 천사는 야웨의 축약형인 '야(הי)'로 그 이름을 부여하고 있다.

　비나에 비로소 야웨(הוה)라는 천사 이름이 등장한다. 히브리인들은 여기서 비로소 야웨, 혹은 야웨 엘로힘(הוה אֱלֹהִים)이라는 이름을 부여한다. 동시에 세 꼭짓점의 삼각형 안에 '야웨'를 그려 넣음으로 아칠루트(אֲצִילוּת)의 야웨 모양이 갖춰진다.

　이것이 카발라에서 그림으로 표현하는 존재의 원형이다. 여기서 우리는 세 번째 꼭짓점에 등장하는 '비나'에 주목해본다. 코크마를 아버지라 하면 비나는 만물의 어머니요, 근원의 어머니라고 칭한다. 코크마는 남성이고 비나는 여성이다. 그들은 왜 이런 상징을 그리고 있을까.

코크마(지혜)가 직관에 의한 의식의 자각이라면, 직관의 빛을 받아 발효시키고 숙성시키는 작용은 '비나'라 한다. 직관지가 발효 씨균이고 촉매제라면 이에 반응하는 반응물은 아뢰아식이다. 장식이라고도 하는 아뢰아식은 촉매제와 만나 의식의 세계에서 새로운 '나'를 형성한다. 이때 아뢰아식은 이전에 형성된 기억소자들이다. 의식과 무의식에 저장된, 해마(海馬, hippocampus)의 작용으로 대뇌피질에 기록된 정보와 감정의 기록물들이다. 따지고 보면 지금까지의 과거인 셈이다. 세인[10]들은 기록된 정보를 꺼내서 선과 악을 분별하는 지식으로 사용한다. 아픈 감정의 기억들은 어느 계기가 되면 트라우마로 작용한다. 자기 경험의 감옥에 갇혀 자신을 잃어버리고 사는 현대인들의 불행이다.

그러나 '비나'는 단순한 기억의 재생이 아니다. 기록된 정보를 소환하는 작업을 하는 것이 아니라는 말이다. 존재와 마주하는 현존재는 세인의 정보로 집적된 그 모든 것이 본질적인 자신과는 전혀 무관한 외부에서 이식된 것이라는 자각을 경험하고 Not, 아인과 아인 소프를 지나왔다. 거기서 아인 소프 오르를 통해 자신의 의식의 내부에서 빛을 만나고 의식의 깨침과 의식의 기지개를 켜게 된다. 코크마가 불가의 돈오(頓悟)라면 비나는 점수(漸修)와 같다. 비나는 코크마의 씨를 받아, 이미 형성된 잠재의식과 깊은 무의식의 기억소자에 저장된 것을 단순 소환하는 게 아니라, 새롭게 생명의 현상을 낳는다. 거기서 아뢰

---

10) 하이데거는 비본래적인 자신(das man)으로 사는 사람들을 일컬어 세인(世人)이라 한다. 세인은 일상사에 매몰된 채 풍문이나 잡담에 귀를 기울이며 유행과 호기심에 사로잡혀 그저 그렇게 살아가는 사람들을 일컫는 개념이다.

아식은 직관의 씨(의식의 精子)를 받아 새 생명을 잉태하고 키운다. 존재를 존재되게 하는 새로운 이해와 총명(Understanding)을 낳는다. 그러므로 아뢰아식은 새로운 나를 낳는 씨주머니요 어머니며 새로운 나를 잉태하고 다시 낳는 자궁인 셈이다. 성불의 터전이요 존재의 자궁이다. 나를 나 되게 하고 나답게 하는 근원적인 어머니라는 말이다. 즉 점수는 깨달음 이후에도 용맹정진해야 하는 수행 과정이 아니라 의식의 씨주머니에서 배양하고 숙성되게 하는 성숙의 과정을 일컫는다.

따라서 코크마에서 직관에 의해 생성된 존재의 씨가 아뢰아식의 씨 종자에 뿌려지면 거기에 잠재해 있던 수많은 씨 종자들이 발아하고, 의식의 어머니 자궁의 양수에서 충분히 자라 다시 낳는 것이 '비나'다. 비나는 이해와 총명이다. 누군가 가르쳐주고 외부의 지식에 의해서 아는 앎이 아니라, 스스로 알게 되는 앎이라는 말이다. 비로소 야웨는 야웨가 된다.

아뢰아식은 현대 뇌과학에 의하면 대뇌피질에 기록된 과거다. 그런데 이 과거는 현존재의 '비나'에서 발효과정을 거치면서(時熱) 과거의 단순 재생 혹은 기억력을 통한 과거의 단순 소환이 아니라 존재를 존재하게 하는 '오고 있는 자(호 에르코메노스, is coming, 현재분사, 현재화하는 장래)'가 된다. 과거가 과거가 아니라 현재분사로 새로운 형태의 존재를 존재 되게 하는 존재의 '오고 있음'이다. 이 모든 것에는 '아인'이 바탕이 된다. 아인이란 무(無)요, 동시에 죽음을 의미하기도 한다. 비나는 위대한 만물의 근원이 되는 어머니라는 말이다(有名, 萬物之母). 아뢰아식에 쌓여 있는, 기억소자에 저장된 과거는 코크마의 빛을 받아서 새로운 존재를 낳는다. 나의 정신을 새롭게 태어나게 하는 어머니요, 의식을 새로 낳는 자궁인 비나는 근원적인 어머니다. 카발라에서는 이를 신적 의식의 발현(Divine Emmanation)이라 한다. 케테르와 코크마는 비나에 이르러 신적 의식의 발광체가 된다.

여기에서 존재와 시간의 세 시상을 엿볼 수 있다. 케테르는 호 온(ὁ ὤν being, 현재분사)고 코크마는 호 엔(ἦν was, 미완료)이며, 비나는 호 에르코메노스(ἐρχόμενος, is coming, 현재분사, 계 1:4, 8 참조)다. 현존재가 존재를 향하는 역동적 실존을 엿볼 수 있다. 케테르, 코크마, 비나는 세 꼭짓점이지만 동시에 하나의 존재 개현이다. 즉 은폐된 존재가 드러남이요 현현이다. 그것을 감춘 것의 드러남을 일컫는 알레데이아, 진리라고 한다. 내가 비로소 '존재의 나'로 드러난다는 말이다. 이름하여 요드 헤 바브 헤(야웨)요, 서양 사유에서 그렇게 주목하는 '존재'다.

ὁ ὤν καὶ ὁ ἦν καὶ ὁ ἐρχόμενος(호 온 카이 호 엔 카이 호 에르코메노스, 계시록 1:4, 8 지금도 계시고 전에도 계시고 장차 오실 자로 講譯된 구절. 이 구절은 구약성서의 야웨에 대한 단순 음역이 아닌 헬라적 표현이다.)

여기 하이데거의 시간 개념이 고스란히 드러난다. 과거, 현재, 미래의 세 시상에 대응하는 "존재해옴(既在, 있어왔고 ὁ ἦν, 미완료)이며 이를 현재화(ὁ ὤν, 있으며, 현재분사)하고 도래(ὁ ἐρχόμενος, 현재 오고 있는, 현재분사)"[11]하는 통일적 현상이라는 그의 시간성에 관한 서술이 카발라 삼각형의 이야기에 잠복해 있다.

---

11) M. 하이데거, 『존재와 시간』, 이기상 옮김, 까치글방, 1998. 432-433 쪽 참조

# 브리야계(בריה)-낳음의 세계

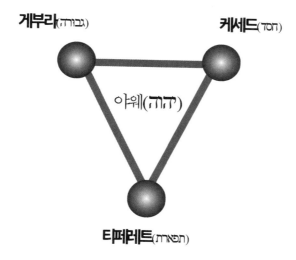

게부라(גבורה)　　　커세드(חסד)

야웨(יהוה)

티페레트(תפארת)

아칠루트 다음에는 브리야(בריה)가 등장한다. 브리야계란 흔히 창조계로 번역하지만 그 뜻은 '야웨의 창조'라는 뜻이다. 현대 카발리스트들의 설명이 이 부분에서 매우 빈약하다. 브리야계를 실존적으로 설명하는 이를 아직 찾지 못했다. 나는 브리야(בריה)라는 단어를 분석하면서 처음 이 단어를 만든 카발리스트의 창의력에 깊이 공감하고 탄복하였다.

창세기 1장 1절의 2번째 단어인 바라(ברא)와 야웨의 축약형인 야(ה)의 합성어가 브리야다. '야웨가 창조하다. 혹은 야웨가 낳다'는 의미다. 다음에 나오는 세피라는 아칠루트계의 세 세피라인 야웨의 발현으로 새로 낳고 창조하는 과정이다. 다음 역삼각형을 그리며 나타나는 케세드(자비)와 게부라(힘, 권위), 티페레트(美 아름다움) 세 개의 세피라는 아칠루트계에 의해 낳고 빚어지는 과정이다. 아칠루트와 상관없이 맺으려는 사랑과 권위 그리고 추구하는 미는 모두 선악의 열매일 뿐이다.

예술이 아무리 뛰어난 형태를 갖추고 아름다움을 뿜낸다 해도 선악의 열매일 뿐 존재를 담아내지 못한다. 이전에 형성되었던, 그러니까 부정되어야만 했던 세계에서의 사랑과 권위와 아름다움은 모두 원인 무효요, 공(空)이고 무(無)였다. 아인이고 아인 소프였다. 현대인들의 질병은 거기에 함몰되어 있다는 데 있다. 신학조차도 존재 사유가 아닌 존재자 사유로 전락했다. 존재자를 연구하는 물리학과 과학의 그것과 다를 바 없이 되어버린 것이다. 심리학과 정신과학도 존재 사유가 아닌 존재자 사유에 불과하다. 그것이 중요하지 않다는 말이 아니다. 지금까지의 철학이 형이상학이라는 이름으로 해왔던 모든 것이 존재 사유가 아닌 존재자 사유였다는 하이데거의 질타에도 여전히 현대인들은 무감각하다. 그의 철학이 어렵다는 이유로 그의 말에 큰 관심을 두지 않는다.

아칠루트계의 야웨에 의해 새롭게 창조되고 새로 태어나는 이야기가 브리야계의 세 세피라 이야기다. 각각의 세피라는 존재의 존재 됨, 나의 됨됨이가 어떻게 낳고 또 형성되며 마침내 삶으로 드러나는지에 대한 생생한 그림이다. 선악의 나무로 드러나는 것이 아닌 정반대의 생명나무로 드러나는 여정을 한 장의 그림에 압축하여 담아놓았다.

역삼각형의 첫 번째 세피라가 케세드다. 아칠루트계에 의해서 태어나는 것이지만 좀 더 구체적으로는 비나가 낳는다. 생명나무에서 창조의 첫 열매인 케세드는 어떤 형태일까. '뜻이 하늘에서 이루어진 것처럼 땅에서 이루지이다'의 첫 열매로 상징화된 케세드를 다음 글에서 살펴본다.

## 4. 케세드(חֶסֶד Chesed)-야웨의 자비

'빛의 문'에 등장하는 네 번째 세피라 גְּדֻלָה 그도라

גָּדוֹל 가돌의 여성명사(큰, big, large) 왕하 4:8 귀한 여인

Psalm 51 (חָנֵּנִי אֱלֹהִים כְּחַסְדֶּךָ, lit. 'be favourable to me, Elohim, as your chesed'):

ἐλέησόν με ὁ Θεὸς κατὰ τὸ μέγα ἔλεός σου (LXX)

하나님이여 주의 인자를 좇아 나를 긍휼히 여기시며(시 51:1)

카발라의 생명나무 네 번째 세피라는 케세드(חֶסֶד)다. '빛의 문'(1248)은 카발라 라틴어 목판본이다. 생명나무 그림에는 그도라(גְּדֻלָה)로 나타난다. 가돌의 여성명사다. 케세드를 귀한 것으로 여겨, 그도라로 표기한 것 아닐까 짐작한다. 케세드(חֶסֶד)는 구약 성서에 약 248회 등장한다. 70인 역에서는 자주 긍휼(ἔλεός)로 번역한다. 케(헤)세드는 야웨가 낳는다. 비나에 의해서 낳아진다. 야웨의 인자(仁慈)다. 그러므로 케세드의 근원은 야웨라는 말이다.

케세드의 어머니는 비나요 야웨다. 따라서 그것은 흔히 이야기 하는 사랑의 개념과 다르다. 긍휼이고 자비(mercy)며, 선대 하는 마음. 사랑의 친절(Loving kindness)이요, 환대의 심성이다. 그것은 이기심을 바탕으로 흘러나온 마음이 아니다. 나의 나 됨에서 흘러나오는 긍휼의 마음을 생명나무의 네 번째 세피라인 케세드로 카발라에서는 그려내고 있다. 여호와의 인자 혹은 인애, 은혜, 긍휼로 한글 성서에서는 주로 번역한다.

카발라는 존재의 현현인 야웨가 비본질의 내가 아니라 본질의 나라는 걸 앞서 세 개의 세피라를 통해 알려주고 있다. 주기도문에서 일컫는 '뜻이 하늘에서 이루어짐'이 곧 케테르, 코크마, 비나의 작동이다. 현재분사로 있으며(호 온), 늘 그렇게 있고(호 엔), 지금 오고 있는 존재(호 에르코메노스)가 곧 나요, 야웨다. 따라서 존재는 관념이 아니다. 지금 여기서 늘 새로움으로 낳게 되는 본질의 나다. 그것이 야웨다. 여호수아며 호세아요 예수다. 예수라는 이름을 통해 보여주고 싶은 것도 같은 그림이다.

한국 전통에도 생명과 관련이 있는 것에 신의 명칭을 부여하는 옛사람들의 습성을 엿볼 수 있다. 집을 지키는 신을 일컬어 성주신이라 하며 밥을 짓는 부엌 신을 일컬어 조왕신이라한다. 정신의 세계에 대해서도 얼이라는 말로 얼이 빠진 인간과얼이 가득 찬 인간을 구분한다. 박혁거세가 알에서 태어났다는신라의 난생설화도 결국 얼이 깨어난 사람을 말하는 것임이 분명하다. 우리 말에 됨됨이가 변변치 못한 인간을 얼간이라 한다. 간을 못 맞추고 대충 절인 배추와 같은 사람이라고 사전에는 설명하고 있지만 잘못 풀이한 것으로 보인다. 그 본뜻은 얼이 나간 인간을 얼간이라 한 것이 틀림없다.

그와 같이 히브리인들은 정신이 새로 태어나 본래 자신의 됨됨이를 이루는 과정에 야웨라는 이름을 부여하고 있다는 것을 알 수 있다. '나는 나다'가 그것을 말하고 있다. 됨됨이의 꼴을 갖추는 것은 정신의 세계에서 먼저 일어난다. 의식의 혁명을 일컬어 뜻이 하늘에서 이루어짐이라 한다. 성소의 휘장이 걷히고 지성소의 빛이 쏟아져 내림이다. 아칠루트계를 이루고 있다. 현존재가 존재의 빛을 받아 존재를 존재되게 한다는 뜻이다. 의식의 세계에서 혁명이 이루어지는 과정을 처음 삼각형으로 그려내고 있다. 따라서 이후의 야웨는 결코 이전의 방식이 작동하지 않는다. 선과 악을 나누고 시시비비를 나누고 옳거나 그르거나를 분별하는 분별지의 세계를 재현하지 않는다. 기억을 단순 재생해서 선과 악을 나누는 지식으로 사용하지 않는다는 말이다. 지식으로 분별하는 선악의 세계를 여의고 생명의 시대가 열리고 있음이다. 처음 하늘과 처음 땅의 시대를 보내고 후천의 세계가 시작되었다는 의미다. 의식의 세계를 말하는 것이다.

후천의 세계란 혹자들이 말하는 것처럼 결코 과거 현재 미래라는 방식의 연대기적 크로노스의 시간을 말하는 것이 아니다. 하이데거가 말한 시간은 관념이고 존재와의 관계에서 과거 현재 미래라는 방식은 있을 수 없다는 건 무엇일까. 이 모든 걸 연대기적 시간으로 풀이하려는 모든 시도는 혹세무민이다. 미혹일 따름이다. 역사조차 존재 사유가 아닌 존재자 사유로 전락시키는 것일 뿐이다. 한 축의 시대가 지나가고 새로운 축의 시대가 도래한다는 식의 설명은 존재 망각의 역사 인식에 불과하며 또 하나의 미혹을 만들어내는 술수요 흑마술의 일종이다.

아칠루트는 존재 개현(開顯)의 그림이다.

케세드란 무얼 말하는 걸까. 신성의 발현과 발산에 의해 하늘의 빛은 땅을 향한다. 카발라를 해설하는 사람들 사이에는 뜻이 하늘에서 이루어진 것처럼 땅에서 이루어지는 과정에서 심연(abbys)의 세계를 거친다고 보는 사람들이 있다. 실제로 생명나무에는 나타나지 않는데 비나가 낳는 다트(죽음)가 있다고 보는 이들이 있다. 그러나 전통적인 생명나무에는 세피라 '다트'는 없다. 도리어 깊은 심연(어비스)은 아인과 아인 소프에서 이미 거쳐왔다. 따라서 이 글에서 다트는 살펴보지 않는다.

비나는 케세드를 낳는다. 아칠루트계의 발현에 의해 낳게 되는 브리야계의 처음 시작이 케세드다. 선악의 분별로 태어나는 옳고 그름의 에너지가 아니다. 새로 태어난 의식의 세계가 자기 꼴을 갖춰가면서 처음 낳는 마음은 긍휼히 여기는 마음이며, 친절이고 선대 하는 마음이며 환대의 마음이다. 됨됨이가 이루어지면서 낳는 측은지심의 마음이라 하겠다. 카발라에서는 땅에서 이루어지는 처음의 빛을 케세드라 한다. 분별지심이 아니다. 도리어 무분별지심이다. 케세드는 야웨가 낳는다. 야웨의 은혜요 자비심이라는 말이다. 따라서 존재는 현존재를 통해 자신의 꼴을 이뤄가고, 케세드를 낳으며 창조의 세계를 열어간다.

선악의 세계에서 인생들의 케세드는 야웨의 케세드가 아니다. 그러므로 거기서(선악의 세계) 나누는 사랑과 자비는 언제나 등가물의 교환을 전제한다. 부부간의 사랑도 같은 무게의 교환이 아니면 전쟁을 치른다. 같은 값의 감정을 교환해야 공정하다. 일방의 희생이라 해도 그것으로 인해 얻는 종교적 보상이 없으면 희생은 불가능하다. 그러므로 희생은 희생이 아니다. 어떤 형태의 보상이든 받고 있기 때문이다.

야웨의 케세드는 그와 같은 이전의 방식으로부터 떠나 있으며, 자유롭다. 자신의 됨됨이가 자신을 구원한다. 야웨의 자비란 됨됨이에서 발현되는 케세드다. 그리하여 생명나무의 열매요 보석같이 빛나는 네 번째 세피라가 된다.

베드로의 자비로움은 필레오가 그의 전기였고 아가파오가 후기였다. 베드로의 의식혁명은 예수의 십자가 사건을 통해서 비로소 찾아왔다. 필로스와 아가페의 구분은 단지 개념의 구분이 아니다. 얼이 일깨워지기 전과 후의 차이다. 아가페가 찾아올 때 필로스는 심판을 당하고 해체된다. 뜻이 땅에서 이뤄지려면 이미 땅에 머물던 이전 것, 비본질적인 것이 거세된다. 가나안 정복 이야기에서 거민이 쫓겨나는 이유다.

존재 사유가 가장 긴급한 까닭이다. 존재 사유라 할 때 사유란 바꿔 말하면 질문이고 존재 물음이며 야웨를 향한 기도다. 아울러 존재를 향해 있고 존재를 향해 '생각하기'다.

악인에게는 많은 슬픔이 있으나 여호와를 신뢰하는 자에게는 인자(케세드 חסד)하심이 두르리로다(시 32:10)

# 5. 게부라(גבורה) – 권위, 힘

　구약성서에 약 61회 사용된 단어다. 힘의 근원은 무엇에서 비롯되는가.

　흔히 권세는 하나님께만 있고 이 세상의 다른 권세는 하나님께 복종해야 할 것으로서, 하나님으로부터 유래하는 권세에 복종해야 한다고 성서를 주석하려 한다. 예컨대 "권세는 다 하나님의 정하신 바라(롬 13:1)"는 구절을 인용해, 정치적 권세 또한 하나님으로부터 부여된 권세이니 순복해야 한다는 해석이 과연 정당한가. 이 같은 도그마는 도대체 어디서 기인한 것인가. 신에 대해 무지해서다. 하늘의 용을 하나님으로 삼고 있기 때문이다.

　따라서 옛사람들의 메타포, 옛사람들의 은유 방식을 제대로 파악하는 것은 성서의 수많은 이야기를 이해하는 데 필수다. 생명나무에서 게부라(힘)는 무엇을 말하는 것일까.

힘은 두 종류가 있다. 땅으로부터 난 힘이 있고 위에서부터 난 힘이 있다. 땅에서 난 힘이란 무엇일까. 누구든 힘을 중심으로 삶을 살아간다. 어린아이들의 또래 집단을 살펴보라. 누구에게 배운 것일까. 소위 '기' 싸움을 중심으로 질서가 형성된다. 대장과 똘마니의 계급이 형성된다.

땅으로부터 난 힘에도 여러 종류가 있다. 완력이 있고 재력이 있다. 지력이 있고 권력이 있다. 명예가 힘으로 작용한다. 지력과 재력과 권력이 합해져 두렵고 무서운 짐승이 만들어진다. 세상은 힘의 질서에 의해 굴러간다. 동물의 세계와 다를 바 없다. 동물의 왕국도 힘을 바탕으로 질서가 이뤄진다. 힘의 질서에 의해 생태계가 형성되고 그 나름의 세계가 유지된다. 이것이 땅으로부터 생성된 힘이다. 상위 포식자가 되기 위해 힘을 배양하는 것을 내재적 교육목표로 한다. 힘의 배양을 성공이라 칭하기도 한다. 대부분 어머니는 자식이 또래 집단에서 왕따를 당하거나 기 싸움에 밀려나는 것을 견디지 못한다. 기본적인 생존의 문제이기 때문이다. 약육강식의 동물의 왕국이 그 정신과 의식의 세계에도 그대로 투영되고 반영된다. 사람들은 이를 자신의 됨됨이라고 착각하고 오해한다. 존재와 무관하다. 그냥 세인(Das man)일 뿐이다. 비본질의 것들로 화장하고 있을 따름이다.

한때 드라마 스카이캐슬이 장안의 화제가 된 적이 있다. 상위 포식자가 되기 위한 가장 강력한 힘의 원천이 지식임을 보여준 드라마다. "아는 것이 힘이다. Knowledge is power."라는 말이 세상을 지배한다. 그 같은 원리가 세상의 질서를 만든다. 자신이 아는 것을 기준으로 상대의 옳음과 그름을 나눈다.

선과 악을 구분한다. 나는 옳고 너는 틀렸음을 증명하면서 사람들은 대단한 쾌감을 느낀다. 힘의 우위를 과시하려는 속성이 그렇게 드러나는 것이다. 완력과 권력은 기본적으로 무자비한 폭력성을 내포하고 있다. 상대를 제압하고 지배하며 종으로 삼으려 한다. 지식과 재력은 권력을 지향한다. 지식은 그런 점에서 이미 권력이고 힘이다. 사람들은 지식 앞에 굴복한다. 지식과 지혜는 권력이 된다. 스바 여왕이 금은보화를 마차에 싣고 솔로몬을 찾아가는 게 동물 왕국의 속성이다.

도덕과 윤리도 따지고 보면 동물의 왕국의 무자비한 힘의 질서를 조율하기 위한 사회적 장치에 불과하다. 아니, 이미 형성된 힘의 질서를 혹은 계급의 질서를 지속해서 유지하기 위해 기득권을 중심으로, 힘을 선점한 집단을 중심으로 도덕과 윤리가 형성된다. 이는 동서와 고금을 막론한다. 사회가 진화하면서 기존의 질서에 대해 끊임없이 되묻고 새로운 질서가 만들어져가면서 진보사회는 이뤄진다. 그럼에도 불구하고 기본적으로는 동물의 왕국과 다를 바 없다. 그것은 땅에서 이미 형성된 힘이다.

생명나무에서는 케세드(자비)가 게부라(힘)를 낳는다. 아니, 생명나무에서의 힘은 케세드의 씨를 받아서 힘을 낳는다. 케세드는 야훼로부터 태어난(바라) 측은지심의 마음이라 하겠다. 거기서 또다시 태어나는 게 '게부라'다. 측은지심은 존재의 열매다. 나의 나 됨, 됨됨이와 꼴이 갖춰진 존재에게서 발현되는 것이다. 이전의 힘이 생존의 본능을 기반으로 동물의 왕국이라는 시스템에 의해 형성된 힘의 질서라면, 야훼로부터 창조된 힘은 그와는 전혀 다른 존재의 힘이다. 그의 그 됨에서 흘러나오는 힘이다.

비유컨대, 서슬 퍼런 권력도 자기 어머니에게 그의 힘을 구사하지는 않는다. 어머니의 마음에서 흘러나오는 힘이 권력의 힘을 무장 해제시키기 때문이다. 이때 어머니의 마음에서 흘러나오는 힘이 생명나무의 다섯 번째 세피라인 게부라에 상응한다. 따라서 생명나무의 게부라는 그의 됨됨이에서 흘러나오는 힘이다. 지식에서 흘러나오는 힘과는 전혀 다르다. 재력에서 흘러나오는 힘과 전혀 상관없다. 기 싸움을 근거로 해서 상대를 제압하는 힘이 아니다. 도리어 그 같은 힘을 해체하며 그 같은 힘은 심판을 당한다. 그래서 게부라는 많은 경우 야웨의 능력으로 표현된다. 강력이다. 동시에 그 힘은 세상과는 구분되는 전혀 다른 권위를 형성한다. 무엇으로도 훼손할 수 없는 그의 됨됨이에서 나오는 아우라(오르, 빛)를 낳는다는 말이다.

사람들에 의해 예수는 끊임없이 세상 임금으로 추대된다. 그를 따르는 제자들은 세상 임금 예수에 기생해 힘을 배양하려는 속성이 작동해서 그를 따랐을 뿐이다. 예수는 세상 임금을 심판하고 거세해 버린다. 제자들에게 예수의 십자가 사건은 세상 임금의 거세됨이다. 즉 땅으로부터 생성되는 힘의 근원적인 해체라는 말이다. 예수는 야웨의 헬라적 이름이다. 야웨란 '나는 나'라는 것에서 지어진 명칭이다. 따라서 위로부터 낳음을 입은 '게부라'는 세상 임금의 속성이 심판받은 자리에 다시 태어난 힘이다. 그대의 그대다움, 그대의 케세드에서 뿜어내는 에너지가 만들어낸 아름다운 힘, 그것이 생명나무의 게부라(힘)다. 이것은 위로부터 낳음을 받은 힘이다. 이것에 모든 사람은 굴복해야 한다. 여기서 굴복한다는 뜻은 굴종이거나 그의 종이 된다는 의미가 아니라, 그의 그 됨을 존중할 수밖에 없고 그것에 순복한다는 뜻이다.

로마서 13장의 위에 있는 권세에 복종하라는 뜻의 의미를 과도하게 해석해서는 곤란하다.

> 각 사람(ψυχή)은 위에 있는 권세들에 복종하라 권세는 하나님으로부터 나지 않음이 없나니 모든 권세는 다 하나님께서 정하신 바라(롬 13:1)

여기서 각 사람으로 번역된 사람은, 푸쉬케(ψυχή)다. 그저 사람이라고 하는 것은 곤란하다. 후술하겠지만 헬라인은 정신을 쏘마, 푸쉬케, 싸르크, 프뉴마, 누스로 구분하며 히브리인들, 특히 카발라에서도 정신을 여러 단계로 구분한다. 구프, 네페쉬, 루아흐, 네샤마, 하야. 구프는 존재의 시작이며 동시에 최상위 단계인 신령한 몸(divine body)에 순복해야 한다. 그런 점에서 푸쉬케는 위에 있는 권세에 복종해야 한다. 위에 있는 권세는 세상의 권력질서를 의미하는 게 아니다. 야웨로부터 나오는 힘을 의미한다. 푸쉬케는 세상의 힘에 의존하는 속성에 노출되어 있다. 뜻이 하늘에서 이뤄진 것처럼 땅에서도 이뤄져야 한다는 의미를 함의하고 있을 따름이다. 육체의 생각을 따르지 말고 영의 생각을 좇으라는 말과도 서로 통한다.

모든 권세가 위로부터 왔다 하여 세상의 권력도 다 하나님에게서 왔기 때문에 순복해야 한다는 허무맹랑한 도그마는 이제 그만하자. 민심은 천심이라는 세상의 속담도 예수는 보기 좋게 거부한다. 민심은 예수를 세상 임금으로 삼으려 했다. 예수는 민심을 역행했다. 세상의 권력은 민심에서 나온다. 땅으로부터 나온 것이라는 말이다. 위에 있는 권세와는 아무런 상관이 없다. 그것은 그것의 질서대로 유지되며 그 나름의 생태계를 형성하고 있다. 무너지고 다시 세워지며 문명의 진화를 따라 끊임없이 역동하며 변화해간다.

위에 있는 권세(ὑπερέχω, 휴페레코)란, 위로부터 가지게 된 것을 의미한다. 위로부터(ὑπερ)란 '야웨로부터'를 의미한다. 나는 나라는 존재의 존재 됨에서 발출 되어 형성된(ἔχω) 권위(ἐξουσίαις)다. 이 권세는 자신 안에서 세상 임금을 지향하는 힘의 권력을 해체 시킨다. 지식과 재물을 힘으로 삼는 속성을 간단히 해체한다. 권력의지의 속성을 심판하는 힘이다.

여기서 말하는 권력의 해체란, 자신 안에서 권력의지를 지향하려는 의식의 속성을 심판한다는 의미다. 더 큰 권력을 확보하기 위해 타인의 권력에 항거해야 한다는 의미가 아니다. 의식의 혁명이 시작되고 뜻이 하늘에서 이뤄진 것처럼, 땅에서 이뤄지는 역삼각형의 두 번째 세피라인 게부라는 그렇게 야웨로부터 낳아져 브리야계의 두 번째 세피라가 된다. 생명나무 전체의 그림에서는 다섯 번째 세피라다. 허위의식을 벗어내고 자신의 자신다움을 드러내는 것이 가장 강력한 힘이다.

# 6. 티페레트(תפארת)-아름다움

장식(추상적으로나 구상적으로, 문자적으로나 상징적으로):-
아름다움(-운), 화려, 아담한, 영광(스러운), 명예, 권위

주는 그들의 힘의 영광(תפארת)이심이라 우리의 뿔(horn)이
주의 은총으로 높아지오리니(시 89:17)
젊은 자의 영화는 그의 힘이요 늙은 자의 아름다움은 백
발이니라(잠 20:29)

생명나무의 브리야계, 역삼각형의 세 번째 세피라가 티페레
트다. 티페라의 연계형이다. 케세드와 게부라와 티페레트는 역
삼각형을 이루며 셋이자 동시에 하나를 이룬다. 게부라는 야웨
의 힘이다. 야웨에 의해서 태어난 것이 케세드와 게부라다. 야
웨로부터의 자비는 남성이고 자비의 씨를 받아 게부라를 낳는
다. 자비와 힘의 조화가 아름다움이며 영광스러움이다. 야웨의

빛의 발산이 낳는 모습이다.

　카발라에서는 왜 티페레트를 생명나무의 여섯 번째 세피라에 그려 넣는가. 티페레트(美)는 생명나무의 중심이다. 인체의 심장에 해당한다. 조화와 균형을 갖게 한다. 생명나무의 가운데 기둥으로 중앙에 위치한다. 화해와 연민의 마음을 생성하며 중심을 잡아준다. 이를 아름다움 혹은 야웨로부터 흘러나는 영광이라 한다. 야웨에 의해 창조되는 브리야계의 세 번째 세피라인 티페레트에 의해 됨됨이가 형성되어가며 균형을 잡아간다. 존재의 존재함이 창조되어가는 과정이라 하겠다. 여기서 아름다움, 美의 원형을 엿볼 수 있다. 모든 아름다움의 원천이 티페레트다. 각자의 각자다움과 각자답게를 창조한다. 아름다움의 개성이 창조된다. 이 모두는 야웨에 의해서 창조된다. 에히야 아셀 에히야(나는 나다)라는 새로운 인식이 싹트고 존재가 발현되면서 존재가 성글어가는 과정이고, 마음의 세계가 여물어가는 과정이다. 신적 인식은 긍휼히 여기는 마음의 에너지를 작동하고 그 마음을 받아서 숙성시키며 야웨의 힘, 즉 마음의 근육을 형성한다. 케세드와 게부라가 조화롭게 작동되도록 균형 잡힌 마음을 낳고 키워가는 것이 아름다움이고 근원적인 美라 하겠다. 이 셋이 하나를 이룬다. 브리야계로 나눠놓는다. 정신계의 교감-부교감신경이다. 티페레트는 마치 자율신경계의 길항작용과 같다. 브리야계는 심장으로 비유되기도 하지만 중추 신경계와 말초 신경계를 완성하고 교감신경과 부교감신경의 균형을 잡아주는 것에 비유할 수 있겠다.

　이는 마치 태아가 처음 수정 후 수없이 세포 분열하며 오장

육부와 머리, 손과 발을 형성해가는 육체의 원리와 같다. 이전
에 형성된 의식의 세계가 새롭게 다시 태어나 존재의 사람으로
지어져 가는 과정이다. 하이데거가 말하는 존재 사유의 이유다.
의식의 세계가, 자신의 자신 됨이 새로 태어나고 형성되며 그
정신의 세계가 새롭게 태어나는 과정이다. 인문(人文) 곧 인간의
무늬가 그 내면에서 이뤄져 가는 그림이다. 존재 사유란 우리의
의식의 세계가 존재와 만나 존재로 드러나는 과정에 관한 사유
라 하겠다. 그것은 의식을 대상으로 한 사유와 다르다. 의식을
하나의 존재자로 놓고 그 존재자를 관찰하는 존재자 사유와는
다르기 때문이다. 그러므로 존재철학은 정신분석학이나 심리학
과는 근본적으로 다르다.

# 다윗의 육각별(hexagram)

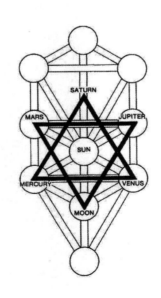

# 생명나무의 첫 번째 야웨와 두 번째 야웨

카발라에서는 생명나무에 10개의 세피라를 그리면서 그 각각의 자리마다 고유한 이름을 부여한다. 그러면서 세피라마다 개입하는 신의 이름, 혹은 천사의 이름을 함께 기록하고 있다. 아니 개입하는 신의 이름이 아니라, 각각의 세피라를 형성하는 성질에 따라 '신의 이름'을 부여하고 있다. 사과, 배라고 존재자에게 이름을 부여하듯, 신성의 빛마다 그에 어울리는 이름을 부여하여 빛의 발산에 대한 몇 개의 범주로 나누고 있다.

카발리스트의 통찰을 주시할 필요가 있다. 처음에 등장하는 세피라인 케테르(왕관)에는 예흐예(I am)이며, 코크마(지혜)에 비로소 야웨가 등장한다. 비나(이해, 총명)에는 야웨 엘로힘이다. 그러면서 첫 삼각형이 그려지고 그 삼각형의 세 꼭짓점을 하나로 함축하는 것이 또한 동시에 야웨다. 야웨는 하야(be)의 완료시상과 미완료시상의 합성어에서 유래했다. 아인 소프 오르의 빛에서 번개치며 케테르가 탄생하고 이것이 직관지로 작용하며 숙성의 과정을 거쳐 아뢰아식의 씨종자까지 지금 여기 현재분사로 소환된다. 단순 기억의 재생이 아니라 존재를 존재되게 하는 자양분으로 지금 오고(is coming) 있는 것이다. 현존재와 존재가 마주하며 역동적으로 존재의 존재됨이 드러나는 의식의 새로운 탄생, 그것이 처음 삼각형을 이루며 '나'가 된다. 이것이 존재요, 카발라 생명나무의 처음 야웨다. 아칠루트계를 이루는 야웨가 생명나무의 처음 야웨라는 말이다. 야웨는 비로소 존재의 현현이면서 동시에 빛을 발현하고 발산하는 창조의 주체(창조주)가 된다.

아칠루트계는 브리야계를 낳는데, 역삼각형의 처음 세피라가 케세드(자비)였다. 여기에 부여된 신의 이름은 '엘'이다. 단수 하나님 '엘'이라 칭한다. 비나, 혹은 아칠루트계의 빛의 발산과 창조의 주체에 의해 창조되는 케세드의 신을 단수 엘로 부여하고 있다. 내가 태어나고 나는 동시에 자비의 마음을 낳는데, 그가 '엘'이다. '엘'은 '얼'이기도 하고 '알'이기도 하다. 얼이 차오르면, 엘이 숙성되면, 알(씨알)이 튼실해지면 그 남성적 에너지 자비의 마음인 씨알을 게부라(힘, 여성)가 씨로 받아 힘을 형성하는데, 카발라에서는 게부라(힘)에 엘의 복수형인 엘로힘을 부여하고 있다는 점이다. 이 상징성이 시사하는 바가 매우 크다.

역삼각형 세 번째(나무 전체로는 여섯 번째) 세피라인 티페레트(아름다움)에 부여하는 신의 명칭은 무엇일까. 놀랍게도 카발리스트들은 거기에 두 번째 야웨 이름을 넣고 있다. 삼각형(아칠루트)의 창조 주체인 야웨에 의해 무엇이 창조되는가. 역삼각형을 완성하는 꼭짓점 티페레트에 또 다시 야웨라는 이름을 부여함으로 야웨는 야웨를 창조하는 것이다. 출애굽기 3:14에 예흐예 아쉘 예흐예(I am that I am 나는 나다)가 비로소 그 모양을 갖춰 제대로 드러나는 것이다. 처음 야웨가 두 번째 야웨를 낳는다. 말씀(아칠루트계)이 육신(σὰρξ)이(브리야계) 된다.

> 호 로고스 사르크 에게네토(ὁ Λόγος σὰρξ ἐγένετο)그 말씀이 육신이 되었다(요 1:14)

말씀이 육신이 된다는 뜻은 아칠루트계 곧 뜻이 하늘에서 이루어짐(호 로고스 ὁ Λόγος)이 케세드와 게부라와 티페레트 곧 땅에서도 이루어지는 이루어짐으로 육신(σὰρξ)이 된다는 뜻이다. 이를 모노게네스(μονογενής) 곧 독생의 영광이라고 요한은 말한다. 그러므로 모노게네스(독생)란 μόνος(모노스 only)와 γένος(게노스 begotten)의 합성어다. 거기 아들(son)이란 말은 없다. 따라서 그 뜻은 유일(unique)한 것을 말한다. 야웨가 야웨를 낳고 아칠루트와 브리야계가 유일하게(unique) 이뤄짐을 일컫는다. 독특한 개성으로 하늘과 땅의 하나 됨을 일컫는 말이 '모노게네스'다. 사실은 '낳고 낳음'이어서 아들이라 하기도 한다. 아칠루트계의 야웨는 아버지요, 브리야계의 야웨는 아들인 셈이다. 수천 년을 우려먹고 있는 기독교 인카네이션(성육신) 교리는 허무맹랑한 혹세무민의 도그마다.

요한복음 3장 16절에는 τὸν υἱὸν αὐτοῦ τὸν μονογενῆ(톤 휘온 아우투 톤 모노게네, 그의 독생 아들을)이라는 표현이 나오기도 한다.

'외아들'이라는 말이 결코 아니다.

카발라의 통찰을 다시 되짚어 보자. 아칠루트계의 되어짐(됨, 혹은 I am 또는 became)이 브리야계의 됨(γίνομαι 기노마이 to come into being, to happen, to become)으로 나타난다는 말이다. 이것이 티페레트에 두 번째 야웨가 등장하는 이유다. 새로운 '됨됨이'가 이뤄지는 이야기이며, 존재가 존재로 드러나는 이야기다. 존재가 현존재를 통해서만 존재 됨을 현현한다는 뜻이다. 따라서 '되고 되고'다.

이스라엘의 국기에 등장하는 정삼각형과 역삼각형을 겹쳐놓은 다윗의 육각별은 다윗의 방패라는 의미도 있지만, 북이스라엘과 남유다의 통일 이후 다윗의 별은 상징 문양이 되었다. 아칠루트와 브리야의 통일을 이루는 상징이다. 물맷돌이 거인 골리앗(다윗의 이야기에서 거인은 곧 이전의 나요. 물맷돌은 천둥과 번개며 직관지의 상징이라 해도 무방하다)을 쓰러뜨리는 놀라운 상징이다. '되고 되고'의 상징이 육각별이다. 야웨가 야웨를 낳는, 하늘에서 이루어진 뜻이 땅에서 이루어지는 것의 상징이다. 모노게네스(독생)의 상징이다. 모노게네스는 각자의 각자됨이 유니크(unique)한 개성을 갖고 말씀이 육체가 되어 존재로 드러나는 됨됨이를 일컫는 말이다. 그런 점에서 예수는 모노게네스였고 모든 모노게네스의 징조요 주(Lord)가 된다.

다음은 브리야계에 이어서 예치라계의 두 번째 역삼각형을 살피게 될 것이다.

# 예치라계(יצירה)-지음의 세계

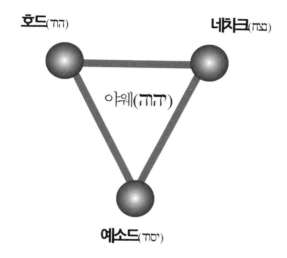

호드(הוד)    네차크(נצח)

야웨(יהוה)

예소드(יסוד)

아칠루트(발산)계에 의해 브리야계(케세드, 게부라, 티페레트)라는 의식의 장부(臟腑), 그중에서도 심장이 창조되는 그림을 살펴보았다. 다음에는 예치라계가 형성된다. 브리야가 창조라면 야차르는 조성이요 지음이다. 우리말로 집을 짓거나 밥을 짓거나 시를 짓거나 한복을 짓거나 복을 짓는다는 말이 있듯, 여호와께서 야곱은 창조하시고 이스라엘은 조성하신다(사 43:1)고 할 때의 조성이요 순수 우리 말로는 지음이다. 예치라(יצירה)는 '조성(지음)의 세계'로 카발라의 네 차원 중 세 번째 세계다.

네차크(נצח), 호드(הוד), 예소드(יסוד)로 구성되어 있다.

야곱아 너를 창조하신(בֹרַאֲךָ 보라카) 여호와께서 이제 말씀하시느니라 이스라엘아 너를 조성(וְיֹצֶרְךָ 베요차르카)하신 자가 이제 말씀하시느니라 너는 두려워 말라 내가 너를 구속하였고 내가 너를 지명하여 불렀나니 너는 내 것이라(사 43:1)

이사야 43:1은 바라(בָּרָא)와 야차르(יָצַר)가 짝을 이루며 나타나는 구절이다. 야차르(יָצַר)에 야웨의 축약어 야(יָה)를 접미시켜 합성시킨 단어가 예치라다. 그러므로 그 뜻은 야웨가 조성했다는 뜻이니 야웨가 지음이다. 야웨가 낳는 것이 브리야계라면 야웨가 조성하는 것이 예치라계다. 그러므로 예치라계는 형성계, 조성계, 혹은 지음의 세계(지음계)라고 번역할 수 있다. 브리야계는 야곱을 비유하고 예치라계는 이스라엘을 비유한다고 보아도 무방하다. 다음에 나오는 생명나무의 두 번째 역삼각형이 예치라계다. 아칠루트가 머리(요드)라면 브리야는 가슴(헤)이며 예치라는 생식기를 포함한 배(바브)다. 의식의 세계에서 배는 어떻게 이뤄질까. 무엇이 어떻게 지어져 가는가. 지음의 세계를 살펴보자.

# 7. 네차크(נצח)-인내, 승리, 영원

네차크(Netzach, נצח)는 오래 참음, 승리, 영원의 의미가 있다. 구약성서에는 여덟 번 사용되었고 파생어까지 하면 44회 등장한다. 영어로는 eminence, enduring, everlastingness 등의 의미로 번역된다.

성서에 보면 야웨의 축약형으로 야와 야후를 혼용해서 사용하고 있음을 알 수 있다. 예컨대 이사야[후](야웨의 구원 또는 야웨는 구원이다), 예레미야[후](야웨가 세우다, 지명하다), 아하시야[후](야웨가 힘이다), 시드기야[후](야웨가 의다).

이처럼 일반적 용법과 같이 카발라에서 예치라계의 예치라는 야차르(조성하다)와 야웨의 축약형인 야의 합성어다. 따라서 그 뜻은 '야웨가 조성하다'이다. 예치라계의 역삼각형에 등장하는 처음 세피라가 곧 네차크다. 네차크는 '끝까지, 인내, 영원'의 의미가 있다. 야웨(아칠루트계-케테르, 코크마, 비나)의 창조(브리아계-케세드,

게부라, 티페레트)를 바탕으로 됨됨이 곧 존재가 빚어져 가고 있는 그림이 생명나무의 세피라들이다. 창조의 주체인 야웨(아칠루트)로 인해 브리야계가 창조되었다면 그것을 바탕으로 조성해가고 형성해가는 야차르(조성)계의 첫 번째가 '네차크'다. 그러므로 네차크는 야웨가 조성해가는 두 번째 역삼각형의 첫 번째 세피라다. 창조의 주체인 야웨가 알파요 시작이라면, 그 야웨는 계속해서 궁극을 향해 창조해가고 조성해간다. 공사의 기초를 다지고 골격을 세웠다면 살을 붙여 가며 완성해가는 것이 예치라계다. 됨됨이가 시작되었다면, 됨됨이의 완성을 향하여 중단하지 않음이 됨됨이의 강력한 속성이라 하겠다.

그런데 여기서 중요한 것은 마음을 다잡고 끝까지 가겠다는 강력한 의지와 인내를 통해 마침내 궁극에 도달하겠다는 아브람의 속성이 결코 아니라는 점이다. 네차크는 아브람의 인내와 노력으로 도달하는 승리가 아니다. 야웨의 의지와 야웨의 창조, 그리고 조성이 마침내 성취하고 이뤄가는 것이 포인트다. 따라서 네차크는 인내라고도, 승리라고도, 영원이라고도 번역한다. 이 셋은 서로 독립적인 의미가 아니라 상호 연관 있는 개념이다. 아브람의 승리가 아니다. 야웨의 승리다. 야웨는 아브람의 의지와 상관없이, 즉 영원이라는 번역은 야웨가 끝까지 쉬지 않고 자신의 됨됨이의 완성을 향해 나아갈 것임을 나타내는 의미의 영원이다. 아브람의 의지가 아니라, 야웨의 의지다. 그러므로 여기서의 인내는 신성의 빛으로 조성되는 인내이지 인간의 의지가 작동해서 오래 참는 오래 참음의 속성과는 전혀 다르다는 점이다. 내가 나답게 살려는 것을 향해 지향(指向)해 서 있는 것이 오래 참음으로 나타난다. 인간은 자신의 자신됨을 향해 서 있게 되고 그것이 마침내 이김을 가져다준다.

야웨는 우상이 되어버린, 즉 물리적 우주 창조 주체로 탈바꿈한 종교적인 야웨가 아니다. 처음 육체가 태어나면 누구도 예외 없이 네페쉬를 바탕으로 의식의 세계가 형성된다. 야웨란 '네페쉬'의 숨결이 아니라, 네샤마의 숨결에 의해 새롭게 자각된 존재 의식이다. 히브리인들은 애초에 야웨라는 이름을 거기에 명명했다. 현존재를 통한 존재의 현현이 야웨다. 그러한 의미에서 야웨는 자신의 됨됨이를 이뤄간다. 아브람으로는 존재의 존재됨이 조성될 수 없었다. 야웨에 의해서만 아브람은 아브라함이 되고 이삭을 낳는다. 이 지난한 여정에서 아브람이 아브라함이 되고 이삭을 낳게 하는 주체가 야웨라는 말이다.

나는 나다 혹은 내가 나다라는 천둥과 번개를 통한 케테르(의식의 첫 번째 빛인 왕관), 그리고 신성의 폭발인 코크마(직관지)와 비나가 네차크의 주관자라는 의미다. 그런 점에서 세피라 네차크의 신은 야웨 체바요트다. 즉 만군의 야웨라는 뜻을 갖는다. 만군의 야웨는 다분히 전쟁에서 승리하는 야웨의 이미지다. 다른 말로 하면 가나안의 거민을 쫓아내고 새로운 신성의 빛이 정착해 뿌리내린다는 의미의 인내요 승리다. 욥의 인내도 같은 의미다. 욥 자신은 그것이 무엇인지 처음에는 명확하게 자각하지 못한다. 다만 재앙이 찾아오고 이전의 모든 것이 무너져내림만 있을 따름이다. 모든 신학적 이론가들(욥의 친구들)의 조롱이 넘쳐난다. 신학적 난상토론이 진행되면서 '네페쉬'에 형성된 모든 신학 이론과 지식이 한낱 티끌과 한 줌의 재만도 못한 것임이 들통난다. 욥 스스로가 친구들에게 강변하는 신학적 변론조차도 그의 친구들의 그것과 별로 다를 것이 없는 마찬가지(one of them)일 뿐이라는 사실이 철저하게 드러나면서 망연자실하게 있을 수밖에 없다.

그것이 야웨 체바요트 즉, 만군의 야웨가 전쟁터에서 거민을 철저하게 도륙해가는 장면이다. 욥의 세계관은 하나도 남김없이 낱낱이 분쇄된다. 분쇄되어야 다시 살아난다. 그 과정이 네차크다. 많은 사람이 도대체 이스라엘 부족 신 야웨의 잔혹함이 이해하기 어렵다고 말하곤 한다. 구약성서에서 야웨 신의 이야기는 존재의 존재 됨을 이뤄가는 이야기이기에 야웨의 잔혹함이 두드러진다. 이야기에 등장하는 '체바요트 야웨'는 남녀노소를 가리지 않고 살육을 명하는 존재로 묘사된다. 동정심이 없다. 됨됨이를 이루어가는 길목을 방해하는 원주민, 그 옛 습성에 대해 마침내는 굴복시킬 수밖에 없다는 은유가 이야기의 행간에 담겨 있다.

아인과 아인 소프를 통해서 케테르의 빛이 찾아왔다. 그럼에도 불구하고 네페쉬는 아직도 원주민이 습으로 남아 있기 때문에, 그리고 아칠루트와 브리야에 의해 의식과 마음의 세계가 활짝 열렸음에도 아직 습으로 남아 있는 원주민과의 전투가 남아 있기 때문에 예치라, 곧 야웨의 조성의 길이 여전히 필요한 것이다. 야곱이 브리야계의 창조요 이스라엘은 야곱이 바탕이 되어 새롭게 조성된 존재로 이사야는 묘사한다. 브리야계의 케세드와 게부라와 티페레트가 바탕이 되어 예치라계가 조성되어 간다.

야웨의 잔혹함은 거기 그렇게 개체로 있는 타자에 대한 잔혹함이 아니다. 내 안에 타인으로 인해 형성된 타자에 대해 잔혹하다는 것이다. 그것은 내가 아니기 때문에 그러하다. 본질의 나와는 상관없이 주입된 타자이고 나의 존재와 상관없는 '비본질의 나'이기 때문이다. 존재의 나와는 상관없이 비본질을 이루고 있는 것과 전쟁을 치르는 것이다. 그것은 이전 네페쉬에서 형성된 비본질적 요소다. 이를 훼파하는 것은 나의 의지와 상관없는 야웨의 의지다. 따라서 '네차크'의 인내도 돼 가는 것(기노마이, Becoming)일 따름이다.

욥의 이야기를 읽어보면 알 수 있다. 욥은 인내한 적이 없다. 다만 변론하고 소리치고 자신의 잘못이 무엇인지 항변하고 따져 묻고 있을 뿐이었다. 그럼에도 불구하고 욥의 인내라고 칭하는 것을 보면, 그것은 욥의 내면에서 일해가고 있는 야웨의 네차크였다. 후세 사람들이 그것을 욥의 인내라고 칭하고 있을 따름이다. 따라서 묻고 따지고 또 묻는 그것만이 있을 뿐이다. 이것이 생명나무의 일곱 번째 신성의 빛인 세피라를 이룬다. '네차크'는 가장 역동적인 야웨의 활동이기도 하다.

여전히 됨됨이의 여정과 순례의 길은 계속된다. 의식의 씨알이 싹을 틔우고 잎을 피운 다음 갈색으로 물드는 까닭은 이어서 피워낼 새로운 잎을 위해 자리를 내어줌이다. 생명나무의 과실은 그러한 과정을 거쳐 맺혀간다.

여호와여 어느 때까지나이까 나를 영원히(נֶצַח) 잊으시나이까 주의 얼굴을 나에게서 어느 때까지 숨기시겠나이까(시 13:1)

# 8. 호드(הוד) - 존엄, 존귀, 권위, 영광

호드(הוד) : 거대함(즉, 당당한 모습, 혹은 자태):-아름다운,
예쁨, 탁월함, 영광스러운, 영광, 아름다운, 영예, 위엄, 광
채, 위엄, 활력, 장엄함. 위풍당당
여호와 우리 주여 주의 이름이 온 땅에 어찌 그리 아름다
운지요. 주의 영광(הוד)이 하늘을 덮었나이다 (시 8:1)

영광(호드)이란 무엇일까. 카발라의 여덟 번째 세피라는 '호드'
요 영광으로 번역된다. 성서에는 야웨의 영광이 곳곳에 나온다.
도대체 영광이란 무엇이기에 카발라에서는 생명의 열매로 '영
광'을 그려 넣고 있으며 또한 성서에도 야웨의 영광이 땅과 하
늘 위에 뛰어나다고 시편의 시인은 말하고 있을까.
야웨의 영광은 어떻게 드러나며 현현되는가. 반복해서 하는
말이지만, 야웨란 알 수 없는 신의 이름이 아니다. 유대교에 등
장한 야웨지만, 그 의미가 단지 유대 부족 신에 머문다면, 이곳
에서 논하는 게 얼마나 우스꽝스러운가. 요드 헤 바브 헤는 단
지 유대 부족 신의 의미가 아닌 보편으로 확장된다. '나는 나

이기에 그가 어디에서 등장한 이름이든 오늘 우리에게도 같은 물음과 맞물려 있기에 카발라를 통해 우리 자신을 통찰코자 함이다. 따라서 야웨의 영광이란 유대 민족 신의 영광이 아니라, 내가 나가 되는 야웨의 영광이다. 야웨의 조성(예치라)에 속해 있는 신성의 빛 '호드'이기에 그 영광은 그저 흔하게 있는 지식과 명예와 권세와 부를 통해 누리는 세인(das man)의 영광이 아니다. 신성의 빛 '호드'의 세피라인 까닭이다.

네차크가 생명나무의 기둥에서는 남성이라면 '호드'는 여성의 기둥에 자리하고 있다. '호드'라는 단어는 남성명사(Noun Masculine)다. 그럼에도 생명나무에서는 좌측 분별의 기둥을 이루며 여성의 자리에 그려 넣고 있다. 네차크의 승리, 즉 야웨의 인내를 통해 마침내 땅의 거민(居民)을 몰아내는 야웨의 승리가 축적되면서 그것을 씨로 받아 키워내며 형성되는 것이 됨됨이의 위엄이다. 야웨의 위엄이고, 활력이다. 그 얼굴에 그의 됨됨이의 광채와 위엄이 위풍당당하게 형성된다. 그러므로 받아들임은 여성이며 드러남은 남성성이어서 남성명사를 취하고 있는 것은 아닐까. 이를 '영광'이라 한다.

목소리에도 됨됨이가 담겨 있는 위엄이 드러난다. 타인의 견해에 교란이 되어 이도 저도 아닌 주눅 들어 있는 목소리는 야웨의 호드가 아니다. 목소리에 위엄을 더하기 위해 자기 목소리를 잃고 일부러 탁한 소리를 내거나 목소리를 깔면서 거룩함을 위장하는 게 위엄이거나 영광이 될 수는 없다. 허다한 종교인들의 위장술이다. 허위의식에 사로잡혀 짐짓 웃음을 짓거나 지어만든 목소리로 자신을 분칠하거나 치장하지 않는다. 그런 것은 위엄이나 영광과는 전혀 동떨어져 있는 허위일 뿐이다.

야웨의 영광은 '나의 나 됨'을 통해서만 비로소 드러나고 나타난다. 현현된다. 탁성이거나 미성이거나 갈성이거나와 상관없이 자신의 자신 됨을 가감 없이 드러내는 것이 위엄이고 당당함이다. 이를 '호드'라 한다. 이 역시 야웨의 예치라(야웨의 조성), 즉 야웨가 구축하고 형성해가는 모습이다. 그러므로 야웨의 영광(각자 됨됨이의 위엄과 당당함)이다. 야웨의 영광이란 종교인들이 그저 '주님의 영광을 찬양합니다'라고 흔하게 하는 입에 발린 소리를 통해서 드러나거나 찬양되는 게 아니다. 알지 못하는 신의 이름을 '야웨'라 지어놓고 그의 영광을 찬양한다는 방식에는 야웨의 영광과 존엄이 존재하지 않는다. 그대의 그대다움을 통해서만 야웨의 모습이 드러난다는 말이고 그 모습을 좇는 게 그의 영광을 좇는 것이고 찬양하는 것이다.

'호드(영광)'는 예치라계의 두 번째 신성의 빛을 나타내는 세 피라다. 됨됨이의 당당함이다. 야웨의 위엄이며 존엄이다. 시인은 바로 하늘과 땅에 뛰어난 모습의 야웨의 영광을 노래한다. 우리의 노래가 머물러야 할 곳이 바로 그곳이다. 각자의 각자 됨이 당당하게 나타나는 것이 부르게 될 노래요, 좇아야 할 궁극이다. 근거 없이 자신감을 내보이기 위한 허위의식에 사로잡히거나 그 반대로 위축된 것을 극복한 됨됨이 그 자체다. 진달래는 진달래로 개나리는 개나리로 있는 것이 영광이고 위엄이라는 말이다.

야웨의 인내(네차크)를 통해 승리(자기 극복)를 이루고 그것이 거듭되면서 당당함에 이르게 된다. 카발라는 여기 '호드'의 신을 일컬어 '엘로힘 체바요트'라 칭한다. '만군의 하나님'이다. 네차크의 '야웨 체바요트'와 상응한다. 얼로 가득 차 있음, 그 당당함이 엘로힘 체바요트(만군의 하나님)로 표현된다. 자신 안에 있는 허위의식으로 당당하여지려는 그 모든 것이 소거되고 그 모습이 어떠하든지 자신의 자신 되므로 인해 드러나는 본래 모습이 엄위요 '엘로힘 체바요트'다. 야웨의 영광이다. 가히 카발리스트들의 통찰이 돋보인다. 거기에 타인과의 비교가 없다. 야웨의 영광은 나와 너에게서 드러나고 나타나는 것일 따름이다. 시인의 노래에 등장하는 야웨의 영광은 이 지점이다. 야웨의 이김은 곧 엘로힘의 영광이다.

창세기 1장의 문법으로 말한다면 형상이 모양을 이뤄가는 여정이다. 브리야계에서 형성된 것을 바탕으로 이뤄가는 모양이 역삼각형의 '네차크'와 '호드'와 '예소드'다. 두 번째 역삼각형은 마침내 모양이 드러남이라 하겠다. 모양의 세 꼭짓점이 '네차크', '호드', '예소드(토대, 기초)'다. 아칠루트도 삼위(삼각형을 이루는 세 꼭짓점인 케테르, 코크마, 비나)가 하나를 이루며, 그것이 야웨임을 알 수 있다. 두 번째 역삼각형도 역시 삼위(케세드, 게부라, 티페레트)가 하나를 이루며 하늘의 야웨가 땅의 야웨를 이루는 삼위일체다.

세 번째 삼각형도 역삼각형을 이루며 세 위(네차크, 호드, 예소드)가 하나를 이룬다. 삼위가 하나를 이루는 모습이다. 이를 교리적 삼위일체로 인식할 필요는 전혀 없다. 다만 카발리스트의 지혜는, 그러한 모습으로 도해에 그려 넣고 있다. 야웨의 무늬, 인간의 문양, 人文은 그렇게 창조되고 조성되어 간다.

참조 –

민 27:20, 대상 16:27, 대상 29:11, 대상 29:25, 욥 37:22, 욥 39:20, 욥 40:10, 시 8:1, 시 21:6, 시 45:4, 시 96:6, 시 104:1, 시 111:3, 시 145:5, 시 148:13, 잠 5:9, 사 30:30, 렘 22:18, 단 10:8, 단 11:21, 호 14:7, 합 3:3, 슥 6:13, 슥 10:3

여호와의 이름을 찬양할지어다 그의 이름이 홀로 높으시며 그의 영광(הד)이 땅과 하늘 위에 뛰어나심이로다(시 148:13)

북쪽에서는 황금 같은 빛이 나오고 하나님께는 두려운 위엄(הד)이 있느니라(욥 37:22)

여호와께서 그의 장엄한(הוד) 목소리를 듣게 하시며 혁혁한 진노로 그의 팔의 치심을 보이시되 맹렬한 화염과 폭풍과 폭우와 우박으로 하시리니(사 30:30)

아직도 예소드(토대, 기초)와 말쿠트가 남아 있다. 생명나무는 신의 창조 이야기며 인간의 창조 이야기다. 히브리인들은 이를 새로운 의식의 나무라 하고 신성이라 칭한다. 거기 새로운 의식의 나무 마디마디에 신의 이름을 부여한다. 성서의 이야기도 그와 같다는 게 카발라의 신관이고 인간관이고 성서에 대한 이해다. 그러므로 카발라의 신학은 인간학인 셈이다. 카발라의 형이상학은 철저히 휴머니즘이다. 그런 점에서 카발라는 유럽 지성의 토양이고 자양분이며 밑뿌리를 이루는 저수지임이 분명하다.

# 9. 예소드(יְסוֹד)-기초, 토대

기초(문자적, 또는 상징적으로) :- 밑바닥, 기초, 수선

카발라의 생명나무 아홉 번째 세피라는 예소드다. 예소드는 기초, 토대로 번역할 수 있다. 히브리어 동사 야사드의 명사형이다. 야사드는 '세우다, 고정하다, 설립하다, 기초를 놓다'는 의미가 있다. 예소드는 예치라계, 즉 야웨의 조성에 의해 형성되는 기초요 토대다. 욥기에 유명한 말이 나온다.

내가 땅의 기초를 놓을 때에 네가 어디 있었느냐 네가 깨달아 알았거든 말할지니라(욥 38:4)

기초 혹은 토대라는 뜻의 히브리어는 예소드 외에 메콘(מָכוֹן)이 있다. 시편 기자는 땅에 기초를(עַל־מְכוֹנֶיהָ) 놓으사(יָסַד) 영원히 흔들리지 아니하게 하셨나이다(시 104:5) 라고 노래한다. 카발라는 시편 104편을 도해로 옮겨 놓은 것이라 해도 과언이

아닐 정도다. 시편 104편의 노래는 카발의 생명나무를 선명하게 보여준다. 카발라 생명나무에서는 메콘이 아니라 예소드를 채택하고 있다. 메콘은 동사 야사드와 자주 등장한다. 기초(메콘)를 세우다(야사드)는 문장의 형태를 취하기도 한다. 야사드의 명사형인 예소드를 아홉 번째 세피라로 사용하고 있다.

나는 무엇을 토대로 형성되어 있는가. 욥기는 인생이 토대로 삼는 두 이야기를 생생하게 전해준다. 욥의 이야기는 하나의 토대가 무너져 내리고 새로운 토대가 형성되는 이야기다. 야웨의 조성에 의해서 기초가 세워지는 이야기다. 선악나무와 생명나무 이야기다.

동방의 의인 욥의 토대와 기초가 무너져 내린다. 동방의 의인이라는 욥의 처음 토대는 무엇인가. 지식이고 선악이 토대요 기초였다. 거기서 체데크(義)는 야웨의 조성에 의한 것이 아닌 스스로의 의와 스스로의 공평을 기초로 해서 세운 것이니 선악나무는 그 뿌리가 지식이다. "욥이 말하기를 혹시 내 아들들이 죄를 범하여 마음으로 하나님을 욕되게 하였을까 함이라. 욥의 행위가 항상 이러하였더라"(욥 1:5) 욥의 하나님은 대부분 유대 전통에 속해 있는 신이다. 예수는 이 신을 송두리째 부정한다. 욥기의 처음 토대였던 신이 부정되고 새로운 토대가 형성(야차르)되는 이야기가 욥기다.

율법과 지식을 기반으로 형성된 집은 모래 위에 지은 집과 같다. 생명나무의 토대는 버린 돌을 토대로 형성된다. 활석이고 반석이다. 야웨에 의해서 땅의 기초가 놓인다.

내가 땅의 기초를 놓을 때에 네가 어디 있었느냐 네가 깨
달아 알았거든 말할지니라(욥 38:4)

אֵיפֹה הָיִיתָ בְּיָסְדִי־אָרֶץ הַגֵּד אִם־יָדַעְתָּ בִינָה:


생명나무는 하늘의 예루살렘(아칠루트)이 땅으로 덧입혀지는 얘
기다. 야웨에 의해 야웨의 낳음 이야기다. 뜻이 하늘에서 이루
어진 것 같이 땅에서 이루어지는 얘기다. 나는 길이고 진리고
생명이라는 확고한 토대의 형성이다. 기름 부음이 기초요 예소
드다. 됨됨이의 견고한 토대가 비로소 조성, 형성됨이다. 나는
나(야웨, 요드 헤 바브 헤)의 온전함을 향해 나아감이다. 됨됨이, 각자
의 각자 됨이 구원이고 인문(人文)이다. 예소드는 예치라계의 세
번째 역삼각형 꼭짓점을 이룬다. 네차, 호드와 함께 요드, 헤,
바브, 헤에서 세 번째 바브(ו)에 속한다. 비로소 생명의 씨를 생
산할 수 있는 단단한 씨알의 형성이라 하겠다. 타인에 종속된
의식이 아니라 독립된 의식의 직립 보행이 가능한 존재로 성숙
됨이다. 비본질을 극복하고 존재에 다가감이다. 존재론적으로
공동 세계 내 존재지만, 비존재가 아닌 존재를 마주하며 존재
개현의 현존재로 의식의 직립 보행의 토대가 형성되었다는 의
미라 하겠다. 머리(י 요드, 아칠루트)와 가슴(ה 헤, 브리아)과 배(ו 바브, 예
치라)가 온전히 형성되어 하나님의 형상이 모양을 이룬다. 물론
아직 하나의 세피라 말쿠트(ה 헤, 나라, 왕국, 앗시아계)가 남아 있다.

선악을 기초로 형성된 선악나무의 의식세계가 사자와 곰과
표범과 무섭고 두려운 짐승 등으로 형상화된다면 생명나무로
표현된 야웨 곧 됨됨이 나무는 다음과 같은 네 생물의 형상으

로 상징화된다. 아칠루트는 사자의 형상이요, 브리야계는 송아지의 형상이다. 예치라계는 인자(사람의 아들)의 형상을 이룬다. 말쿠트 아시야계는 독수리의 형상을 이룬다. 선악을 분별하며 옳고 그름으로 의와 불의로 삼는 세계의 사자가 움켜쥐고 서로를 잡아먹는 형상이라면, 생명나무의 사자 형상은 선악을 극복한 이김과 승리의 상징이다. 곰이 상대의 피를 흘리는 형상이라면 송아지는 자신의 피를 흘려 제물이 되는 형상이다. 곧 브리야계의 케세드, 게부라, 티페레트가 송아지의 형상을 하느냐 곰의 형상을 띠고 있느냐가 생명이냐 선악이냐로 나뉜다. 예치라계는 인자의 형상을 하느냐 표범의 형상을 하느냐로 나눠진다.

인자는 의와 공의로 보좌의 기초를 삼는다. 표범은 소유와 권력(지식, 힘)을 토대로 삼는다. 카발라는 에스겔에 나오는 하늘을 향하는 전차(마차)인 메르카바의 그림을 중시한다. 열 번째 세피라를 살펴보면서 메르카바는 자연스레 언급될 것이다. 생명나무는 온전한 인자(사람의 아들, 휘오스 투 안드로퓨)의 형상이다. 생명나무의 예치라계가 인자의 형상이면서 동시에 생명나무 전체가 인자의 형상이다. 비로소 야웨 곧 인간의 됨됨이, 존재와 현존재의 생명의 순환, 현존재가 존재와 대면하면서 펼쳐가는 생명의 수레바퀴라는 점에서 말쿠트에서 메르카바의 그림이 완성된다. 이 같은 그림을 그려나가는 것이 썩어질 육체가(다니엘의 우상) 하나님의 형상과 모양의 사람 곧 썩지 아니할 것으로 구원을 이루어가는 것이다. 몸의 구속이며 피조물이 하나님의 아들들이 나타나기를 고대하는 희망이다. 우리 의식의 혁명적 변화 곧 사람이 되는 길이며 아울러 그 정신이 신성으로 덧입히는 과정이다.

　그대의 그대다움이 그대가 살아가야 할 길이고
　그대다움만이 그대의 진리며
　그대다움만이 그대의 생명이다.


　　존재와 현존재의 존재론적 분석이 아무리 명쾌하더라도 존재 개현은 비본질을 극복한 그대의 그대다움을 통해서만 이뤄진다는 점이다. 현대의 질병은 인생이 자신의 자신다움을 찾지 못해서다. 자신다움의 길을 잃고 그 의식이 타인에 의해 점령당하고 자신을 잃어버린 데서 기인한다.


참고 ―

1)기초, 토대, 밑바닥

출 29:12, 레 4:7, 레 4:18, 레 4:25, 레 4:30, 레 4:34, 레 5:9, 레 8:15, 레 9:9, 욥 4:19, 욥 22:16, 시 87:1, 잠 10:25, 애 4:11, 겔 30:4, 합 3:13

2)야사드

수 6:26, 삼하 22:8, 삼하 22:16, 왕상 5:17, 왕상 6:37, 왕상 7:9, 왕상 7:10, 대하 23:5, 욥 38:4, 시 89:14, 시 97:2, 시 102:25, 시 104:5, 시 137:7, 잠 8:29, 잠 10:25, 사 24:18, 사 28:16, 사 40:21, 사 44:28, 사 48:13, 사 51:13, 사 51:16, 사 54:11, 사 58:12, 렘 31:37, 겔 13:14, 암 9:6, 합 3:13, 눅 14:29, 히 1:10, 계 21:14, 계 21:19

의와 공의가 주의 보좌의 기초라 인자함과 진실함이 주 앞에 있나이다(시 89:14)

구름과 흑암이 그를 둘렀고 의와 공평이 그의 보좌의 기초(מָכוֹן)로다(시 97:2)

주께서 옛적에 땅의 기초(יָסַדְתָּ)를 놓으셨사오며 하늘도 주의 손으로 지으신 바니이다(시 102:25)

땅에 기초를(עַל־מְכוֹנֶיהָ) 놓으사(יָסַד־אֶרֶץ) 영원히 흔들리지 아니하게 하셨나이다(시 104:5)

내 영혼아 여호와를 송축하라 여호와 나의 하나님이여 주는 심히 위대하시며 존귀와 권위로 옷 입으셨나이다 주께서 옷을 입음같이 빛을 입으시며 하늘을 휘장같이 치시며 물에 자기 누각의 들보를 얹으시며 구름으로 자기 수레를 삼으시고 바람 날개로 다니시며 바람을 자기 사신으로 삼으시고 불꽃으로 자기 사역자를 삼으시며 땅에 기초를 놓으사 영원히 흔들리지 아니하게 하셨나이다(시 104:1~)

여호와여 예루살렘이 멸망하던 날을 기억하시고 에돔 자손을 치소서 그들의 말이 헐어 버리라 헐어 버리라 그 기초까지 헐어 버리라 하였나이다(시 137:7)

회칠한 담을 내가 이렇게 허물어서 땅에 넘어뜨리고 그 기초를 드러낼 것이라 담이 무너진즉 너희가 그 가운데에서 망하리니 나를 여호와인 줄 알리라(겔 13:14)

주께서 주의 백성을 구원하시려고, 기름 부음 받은 자를 구원하시려고 나오사 악인의 집의 머리를 치시며 그 기초를 바닥까지 드러내셨나이다 (셀라)(합 3:13)

두려운 소리로 말미암아 도망하는 자는 함정에 빠지겠고 함정 속에서 올라오는 자는 올무에 걸리리니 이는 위에 있는 문이 열리고 땅의 기초가 진동함이라(사 24:18)

너희가 알지 못하였느냐 너희가 듣지 못하였느냐 태초부터 너희에게 전하지 아니하였느냐 땅의 기초가 창조될 때부터 너희가 깨닫지 못하였느냐(사 40:21)

과연 내 손이 땅의 기초를 정하였고 내 오른손이 하늘을 폈나니 내가 그들을 부르면 그것들이 일제히 서느니라(사 48:13)

네게서 날 자들이 오래 황폐된 곳들을 다시 세울 것이며 너는 역대의 파괴된 기초를 쌓으리니 너를 일컬어 무너진 데를 보수하는 자라 할 것이며 길을 수축하여 거할 곳이 되게 하는 자라 하리라(사 58:12)

그러므로 주 여호와께서 이같이 이르시되 보라 내가 한 돌(אֶבֶן)을 시온에 두어 기초(יְסֹד)를 삼았노니 곧 시험한 돌이요 귀하고 견고한 기촛돌이라 그것을 믿는 이는 다급하게 되지 아니하리로다(사 28:16)

또 주여 태초에 주께서 땅의 기초를 두셨으며 하늘도 주의 손으로 지으신 바라(히 1:10)

건축자가 여호와의 성전의 기초를 놓을 때에 제사장들은 예복을 입고 나팔을 들고 아삽 자손 레위 사람들은 제금을 들고 서서 이스라엘 왕 다윗의 규례대로 여호와를 찬송하되 찬양으로 화답하며 여호와께 감사하여 이르되 주는 지극히 선하시므로 그의 인자하심이 이스라엘에게 영원하시도다 하니 모든 백성이 여호와의 성전 기초가 놓임을 보고 여호와를 찬송하며 큰 소리로 즐거이 부르며 제사장들과 레위 사람들과 나이 많은 족장들은 첫 성전을 보았으므로 이제 이 성전의 기초가 놓임을 보고 대성통곡하였으나 여러 사람은 기쁨으로 크게 함성을 지르니 백성이 크게 외치는 소리가 멀리 들리므로 즐거이 부르는 소리와 통곡하는 소리를 백성들이 분간하지 못하였더라(스 3:11-13)

그 성의 성곽에는 열두 기초석이 있고 그 위에는 어린 양의 열두 사도의 열두 이름이 있더라(계 21:14)

그 성의 성곽의 기초석은 각색 보석으로 꾸몄는데 첫째 기초석은 벽옥이요 둘째는 남보석이요 셋째는 옥수요 넷째는 녹보석이요 다섯째는 홍마노요 여섯째는 홍보석이요 일곱째는 황옥이요 여덟째는 녹옥이요 아홉째는 담황옥이요 열째는 비취옥이요 열한째는 청옥이요 열두째는 자수정이라(계 21:19-20)

제사장은 또 그 피를 여호와 앞 곧 회막 안 향단 뿔들에 바르고 그 송아지의 피 전부를 회막 문 앞 번제단 밑에 쏟을 것이며(레 4:7)

애굽에 칼이 임할 것이라 애굽에서 죽임 당한 자들이 엎드러질 때에 구스에 심한 근심이 있을 것이며 애굽의 무리가 잡혀 가며 그 터가 헐릴 것이요(겔 30:4)

그의 터전이 성산에 있음이여(시 87:1)

לִבְנֵי־קֹרַח מִזְמוֹר שִׁיר יְסוּדָתוֹ בְּהַרְרֵי־קֹדֶשׁ׃

# 아시야(עשׂיה)계-활동의 세계

카발라 생명나무의 열 번째 세피라 말쿠트는 아시야계에 속한다. 아시야계에 속한 세피라는 하나로 이루어져 있는데 말쿠트다. 앞서 아홉 개로 표상화 된 세피로트는 열 번째 말쿠트에서 완성된다. 아시야는 아사(עשׂה)와 야(ה)의 합성어다. 즉 야웨가 만들다(make)는 의미다. 아시야계를 흔히 물질계로 번역하지만, 그 번역은 적절하지 않다. '창조하다(낳다)'는 말이 바라(ברא)라면 조성하다는 의미는 야차르(יצר)다. 바라(ברא)가 '낳다'라면 아시(עשׂה)는 '기르다 혹은 만들다, 양육하다'는 의미에 가깝다. 창세기 1장에서 "우리가 우리의 형상과 모양대로 사람을 만들자"라고 할 때는 아사를 사용하고 있다. 양육 곧 성숙하게 함이 아사다. 따라서 아시야란 물질계라는 의미보다는 그의 정신이 직립보행하며 활동하는 영역이라고 하는 게 맞다. 말쿠트는 아홉 개 세피라의 그 모든 것을 담아서(씨로 받아서) 삶으로 살아내는 기운이다.

왕국은 천지다. 나라는 하늘과 땅이고 그 안에 있는 만물이다. 땅 위의 모든 것, 바다와 하늘과 하늘에 나는 그 모든 것들이다. 나라는 단지 땅만이 아니고 하늘만이 아니다. 하늘은 땅과 만나고 땅은 하늘과 만나서 만물의 충만이 이뤄진다. 뜻이 하늘에서 이뤄지듯, 땅에서 이뤄지고 땅에서 이뤄짐의 궁극은 말쿠트에서 구현된다. 말쿠트는 사람의 몸으로 하면 두 다리와 발이다. 의식활동에도 오장육부가 있고 교감신경과 부교감신경, 자율신경계가 있다. 마음의 세계에도 눈, 코, 입, 귀, 촉, 의가 있고 일월성신이 있다. 마음의 세계에도 하늘을 나는 새가 있는가 하면 바다가 있고 바다의 생물이 있으며 땅의 짐승들이 있다. 집짐승이 있으며 들짐승도 있다. 단지 이성과 감성만이 있는 것이 아니다. 의식만이 있는 것이 아니다. 의지만 있는 것이 아니다. 마음의 세계는 우주다. 천지다. 만물이다. 피동의 세계가 있고 능동의 세계가 있다.

소우주는 대우주를 품고 있고 대우주는 소우주 밖에 있는 것이 아니라 도리어 안에 있다. 역설적이게도 마음이 대우주고 우리가 생각하는 저 대우주는 소우주일 수 있다는 말이다. 성서의 이야기 속에 담겨 있는 창조 이야기는 생명나무로 그려지는 인간의 대우주 창조 이야기를 어느 부족이나 있게 마련인 창조설화 이야기를 빗대어 설명하고 있다.

## 10. 말쿠트(מלכות)-왕국

royalty, royal power, reign, kingdom

주의 나라는 영원한 나라이니 주의 통치는 대대에 이르리
이다(시 145:13)

말쿠트는 신성 네 글자 '요드, 헤, 바브, 헤'의 마지막 글자
'헤'이고 몸으로 비유하면 두 다리를 의미한다. '쉐키나(שכינה)'[12]
라 하기도 한다. 하나님의 현현, 하느님의 현존으로 번역할 수
있다. 시편 78:60의 "인간에 세우신(שכן shiken) 장막"이란 구절
에서 나온 말[13], 즉 신성이 삶으로 나타나는 신의 현현이다.
다리는 머리와 몸과 일체가 되어 몸과 마음을 사방으로 활보하
며 운송하는 역할을 한다.

---

12) Shekinah(שכינה): 거주하다, 머물다는 뜻의 히브리어. שכן(shakan) 또는 shaken 의
    강의형(强意形) 능동태(piel) שכי(shike)에서 유래한 여성명사로, '하나님이 인간 가운
    데 거하심'이란 뜻이다.
13) Gesenius, Hebrew-Chaldee Lexicon to the Old Testanent, Michigan, 1980
    참조

따라서 말쿠트, 즉 쉐키나는 신의 장막이니 케테르에서 말쿠트까지 신이 머무는 성전의 궁극이 삶으로 구현되는 것을 일컫는다. 바울은 "너희가 성전인 것을 알지 못하느냐"고 반문한다. 쉐키나의 주체는 아칠루트계의 '야웨'다. '나는 나'라는 주체적 삶이 주어가 되어 신의 현현이라는 술어로 나타나는 세피라가 열 번째 신성의 말쿠트다. 야웨의 현현이다. 존재의 현현이다. 인간은 비로소 그렇게 완성된다. 우리 의식과 마음의 세계가 새로 태어나 됨됨이가 형성되는 것은 말쿠트에서 완성된다. 케테르에서 시작된 의식의 혁명이 말쿠트에서 삶으로 온전해진다. 아시야는 다른 말로 표현하면 '나(야웨)는 행동하다'이다.

"내가 나"가 되려면 의식의 활동에서 타인의 지배를 받지 않고 직관지인 코크마의 활성화와 코크마를 통해 찾아온 한 줄기 빛이 숙성 발효를 통해 비로소 누군가의 영향을 받지 않고 독립적인 스스로의 통찰과 이해가 주어져야 비로소 주체적인 의식의 '나'로 새로 탄생한다.

케테르는 예흐예(I am)다. 이것은 말쿠트의 쉐키나에서 통일을 이룬다. 아칠루트(케테르, 코크마, 비나, 야웨)가 남성이라면 말쿠트(쉐키나)는 여성이다. 아홉 개의 세피라를 쉐키나(말쿠트)가 씨로 받아 잉태하게 되면 말쿠트(왕국)는 새로운 의식을 키우고 성숙시킨 주체적인 삶을 낳게 된다. 어떤 삶인가. 야웨가 드러나는 행동을 낳게 된다는 뜻이다. 그런 점에서 말쿠트는 쉐키나다. 그런 점에서 아시야(야웨가 행동하다)계가 성립된다. 여성의 원리(−)이고 운동력이며 행동으로 나타나는 에너지다. 이것이 왕국(Kingdom)이라는 말이고 나라라는 말이다.

우리말로 하면 신명 난 삶 혹은 신명의 몸짓이라 할 수 있겠다. 거기서 신명의 신(神)은 아담 카드몬(원초적 인간)의 야웨를 일컫는다. 야웨는 내가 나인 존재다. 신명이란 신의 밝음이며, 엑스터시다. 흔히 빙의와 같은 체험이지만, 빙의가 사귀(邪鬼)와의 접신(接神)이라면 신명은 야웨 곧 본연의 자신과 일체감이며 영적 합일 체험이다. 본래 자신과의 합일은 우주의식과의 합일이다. 천지신명의 합일 체험이란 근원의 자신(아칠루트)과 현재의 나(쉐키나)의 합일이다. 신과 하나 됨이며 신비주의의 본질이다.

불가에서는 도대체 아담 카드몬(근원의 자신)이 어디 있느냐고 한다. 아담 카드몬이 있다면 몸과 마음이 그의 말을 듣던가. 제 몸과 마음 하나 어쩌지 못하는 것을 보면 '나'라는 존재가 있을 수 없는 것 아닌가. 나는 없다(無我)는 것이 불교의 주된 논점이다. 카발라 역시 마찬가지다. 아인과 아인 소프 오르는 공(空)이고 무아(無我)의 체험이다. 도그마로 논설되는 공론(空論)이 아니라 실존적 무(無)와 공(空)의 체험 속에서만 아인 소프 오르(끝없는 무의 빛)를 경험하는 바탕에서 찾아오는 것이 빛이고 그때의 빛을 케테르(왕관)라 한다. 무로부터 태어난 존재의 빛이 곧 예호예(I am)이다. 카발라에서 말하는 '아담 카드몬'은 무아와의 상관을 말하는 게 아니라, 아인 소프 오르 이후에 찾아오는 케테르, 코크마, 비나의 삼각형으로 이뤄지는 새로운 의식인 야웨를 일컫는다.

카발라에서는 예호예(I am)를 우주의식, 신적 의식이라 한다. 동시에 이를 아담 카드몬(원초적 인간)이라 칭하고 또한 에릭 안핀(אריך אנפין Arick Anpin 본연의 얼굴, 근본의 얼굴)이라 한다. 한국의 무속에서 말하는 대상(對象)으로서의 천지신명이 아니라, 본래의 자신인 야웨의 아칠루트와 브리야계, 그리고 예치라계(זָעִיר אַנפִּין Zeir Anpin 자이르 안핀, 독특한 사람을 만드는 한정적 기질이나 심리적 특징들로 개성을 형성하고 있는 얼굴)가 합일된 천지신명이다. 뜻이 하늘에서 이루어지고 또한 땅에서 이루어지는 합일이 천지신명이니 하늘(예흐예)과 땅(쉐키나)이 합일되어 정신(神)의 밝음(明)의 상태가 천지신명이라는 의미다. 단어의 순서를 바꾸면 신명천지가 된다. 존재의 드러남이다.

글을 쓰는 사람은 신명이 나지 않으면 단 한 줄도 쓸 수 없다. 왜냐하면 신명이 담겨 있지 않은 글은 억지로 만든 글이 되기 십상이고 창조적 글쓰기가 되지 못하기 때문이다. 존재는 드러나지 않고 도리어 숨어 버린다. 모든 창작과 예술 활동도 마찬가지다. 신명 나지 않으면 탈은폐가 아니라 도리어 은폐의 숲으로 달아난다. 짝퉁이 되어버리고 만다. 존재가 드러나기보다는 더욱 감춰지고 만다. 흔히 창작의 고통이라는 말을 하곤 한다. 산고에 비유한다. 출산할 때는 산고를 겪는다. 그러나 잉태는 기쁨을 통해서만 이뤄진다. 따라서 창작의 고통이라는 말은 절반의 진실이다. 창작은 고통이 아니다. 신명이고 희열이다. 신명은 신바람이다. 글쓰기가 고통인 사람은 글을 쓰면 안 된다. 예술활동이 고통인 사람은 예술활동을 해서는 안 된다. 존재를 드러내는 작업이 아니기 때문이다. 자신만의 독특한 개성(Zeïr Anpin, 자이르 안핀, 각각의 됨됨이 얼굴)을 좇아 신명이 나야 존재가 드러난다. 신명나지 않으면 그것이 무엇이든 창작이 아니다. 잠시의 산고는 신명 속에 묻히게 마련이다. 신명이 없는 작품은 위작이고 속임수요 짝퉁이다. 존재를 드러내지 못하기 때문이다.

말쿠트는 왕국이다. 이렇게 왕국을 이뤄간다. 왕국은 동시에 관계와 소통으로 나라를 넓혀간다. 케테르는 말쿠트를 향하고 말쿠트는 케테르를 향해 있다. 서로는 마치 음과 양이 하나로 있는 것처럼, 플러스(+)와 마이너스(−)처럼 결합하며 새로운 나를 창조하고 만들어간다. 성서의 표현으로 하면 하나님 나라요, 그의 나라와 그의 의다. 두 발과 다리는 온몸, 곧 머리와 가슴과 배를 그 다리에 싣고 어디든 다니며 활동한다. 온전한 왕국을 이룬다. 왕국은 여기 있거나 저기 있는 것이 아니라 그대 안에 있고 그대를 이룬다. 신과의 온전한 합일은 말쿠트에서 완성된다.

이는 카발라 생명나무 이야기지만 카발라와 함께 에스겔에 나오는 유대 신비주의의 메르카바의 하늘을 오르는 전차의 수레바퀴 이야기이기도 하다. 다음은 메르카바의 수레바퀴에 대해 살펴보고자 한다. 동시에 카발라의 생명나무가 별자리와 연관하여 점성술로 변모한 부분, 타로의 타로점 등으로 변형 유포되고 있는 부분들은 다분히 생명나무를 해석하는 이들에 의해 변모된 것으로 볼 수밖에 없다. 무엇이든 텍스트와 그림은 부작용이 있게 마련이다. 성서의 텍스트를 중심으로 얼마나 많은 서로 다른 이설들이 난무하는가를 생각해 보면 알 수 있다.

참조 성구 −

민 24:7, 삼상 20:31, 대상 11:10, 대상 12:24, 대상 14:2, 대상 17:11, 대상 17:14, 대상 22:10, 대상 26:31, 대상

28:5, 대상 28:7, 대상 29:25, 대상 29:30, 대하 1:1, 대하 1:18, 대하 2:11, 대하 3:2, 대하 7:18, 대하 11:17, 대하 12:1, 대하 15:10, 대하 15:19, 대하 16:1, 대하 16:12, 대하 20:30, 대하 29:19, 대하 33:13, 대하 35:19, 대하 36:20, 대하 36:22, 스 1:1, 스 4:5, 스 4:6, 스 7:1, 스 8:1, 느 9:35, 느 12:22, 에 1:2, 에 1:4, 에 1:7, 에 1:9, 에 1:11, 에 1:14, 에 1:19, 에 1:20, 에 2:3, 에 2:16, 에 2:17, 에 3:6, 에 3:8, 에 4:14, 에 5:1, 에 5:3, 에 5:6, 에 6:8, 에 7:2, 에 8:15, 에 9:30, 시 45:7, 시 103:19, 시 145:11, 시 145:12, 시 145:13, 전 4:14, 렘 10:7, 렘 49:34, 렘 52:31, 단 1:1, 단 1:20, 단 2:1, 단 8:1, 단 8:22, 단 8:23, 단 9:1, 단 10:13, 단 11:2, 단 11:4, 단 11:9, 단 11:17, 단 11:20, 단 11:21

# 그림으로 보는 의식의 세 가둥

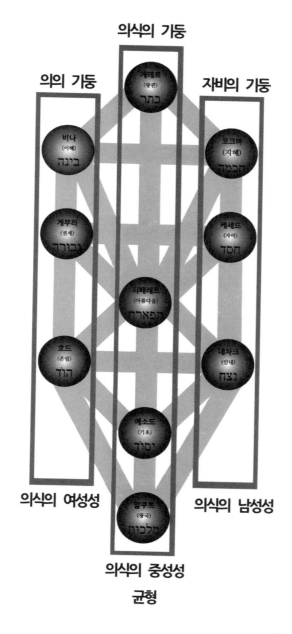

# 의식의 세 기둥

생명나무는 세 기둥으로 형상화되어 있다. 우측 기둥은 자비의 기둥이며 좌측은 의의 기둥이다. 가운데 기둥은 서로 균형을 잡아주는 중심의 기둥이다. 중심을 이루는 기둥은 케테르, 티페레트, 예소드, 말쿠트다. 인체의 척추와 같다고 하겠다. 의식의 기둥이다. 우측의 기둥은 자비의 기둥이면서 의식의 남성성이다. 코크마, 케세드, 네차가 남성성이며 플러스 에너지를 갖는다. 왼쪽 기둥은 비나와 게부라와 호드로 구성된다. 의식의 여성성이다. 아울러 마이너스 에너지다. 수용성이다. 받아들이고 이를 숙성하여 새로운 생명의 기운을 축적하여 내보낸다.

가운데 기둥이 중심이 되어 좌우의 균형을 잡아준다. 의식의 기둥이 세워지고 의식의 집을 짓는 골격이다. 하나님의 형상과 모양의 사람으로 의식의 꼴이 제대로 균형을 이루며 형성되어 가는 모습을 도해로 나타내고 있다.

## 메르카바 신비주의

　메르카바는 신의 전차요 수레다. 현대 이스라엘군은 적을 공격하기 위한 살인 무기인 신형 첨단 전차를 메르카바라 이름하고 전쟁 도구로 사용하고 있다. 성서의 신비한 언어가 현대 이스라엘에서 타락한 언어가 되어버린 전형적인 경우라고 할 수 있다.

　에스겔 1장과 10장에 나오는 신비의 수레는 비전으로 전해오는 메르카바 신비주의를 낳는다. 유대 신비주의는 메르카바 신비주의와 카발라 신비주의가 있다. 카발라의 전통과 메르카바의 신비주의의 전통은 서로 이질적인 것이 아니다.

　에스겔서 1장의 기록을 보자.

　내가 보니 북방에서부터 폭풍과 큰 구름이 오는데 그 속에서 불이 번쩍번쩍하여 빛이 그 사면에 비치며 그 불 가운데 단 쇠 같은 것이 나타나 보이고… 그 속에서 네 생물의 형상이 나타나는데 그 모양이 이러하니 사람의 형상이라. 각각 네 얼굴과 네 날개가 있고… 내가 그 생물을 본즉 그 생물 곁 땅 위에 바퀴가 있는데 그 네 얼굴을 따라 하나씩 있고 그 바퀴의 형상과 그 구조는 넷이 한결같은데 황옥 같고 그 형상과 구조는 바퀴 안에 바퀴가 있는 것 같으며 행할 때에는 사방으로 향한 대로 돌이키지 않고 행하며 그 둘레는 높고 무서우며 그 네 둘레로 돌아가면서 눈이 가득하며 생물이 행할 때에 바퀴도 그 곁에서 행하고 생물이 땅에서 들릴 때에 바퀴도 들려서 어디든지 신이 가려하면 생물도 신의 가려하는 곳으로 가고 바퀴도 그 곁에서 들리니 이는 생물의 신이 그 바퀴 가운데 있음이라(겔 1:3~20)

카발라 생명나무의 열 번째 세피라는 말쿠트 곧 왕국이다. 아인(not), 아인 소프(not endless, nothingness, 무, 태허)는 첫 번째 세피라인 케테르(왕관)의 토대요 바탕이다. 아무것도 아닌 것, 존재적 무의 자각에서 비롯된 무의 빛(아인 소프 오르)은 곧 케테르의 바탕이다. 무는 존재의 중심에 똬리를 틀고 있다는 사르트르의 말처럼 아인 소프는 곧 오르(빛)이며 케테르(왕관, 폭풍과 번개로 오는 순수의 빛)의 토대다.

타자의 거처로 제공되었던 비본질의 자기 자신이 무화(無化)되고 본질의 자기 인식이 시작되는 지점이다. 하여 히브리인들은 여기 관여하는 천사를 '예흐예(I am)'라 칭한다. 나는 나다라는 문장을 명사화하여 천사의 이름으로 삼는다. 신의 이름으로 삼는다.

카발라는 케테르에서 시작된 자기 인식을 존재의 시작, 창조의 주체로 본다. 비본질의 자신을 떠나 비로소 본질의 자신, 자기 자신에 눈뜸을 '케테르'로 표현한다. 왕관이다.

이후 타자에 의해서가 아니라 자신의 의식 내부에서 지혜(코크마, 근원의 빛의 폭발)가 비로소 작동하기 시작한다. 자기 존재 의식의 첫 일성과 환희의 탄성과 울음을 터트린다. 타자의 가르침이 아니라 존재 내부의 직관지가 발현되는데 이를 코크마(지혜)라 한다. 씨알의 빛이다.

이는 지금까지 지배했던 삶의 방식이 아니다. 전혀 다른 의식 내부에서의 혁명이다. 코크마가 싹튼다. 남성성이다. 하지만 코크마는 그 직관지의 씨알을 비나의 여성성, 만물의 어머니인 의식 내부의 밭아 창고 혹은 자궁에 뿌려야 한다.

나는 불교의 돈오(頓悟)를 카발라의 코크마와 상응한다고 여긴다. 코크마는 비나(이해, 총명)의 자궁에서 키워져야 하고 숙성되어야 한다. 순간의 깨달음, 그 직관은 단지 씨앗일 뿐 나무나 열매가 아니다. 의식 내부에는 이를 씨로 받아 발아시키고 싹틔워 나무로 혹은 열매로 키우는 마음의 자궁이 있다. 이를 카발라 신비주의자들은 '비나'라 한다. 불가의 점수(漸修)가 여기에 해당한다. 점수를 단지 수행이나 닦음으로만 여겨 돈오와 점수를 이항대립으로 여기는 것은 따라서 타당하지 않다. 돈오와 점수는 그런 점에서 하나다. 돈오돈수가 맞느냐 돈오점수가 맞느냐의 토론은 소피스트들이 벌이는 교조적 논쟁이 될 수밖에 없다는 게 나의 견해다.

카발라는 케테르(예호예), 코크마(야웨의 축약형 야), 비나(야웨)의 삼각형 그림을 세 꼭짓점으로 구분하지만, 이는 동시에 하나고 이를 '야웨'라 한다. 그리고 이 셋을 일컬어 의식의 뿌리요 상층부요 근원이라 한다. 이를 동시에 에릭 안핀(Arick Anpin)이라 하고 이는 근원의 얼굴, 본질의 얼굴이라 하며 이 세 요소를 신적인 것으로 여긴다. 아울러 아칠루트계로 구분하여 발산계라 한다. 태양이 스스로 빛을 비추듯, 자기 존재의 빛을 스스로 발산하는 발산의 원리인 셈이다. 의식이 자기 존재로 마침내 직립보행하는 것이다. '나는 존재한다(I am)'이다. 요한계시록은 생명의 역동성을 상징하여 이를 '사자'로 비유한다. 다니엘서의 사자와는 전혀 다른 의미다. 다니엘서에 나오는 바빌론 왕 느부가넷살(BC 604-562) 우상의 네 형상도 그 구조는 같다. 바울이 말하는 몸의 구속이 무엇을 의미하는지 분명하다. 그 의식이 느부가넷살 우상의 몸으로부터 메르카바의 전차가 상징하듯, 요한계시록의 네 생물이 비유하는 것과 같이 새로운 몸으로 변화하는 것을 일컫는다. 이때 새로운 몸이란 육체의 몸을 말하는 게 아니다. 정신의 형상과 모양을 일컫는다.

피조물의 고대하는 바는 하나님의 아들들의 나타나는 것이니 피조물이 허무한데 굴복하는 것은 자기 뜻이 아니요 오직 굴복케 하시는 이로 말미암음이라 그 바라는 것은 피조물도 썩어짐의 종노릇 한데서 해방되어 하나님의 자녀들의 영광의 자유에 이르는 것이니라 피조물이 다 이제까지 함께 탄식하며 함께 고통하는 것을 우리가 아나니 이뿐 아니라 또한 우리 곧 성령의 처음 익은 열매를 받은 우리까지도 속으로 탄식하여 양자 될 것 곧 우리 몸의 구속을 기다리느니라(롬 8:19-23)

아칠루트는 야웨이며 동시에 창조자다. 비나는 만물의 어머니요 원만한 이해와 총명이다. 이를 바탕으로 케세드(자비)를 낳는다. 존재의 빛을 통해 야웨의 창조에 의한 자비이기에 이는 곧 생명나무의 네 번째 열매며 비나의 아들이다. 따라서 자비와 사랑은 비나가 낳은 것이므로 됨(became)이지 자비나 사랑을 실천하려는 애씀이 아니다. 도덕률에 의한 것이 결코 아니다. 어미가 자녀를 낳고 젖을 주는 게 어떻게 도덕적 명령의 영역이고 양심의 영역이란 말인가. 정언명법과는 상관없는 신성의 영역이다. 신성의 영역을 도덕률로 재단하여 신을 존재증명 하려는 칸트는 따라서 난센스요 그 신은 인생들이 지어 만든 꼭두각시며 망상이다.

야웨는 야웨를 낳고 발산계는 브리아(야웨의 창조)계를 낳는다. 브리야계(I create, I born)는 케세드(사랑, 씨알)를 시작으로 이뤄진다. 케세드는 또 하나의 씨알이다. 이를 받아 발아시키고 숙성케 하는 곳이 게부라(힘, 권위)다.

게부라는 권력이 아니다. 어머니는 권력이 아니다. 힘이고 능력이다. 이를 일러 권위라 한다. 권위는 계급이 아니어서 위에 있는 권위인 이 질서에 순응하는 것일 따름이다. 이것이 아름다움 아닌가. 게부라는 티페레트 곧 아름다움을 낳는다. 브리야계(야웨의 창조)의 세 요소요 아칠루트계 발산의 빛이 낳은 것이어서 야웨의 창조요 동시에 이 또한 가슴에서 낳은 나의 존재이니 '야웨'다. 야웨가 야웨를 낳는다. 바로 창조다. 낳음의 세계다. 피 흘림을 통한 낳음이어서일까. 송아지로 비유한다.

아칠루트계가 정삼각형의 구조를 띠고 있다면 브리야계는 역삼각형 형태로 도해가 그려진다. 정삼각형과 역삼각형을 겹쳐 놓으면 다윗의 육각별이 된다. 이스라엘 국기에 담긴 상징성이다. 북이스라엘과 남유다가 하나 되는 통일의 상징이고, 신과의 합일을 의미하는 싱글 원(sing one)의 상징이고, 뜻이 하늘에서처럼 땅에서 이루어지는 것의 비유가 육각별에 담겨 있다.

아칠루트계가 머리(요드)에 상응한다면 브리야계는 가슴(헤)에 상응한다. 새로운 가슴은 창조의 주체인 머리가 낳는다. 가슴은 다시 삶을 살게 하는 배(바브 腹)를 짓는다. 의식의 배는 네차크(인내, 승리)와 호드(영광)와 예소드(기초, 토대, 생식기)로 조성된다. 이 또한 아칠루트계의 야웨와 브리야계의 야웨에 의해서 형성되는 것이어서 예치라계(야웨가 조성한다)라 칭한다. 이는 I make 혹은 I form 이다. 밥을 짓고, 시를 짓고, 집을 짓는 것처럼 조성은 지음이다. 사람의 형상이다.

마지막으로 열 번째의 세피라 말쿠트(헤, 왕국)는 두 발에 상응한다. 비로소 온전히 하나의 왕국을 이룬다. 두 발은 머리와 가슴과 배를 싣고 어디든 간다. 산으로도 가고 들로도 가며 강으로도 가고 바다로도 향한다. 그러므로 아시야계(I make)는 '나는 행동한다'(I do)이다. 독수리처럼 하늘에서 땅을 조망하며 어디든 날아간다. 영성의 왕성한 활동이 이뤄지는 왕국이다.

여기서 레오나르드 다빈치의 <인체비례도>는 카발라의 균형 잡힌 의식의 세계를 설명하는 훌륭한 도구가 된다. 메르카바의 수레바퀴 살을 그림으로 보여주는 메타포가 될 수 있다.

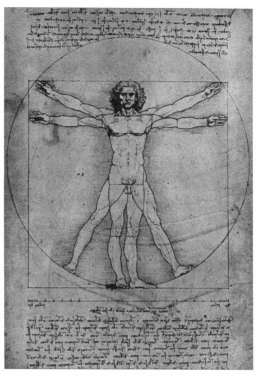

레오나르도 다빈치의 〈인체비례도〉

성서의 방식대로 의식의 상층부에서 말쿠트까지 네 생물의 형상으로 그려질 수 있고 우상 역시 같은 구조를 띠고 있다. 물론 어디까지나 유대인들이 성서에 그려놓은 이야기다. 다니엘서의 우상과 에스겔서나 요한계시록에 나오는 신의 보좌에 대한 설명 방식이 그러하다는 의미다.

메르카바 전차의 바큇살은 균형 잡힌 인체도와 마찬가지로 균형 잡힌 생명나무다. 바퀴 원형에 박힌 눈은 생명나무의 10개의 세피라의 눈이다. 네 생물은 아칠루트계와 브리야계와 예치라계와 아시아계의 살아 있는 역동적 생명이고 서로의 날개가 연해 있는 것은 그 무엇도 분리되어 독립적으로 존재하지 않는다는 연관 관계의 불가분성이다. 서구인들은 펜타 그램(pentagram 오각별)이나 헥사 그램(Hexagram 육각별), 데카 그램(decagram 십각별) 등을 통해 균형 잡힌 빛의 세계와 정신의 세계를 상징해왔다. 마법사들이 마치 부적처럼 사용하면서 흑마술의 부작용도

많은 문양이다. 흑마술에 부정적인 이미지로 사용했다고 해서 그것의 긍정적 상징성을 배척할 필요는 없을 것이다.

장기가 인체로부터 분리되어 독립하면 그 순간 장기의 존재 의미도 상실되고 인체는 소멸하듯, 그 어느 세피라도 분리 독립하여 존재할 수 없다. 그 모두는 야웨(I am who I am)를 향해 있다.

요한계시록의 십사만 사천과 신의 보좌, 카발라의 생명나무, 메르카바의 신비한 수레 이야기는 서로 다른 설명 방식인듯하지만 같은 이야기다. 하나의 이야기를 서로 다른 시대 다른 사람이 말하는 것일 따름이다. 서로 다른 버전일 뿐이다. 보이지 않는 의식의 현상을 옛사람들이 이야기 형태로 그려가는 그림이어서 메타포 곧 은유다.

사도 요한은 밧모섬에서 혼자 동떨어진 환상을 보고 계시록을 기록한 게 아니다. 구약성서의 수많은 이야기, 에스겔서의 환상 그리고 사복음서 예수의 성전 이해 등이 바탕이 되고 용해되어 상징 형태로 그려낸 상징문학의 백미다.

메르카바의 전차는 신성의 하늘을 올라가서 신의 향기에 입맞춤하고 내려와 그 나라를 구현하는 엘리야의 마차다. 하늘을 오르고 땅을 향하여 내려오는 신비의 수레요, 그대 안의 신비와 내 안의 성전에 구비 된 현실이다. 결코, 미래의 환상이 아니다.

인체비례도를 응용한
펜타 그램과 전차 바퀴

# 비존재는 무가 아니다

비존재는 존재하기가 없음일 뿐이다.

인생은 두 길을 간다. 존재의 길을 찾아가거나 비존재의 길
에 서 있거나. 무(無)란 비존재의 길을 떠나 존재의 길로 가는
나들목이다. 여기서 존재란 나의 있음을 의미한다. 육체의 있음
은 누구도 부인할 수 없이 자명하다. 문제는 정신에 관해서다.
물론 정신도 누구나 활성화되어 있다. 그 기능은 작동한다. 다
만 자신의 존재로 활성화되어 있는가 타자로 인해 활성화되어
있는가. 정신이 비존재(타자의 정신)로 존재하는가 스스로의 정신(제
정신)으로 존재하는가. 제정신인가 타인의 정신을 이식하고 있는
숙주에 불과한가. '존재하기' 그것이 문제다. 모든 불안의 근원
은 자신으로 '존재하기'의 부재에서 비롯된다.

## 자신으로 '존재하기'

자신으로 존재하기(εἶναι)가 가능케 하려면, 생각하기(νοεῖν)와 생각하는 거기에 머무르기(ἔμμεναι)가 필요하다. 타인의 생각을 의존하거나 베끼기로는 자기로 존재하기가 가능치 않다. '생각하기' 없이 '존재하기'는 불가능하다. 자기 존재로 말하기(레게인 λέγειν)가 시작되면서 자기 존재의 집을 지어간다. 복사기는 아무리 좋은 내용을 복사할지라도 단지 복사기일 뿐, 비존재일 뿐 존재가 아니다. 복사기라는 말이다. 생각하기에 머물면서 말하기가 시작될 때 비로소 자기 자신으로 존재하기가 가능하다. 제소리로 말하기가 곧 요한복음의 '말씀'인 로고스요, 이는 곧 사람들의 빛이며 생명이다. 살리는 소리가 된다.

생각도 복사하고 말도 복사하는 것은 타자가 강도로 들어와 있고 자신은 단지 복사를 잘하고 있는 복사기에 불과하다는 말이다. 자기 자신이 부재하고 타자가 진을 치고 있으니 자신의 존재가 없다는 걸 '비존재' 혹은 '존재 부재', '존재 없음'이라 한다. '존재하기'에 대해 성서는 이를 마침내 구조되었다고 하고 구원이라고 표현한다. 드디어 비존재에서 건져냄을 받았다는 말이다.

파르메니데스의 시14) 일부를 소개한다.

χρὴ τὸ λέγειν τε νοεῖν τ' ἐὸν ἔμμεναι· ἔστι γὰρ εἶναι,
μηδὲν δ' οὐκ ἔστιν· τά σ' ἐγὼ φράζεσθαι ἄνωγα.

생각하기와 제소리로 말하기 시간에 머물라. 그것이 존재하기요, 무(μηδὲν)가 아니기 때문이다. 언제나 유념하라.

---

14) 파르메니데스 단편 VI. 앞부분

# 파루시아(παρουσία)

신약성경의 많은 경우 파루시아를 '강림'으로 번역하고 있으나, 강림이란 위에서부터 신이 내려온다는 느낌이 강하고 성경의 독자들에게 소위 '재림'이라는 용어와 연관된 이미지로 이미 굳어있다.

파루시아란 가까이 παρά(beside, close beside) 존재하는 것을 의미한다. 그것도 현재분사 형태로 존재한다. 굳이 온(ὤν being)이나 부정사 에이나이(εἶναι, to be)가 아닌 여성형 우시아(οὐσία, being, substance)를 사용하고 있다. 우시아를 사용하는 것의 의미는 오고 있는(호 에르코메노스, is coming) 것을 받아들여 현재의 됨됨이를 이룬다는 점을 내포하고 있다. 대개 그리스어 에이미 동사의 존재 의미를 사용할 때, 온(ὤν being)이나 에이나이(εἶναι, to be)를 주로 사용하는데 파루시아(강림)와 에피우시온(일용할)의 경우만 여성형 우시아를 사용하고 있다.

주기도문에서 '일용할 양식'으로 번역한 '일용'의 원문은 '에피우시온(ἐπιούσιον)'이다. 여기서 '에피우시온'은 파루시아와 접두된 전치사가 다를 뿐, '우시아'에서 유래한 '우시오스'를 사용하고 있다. 파루시아는 영어로 beside-being 이고 에피우시온은 on-being(sub-stance)이다. 옆에 있는 존재와 위에 있는 존재의 차이다. 비본질이 아니라 본질 가까이 서 있다는 것이고 주기도문에서 일용할(에피우시온) 양식(아르토스)을 주옵시고 할 때의 양식은 본질적인 나를 이루게 하는 존재의 양식에 대한 희구다. 의식의 세계에서 본질을 이루는 양식은 얼찬 양식, 위에 있는 양식 곧 타자가 전해주는 정신의 양식과 구별된 자신의 내면에서 흘러 스스로 직립하게 하는 로고스를 일컫는다. 매일매일 내가 나답게 살고자 하는 열망의 기도문이다.

그러므로 파루시아는 우주 종말론과 연관하여 재림을 말하는 용어가 아니다. 지극한 곳에 있는 그(HE)가 그로만 머무는 것이 아니라, 지극한 곳으로부터 여기에서 나(I)와 함께 가까이에 현재분사로 있는 것이다. 관념으로 있는 것이 아니라, HE 가 나와 함께 있는 것이다. 궁극적으로는 HE IS I, I AM HE 로 있는 것이다. 인카네이션이 아니라 모노게네스다. 지극한 마음과 함께 밝히 드러나는 드러남(은혜와 진리)과 함께 있는 것이다.

예수께서 제자들과 육체로 함께 하는 동안은 파루시아가 성립될 수 없다. 예수는 파루시아의 징검다리다. 때가 되면 떠나가야 제자들 각자가 파루시아를 경험하게 된다. 예수는 처소를 예비하기 위해 떠나가고 처소가 예비되면 그 지극한 정신으로 다시 온다. 그가 떠나가야 처소가 예비된다는 말이고, 성서의 용어로는 기름 부음으로 함께 하심이 파루시아(sitting beside constantly)다. 즉 그(HE)는 육체 예수가 아니라 예수께서 그렇게 열망했던 거룩한 정신으로 각자 마음속, 지극한 곳으로부터 오는 것이고 드러나는 것이다. 성서는 그곳을 하늘이라 칭하고 있다.

각자의 심령 안에, 지극한 곳에 머무는 그가 은폐된 채 있는 것에서 HE 가 I 로 드러나는 것이다. 파루시아를 통해 아포칼룹시스(Ἀποκάλυψις 계시)가 이뤄지며 은폐된 그가(HE)가 드러나는 것이 알레데이아(ἀλήθεια), 진리다. 진리는 진술된 정의가 아니라 언제나 현재분사로 휘장 너머에서부터 천둥과 번개로 나타나는(에피파이노 ἐπιφαίνω) 것이고 드러나(파네로 φανερόω) 현존재의 됨됨이(οὐσία Being)를 이룸이다.

# 은폐와 탈은폐의 구조

　해와 달은 낮과 밤을 거듭하며 나타나고 또 숨는다. 대지는 해의 나타남과 숨어듦에 따라 그들도 동시에 드러내고 또 숨는다. 은폐와 탈은폐를 반복하고 있다. 달은 초승달과 보름달을 주기로 월력에 따라 은폐와 탈은폐를 반복하며 만물과 연관한다. 해와 달과 별 그리고 별 중의 별인 지구별은 서로가 서로에게 은폐와 탈은폐를 반복하며 무한의 네트워크 속에서 생명의 세계를 키워간다.

　성서에서 κρύπτω(크룹토)는 things hidden 혹은 hid(숨겨진), secret 을 의미한다. 은폐와 숨겨져 있음과 비밀을 함의한다. "드러내려(φανερωθῇ) 하지 않고는 숨긴 것(κρυπτὸν)이 없고 나타내려 (φανερόν) 하지 않고는 감추인 것(ἀπόκρυφον)이 없느니라"(마 4:22) 여기서 감추인 것 ἀπόκρυφος(아포크룹포스)는 hidden away, secret, stored up 의 의미다.

그러므로 내가 저희에게 비유로 말하기는 저희가 보아도 보지 못하며 들어도 듣지 못하며 깨닫지 못함이니라(마 13:13)

알았으되 이 백성에게 가서 말하기를 너희가 듣기는 들어도 도무지 깨닫지 못하며(Ἀκοῇ ἀκούσετε καὶ οὐ μὴ συνῆτε) 보기는 보아도 도무지 알지 못하는도다(βλέποντες βλέψετε καὶ οὐ μὴ ἴδητε 행 28:26)

평생을 함께한 부부 사이도 은폐와 탈은폐의 반복이다. 알아도 모르고 몰라도 알고 그러나 여전히 알 수 없는 것이 인생이다. 왜일까. 자신도 자신에게 은폐되어 있기 때문이다. 자기 자신도 알 수 없는데 어찌 상대를 알 수 있을까. 따라서 은폐와 탈은폐의 문제는 자신과 자기 자신의 관계에서 던져지는 물음이다. 존재의 불안은 자신이 과연 존재하는가의 문제이기 때문이다. 나는 여기 이렇게 존재한다. 육체의 내가 존재하는 것을 의심한다는 것은 의심을 위한 의심일 뿐 의심의 여지 없이 육체는 여기 분명하게 존재한다.

문제는 의식활동을 하는 의식세계의 '나'는 도대체 어떤 의식의 존재가 '나'인가에 늘 불안하다. 생각하고 있는 존재가 존재하는 것(코기토 에르고 숨 Cogito, ergo sum)은 분명한데, 그 생각하는 나의 생각은 늘 다르기 때문이다. 생각은 심연에 빠지기 일쑤고 순식간에 무의식의 또 다른 존재인 그러나 비존재인 그 무엇에 지배를 받아 생각이 좌충우돌하기 때문이다. 따라서 존재는 '코기토 에르고 숨'이 아니다. 그것은 존재의 편린이고 조각이고 단지 표층일 뿐 나의 존재는 감춰져 있고 은장(隱藏)되어, 숨어있는 존재다. 무의식의 깊은 심연으로 덮여 있고 숨겨 있다.

그렇다고 무의식의 내가 나인가. 그럴 수 없다. 어느 순간 무의식의 존재가 튀어나와 의식활동을 점령하고 무의식의 지배를 받는 의식이라 할지라도, 의식과 무의식의 존재가 나의 진면목일 수 없다. 의식과 무의식은 표층과 심층일 뿐 결코 '존재의 나'라고 할 수는 없다. 무의식에는 상상계에서 형성된 수많은 소타자가 숨어있고, 표층에는 상징계의 대타자가 점령하고 있다. 무의식에 숨어있는 욕구는 타자의 요구에 의해 형성된 욕망과 함께 에스컬레이터가 되면 언제든 튀어나와 상상계의 대타자를 흔들어 대고 갈등한다. 그런 경우 일시적으로 무의식이 의식을 지배하고 있기에 무의식이 진면목이고 존재라고 말할 수 있을까. 존재는 무의식에도 존재하지 않는다.

"듣기는 들어도 듣지 못한다"는, 탈은폐임이 분명하다. 무엇인가 듣고 있기 때문이다. 그러나 듣기는 들어도 듣지 못한다고 한다. 듣지 못한다는 것은 은폐되어 있고 은장되어 있다는 얘기다. 듣고도 듣지 못하는 것이다. 탈은폐는 동시에 은폐인 셈이다. 보기는 보아(탈은폐)도 보지 못한다(은폐). 탈은폐와 은폐는 일란성 쌍둥이다. 따라서 은폐와 탈은폐는 인간의 실존구조인 셈이다.

비본질의 세계에도 은폐와 탈은폐의 실존구조로 형성되어 있다. 다시 말하면 은폐와 탈은폐의 구조 자체가 존재와 관련해서는 또 하나의 은폐물이다. 존재는 은폐와 탈은폐의 실존 구조물 너머에서 개현된다. 존재적 탈은폐 사건이 발생한다.

물리적 세계도, 비본질의 세계도 은폐와 탈은폐의 구조로 구조화되어 있다. 존재의 세계 또한 은폐와 탈은폐의 구조로 구조화되어 있다. 이때 비본질은 본질의 은폐물이다. 그 은폐물조차 은폐와 탈은폐로 구조화되어 있고 같은 형태로 은폐의 역할을 한다. 듣기는 들어도 듣지 못하는 형태로 구조화되어 있다.

존재 사건은 존재의 은폐가 탈은폐를 경험할 때 일컫는 말이다. 비본질의 구조 속에 있는 은폐와 탈은폐를 말하는 것이 아니다. 물리적 세계의 은폐와 탈은폐는 존재 사건의 은폐와 탈은폐를 지시하고 있는 상징이고 그림자다.

듣기는 들어도 듣지 못하다가, 듣게 되고 들려지는 것이 진리 사건이다. 보기는 보아도 보지 못하다가, 보게 되는 것이 진리 경험이다. 비본질로 은폐된 존재의 나가 비로소 비본질 너머 존재의 빛으로 드러나는 경험이 존재 사건이다. 해서 언제나 존재 사건은 벼락과 우레로 시작된다.

비본질의 나는 의식과 무의식 전체로 형성되어 있다. 의식과 무의식이 존재를 감추고 은폐시키고 있다. 상상의 세계와 상징의 세계에 편입된 타자 자아는 존재 자아를 은폐시킨다. 존재는 의식과 무의식의 심연 너머에서 이들을 뚫고 빛으로 찾아오며 드러난다. 빛으로 찾아온 존재의 언어가 로고스다.

빛의 언어가 성서에서는 사람이 떡으로만 사는 게 아니라 하나님의 말씀으로 산다고 하는 하나님 말씀의 실체다. 얼의 노래요, 자기 자신의 존재 언어가 자신을 자신 되게 하는 것이다. 육체의 양식이 자신의 육체를 육체 되게 하듯, 존재의 언어가 비로소 자신의 의식세계를 직립보행하게 하기에 존재의 언어를 얼의 언어 혹은 성서에서는 하나님의 말씀이라 한다. 오늘날은 기독교에 의해 하나님의 말씀이라는 개념조차 우상의 언어로 전락해 있다.

성서는 각각 존재를 드러낸 이들의 존재 언어다. 그러나 그것은 그들의 언어일 뿐 나의 언어는 아니다. 단지 내게 존재 사건이 드러날 때 그들의 언어는 나의 언어로 되살아 날 뿐이다. 하나님의 말씀으로 산다는 것은 성서의 언어로 산다는 것이 아니다. 각자 자신의 존재 경험 속에서 발하는 언어가 자신을 살게 한다는 진언이다.

현존재는 바로 이 존재의 언어를 획득하고 그것을 들으며 사는 존재자를 일컫는다. 존재의 세계도 은폐와 탈은폐의 구조를 띠고 있어서 언제나 드러나고 또 숨어든다. 하여 날마다 새로운 언어로 산다. 주기도문의 '오늘날'이란 바로 존재의 소리 (에피우시온)를 듣는 날을 일컫는 독특한 개념의 '오늘날'이다.

모든 은폐는 탈은폐와 함께 있다. 숨긴 것은 드러내려고 있는 것이다. 드러내려 하지 않고는 숨긴 것이 없고 나타내려 하지 않고는 감춘 것이 없는 까닭이다.

# 의식의 감옥과 해방

인생은 스스로 아는 것에 갇혀 산다. 자기 경험의 감옥에 머문다. 자기 경험은 우물 안이 되고 사방을 가로막는 높은 담을 형성한다. 나의 경험과 기억을 기준으로 너와 관계하고 세상과 관계한다.

내 속에 내재한 우주의 충만한 에너지와 단절된 까닭이 어디에 있을까. 그대 안의 충만한 에너지가 폭발하지 못하는 까닭은 무엇 때문일까.

타인의 그것을 기반으로 형성된 의식에 갇혀 그 마음이 열리지 못하고 본래의 자신은 감옥 속에서 억압되어 있기 때문이다. 주눅 들어 있다는 말이다. 자기의 본래 모습과는 상관없는 타인이 거기 머물고 있기 때문이다. 육식(六識)을 통해 들어온 경험적 자아가 도적놈임을 알아차리지 못하고 농락당하고 있기 때문이다. 자기 집을 타인에게 내어주고 정작 주인인 자신은 어둠 속에 숨어있고 닫힌 곳에서 옴짝달싹 못 하므로 우주 에너지와 격절 상태에 머문다.

내가 아는 것으로부터 자유로워야 하고 나의 경험으로부터 자유로워야 한다. 구만리 장천을 나는 붕새가 되지 못하고 하늘 피리 소리를 듣지 못하는 까닭이 거기에 있다.

자기 경험과 오온(五蘊)에 의해 형성된 감옥에 갇히면 듣고 싶은 것만 듣는다. 보고 싶은 것만 본다. 결코 그 밖의 것을 보려 하지도 않거니와 보지도 못한다. 소경이다. 듣고 싶은 것만 듣고 그 외의 것은 듣지도 들으려 하지도 않거니와 들리지도 않는다. 청각장애인이다. 본다 하나 보고 싶은 것만 보고 그 밖의 것은 보지 못하는 소경이라는 말이다. 듣는다 하나 듣고자 하는 것만 듣고 그 밖의 것은 듣지 못하니 하늘 피리 소리가 들릴 까닭이 없다. 결코 천둥 소리를 듣지 못한다. 결코 하늘을 날지 못한다. 배운 지식과 자기 경험만 주야장천(晝夜長川) 되풀이한다. 제소리, 하늘 소리를 내지 못한다.

타인의 생각을 기반으로 형성된 의식의 감옥에 갇혀 그렇게 알고 있는 것을 기준으로 언제나 선악의 노래만 부르기 때문에 다람쥐 쳇바퀴만 돌 뿐이다. '나'로 살아본 적이 없는 까닭에 자신 안에 생명으로 충만한 우주의 에너지와 접점이 있을 리가 없다.

카발리즘은 '아인' 과 '아인 소프' '아인 소프 오르'를 말한다. 그 모든 감옥의 사슬을 한순간에 무너뜨리고, 처음 하늘과 처음 땅이 지나가야 비로소 번개가 치고 천둥소리가 들린다는 창조의 원리로 안내한다. 새로운 하늘이 열리고 새로운 땅이 기경(起耕)되는 신비의 그림이다. 신비주의라는 이름이 붙어 있지만, 새로운 나를 형성(예치라)하는 창조의 원리가 담겨 있다. 반드시 거쳐야 하는 것은 이미 타인의 생각을 기반으로 형성된 지금까지의 '나'가 해체되어야 한다는 것이다. 의식의 세계를, 정신의 세계를 일컫는다. 선과 악을 분별하려는 강퍅한 마음(이전에 갖고 있던 확고부동한 진리), 곧 선악의 세계관이 해체되고 고운 흙가루의 부드러운 마음, 선악을 넘어서는 화광동진(和光同塵)의 도래함이다.

카발리스트들은 도형을 그리면서 단어를 단순 배열하므로 상징성을 극대화한다. 따라서 상징적 은유로 배치된 개념들은 단순 번역으로 이해될 수 없다. '카발라(קבלה, Kabbalah)'는 전승된 지혜와 믿음을 의미한다. 그들의 전통을 상징어로 압축할 수밖에 없음은 주류 전통과의 마찰을 피하기 위한 고육책일 것으로 짐작된다.

# 야웨 엘로힘과 예흐예

　야웨는,  신명 네 글자 요드, 헤, 바브, 헤(יהוה)라 써놓고 읽기는 아도나이로 읽는 유대인들의 전통 때문에 테트라그람마톤이라 한다. 네 글자의 발음을 잊었고 잃어버렸다. 맛소라 모음부호에는 아도나이의 모음을 차용, 야웨로 표기했지만 학자 중에는 엘로힘의 모음부호를 따라 예호바로 발음해야 한다는 주장을 펴기도 한다. 물론 야웨로 발음해야 한다는 것의 근거로는 구약의 수많은 인물 이름에 접두 혹은 접미하고 있는 야웨의 축약형 '야(יה)'에서 추론하고 있다. 대개 접두된 이름에는 '예호'가 많고 접미된 어미에는 '야후'도 다수 등장한다. 여호수아(יהושע the LORD is salvation)가 그 한 예이고, 이사야후(야웨는 구원이다 ישעיהו from yasha and Yahh; Jah has saved)가 접미된 예라 하겠다. 여호수아와 이사야후는 그 의미가 유사하다. 야웨는 구원이라는 뜻이다. 따라서 야웨 혹은 예호바, 두 개의 발음에 대한 견해가

상존한다. 우리 말에 '하느님과 하나님'이라는 두 개의 발음 명칭이 존재하는 것과 유사하다.

야웨의 유래에 대해서는 학자들 사이에도 다양한 견해가 존재한다. 하야(היה)의 칼 동사 완료형에서 유래했다는 견해와 히필동사(사역동사) 미완료형에서 유래했다는 의견이 있는가 하면 칼 동사 완료형과 미완료형의 합성어에서 유래했다는 주장도 있다.

나는 이 중 칼동사의 완료형과 미완료형의 합성어에서 유래했다는 견해에 적극적으로 공감한다. 또한 하야 동사가 아니라 하바(הוה)에서 유래했다는 주장도 있다. 그러나 하바는 하와의 고대 표기법이고 모세 시대에 하바는 하와로 대체되었다는 점에서 동일한 관점이라고 볼 수 있다. 물론 하바는 아람어에서 비롯되었고 에덴 이야기에 등장하는 하와(산자의 어미)와 같은 뜻이 있고 '비가 내리다. 번개가 친다.'는 의미가 있다.

하야는 존재 동사다. 히브리어는 동사 없이 명사만 나열해서 문장을 구성하기도 한다. 흔히 명사 문장이라 한다. 동사 문장은 동적 상태를 표현한다. 비록 존재(있다. 이다)를 나타내는 동사라 하더라도 존재의 동적 요소가 강조된다.

히브리 성서에서 야웨는 창세기 2장 4절에서부터 등장한다. 히브리인들의 무의식에 자리 잡은 엘로힘은 야웨 엘로힘인 셈이다. 창세기 1장에는 엘로힘만 등장하기에 학자들은 엘로힘 문서(E 문서)라 칭하기도 한다. 창세기 1장에 등장하는 엘로힘에는 비록 야웨라는 명칭이 없다 할지라도 야웨가 잠재되어 있다는 게 나의 생각이다. 아직 신에 대해 구체적으로 분화되지 않고 포괄적으로 표기되고 있는 것일 따름이다. 초기 히브리인들의 언어요 원시 복음의 창조설화가 창세기 1장 1절부터 2장 3절까지라 하겠다.

창세기 2장 4절부터 야웨 엘로힘이 히브리인들의 이야기 구성에 본격 등장한다. 노아와 그 이후 아브라함, 이삭과 야곱에 이르는 족장 시대에 야웨 엘로힘이 전면에 등장하지만, 족장들의 표면 의식에 야웨 엘로힘은 엘샤다이 엘로힘(창 17:1) 곧 전능하신 하나님의 이미지로 등장한다. 즉 야웨 엘로힘의 의미 가운데 농축된 신명(神名)의 본래 의미가 그대로 드러나지 않고 종교의 초기 의식의 형태에 포괄되는 정도에 머물 뿐 그 이상으로는 드러나지 않았다는 말이다. 현대 종교에서도 이 점은 매우 첨예한 갈등 요인이고 현실에서도 그대로 재현된다.

야웨 엘로힘이 엘샤다이(אֵל שַׁדַּי) 엘로힘으로만 드러났을 때, 반드시 빠지게 되는 경로가 있다. 곧 애굽의 바로의 풍요를 향해 나아간다는 점이다. 아브라함의 하나님, 이삭의 하나님, 야곱의 하나님은 야웨라는 이름이 그 앞에 등장하더라도 그 이름의 참 의미가 흐릿하고 희미하기에 그들은 엘샤다이 하나님을 만나고 섬긴다. 따라서 언약을 받아들고 있어도 가나안을 떠나 애굽을 향한다. 요셉이 애굽을 향하는 형태로 이야기가 구성되고 전개된다. 신은 풍요를 은총으로 베풀 때만 전능하신 하나님이고 만일 그에서 비켜 서 있다면 이들에게 그 신은 신으로서 자격 미달이다.

자신들의 신만이 진정한 신이 된다. 이 일로 인해 구약의 서사는 잘 아는 대로 비록 가나안에 잠시 머물렀지만, 요셉을 통해 야곱은 그의 가속들과 더불어 애굽의 바로에게 귀속된다.

거기서 큰 민족을 형성한다. 주인은 파라오요 민족은 노예 신분이 되고 만다. 고센 평야의 풍요를 좇아 산 삶이 어느덧 노예의 삶으로 전락한 것이다.

이런 배경 가운데서 등장하는 것이 모세다. 모세는 미디안 광야에 도피한 후 이드로의 딸들과 결혼하고 광야 생활에 잘 적응하고 있었다. 그럼에도 그의 뜨거운 가슴은 호렙산의 저녁노을과 겹치면서 꺼지지 않고 불타는 떨기나무로 상징된다. 옛 사람들의 이야기 구조에 이 같은 상징들은 언제나 등장하기 마련이다. 여기 등장하는 가시떨기나무(סְנֶה, thorn-bush)는 동족들이 처해 있는 바로의 압제를 상징한다. 물론 이것은 개인적 해석이다. 바로는 이스라엘의 가시가 되어 모세의 동포들을 압제하고 억압하고 노예로 삼으며 찌르는 가시다. 모세와 그 민족이 처해 있는 현실이다.

가시 떨기나무는 강퍅한 바로를 상징하고 그의 압제 아래서 신음하는 부모 형제들을 향한 안타까움의 뜨거운 불이 모세의 가슴에서 타올랐다는 걸 의미한다. 호렙산은 붉은 바위산이다. 뜨거운 열기가 작열하는 산이다. 시내산이라고도 하고 신명기에서는 호렙산이라 칭하기도 한다. 떨기나무는 불에 타지 않고 있다. 그의 가슴은 애굽에 있는 동족들을 향해 꺼지지 않는 불이 되어 타오르고 있다. 그러나 아직 해결되지 않은 게 있었다. 도대체 이 같은 것의 정체가 무엇인가에 대한 물음이고 거기서 그는 자기 민족이 늘 부르던 야웨 엘로힘의 정체에 대해 되묻기 시작한다. 그러니까 너를 보낸 이의 실체가 누구냐고 물으면 어떻게 대답해야 할까. 누가 보냈다고 해야 하는지가 물음의 핵심이다. 애굽에 가서 그들에게 탈출을 권하는 정당성이 확보되어야 했다. 그의 이름이 무엇이냐. 꺼지지 않는 떨기나무 한가운데서 야웨의 음성을 듣게 된다.

그들이 내게 묻기를 그의 이름이 무엇이냐(מַה־שְּׁמוֹ 마-쉐모)
하리니 내가 무엇이라고 그들에게 말하리이까(출 3:13)

히브리 부족에게 야웨 엘로힘은 신의 이름으로 통칭되고 있었다. 따라서 새삼 여기서 그의 이름이 무엇이냐. 라는 물음은 그 본래의 의미가 무엇이냐는 물음이고 이것은 모세 자신에게 찾아온 물음이다. 이미 그들 부족 사회에 널리 알려졌고 아브라함의 하나님, 이삭의 하나님, 야곱의 하나님은 야웨 엘로힘이었고 그것만이 그들의 신에 대한 정통성(?)이었다.

이 물음에 야웨 엘로힘은 "나는 나다"인 하나님이라고 모세에게 답한다. 오늘날로 하면 모세에게 찾아온 깨달음이다. 하야 동사의 1인칭 미완료 시상으로 "예흐예 아쉘 예흐예"인 셈이다. 따라서 야웨는 하야 동사에서 유래했다는 가장 강력한 문헌적 뒷받침과 근거가 출 3:14에 있다 하겠다.

예흐예(I am)는 3장 14절 후반부에서 주어로도 사용되고 있다. 문장의 주어라면 명사인데, 예흐예가 나를 너희에게 보냈다는 문장이 나온다.

אֶהְיֶה שְׁלָחַנִי אֲלֵיכֶם:(예흐예 쉘라하니 엘레이켐)

'I AM' has sent me to you

조금 과장하면 야웨 대신 예흐예로 대치되고 있는 셈이다.

마치 명사 주어처럼 사용한다. 여기서 히브리인들이 다이어그램을 그릴 때, 예호예를 천사의 이름(문장을 명사처럼)으로 기술하는 것에 대해 이해할 수 있다. 출 3:15에서 이를 명확히 해준다.

나를 너희에게 보내신 이는 너희 조상의 하나님 곧 아브라함의 하나님, 이삭의 하나님, 야곱의 하나님 여호와라 하라(출 3:15 후반부)

예호예(אהיה)와 야웨(יהוה)가 출 3:14와 15절에 등장하면서 등치되고 있는 것이다. 놀라운 표현이다. 시인의 서술이고 문학적 표현이다. 예호예(אהיה)가 야웨(יהוה)라니….

물론 여기서 야웨는 하야 동사의 완료 시상과 미완료 시상의 합성어에서 유래했다는 견해와 히필 동사 미완료 시상에서 유래했다는 설 등이 있으나 중요한 것은 하야에서 유래했다는 점이다. 아람어 하바(הוא)에서 유래했다는 견해도 따지고 보면 하바는 하야의 고어이고 모세 시대에 모두 하야로 대치되어 사용하고 있다는 점에서 하바와 하야는 동의어로 보아도 무방하다.

실제로 성서에서 하바는 단 6차례 등장한다. 하야는 3,131여 회 사용되고 있다. to be, become, come to pass, exist, happen, fall out 등의 의미로 번역된다.

# 엘샤다이 엘로힘과 아웨 엘로힘


하나님이 모세에게 말씀하여 가라사대 나는 여호와로라(출 6:2)


여기서 엘로힘은 곧 야웨가 된다. 야웨는 출 3:14에서 예흐예(I am)와 등치 된다는 점을 앞글에서 살폈다.

출 6장 2절 문장의 서술방식을 보면 주어는 엘로힘이다. "아니 야웨(אֲנִי יְהֹוָה 나는 야웨다)." 여기서 '아니(אֲנִי)'는 엘로힘이니 엘로힘은 야웨라는 말이다. 이 이야기 구성은 하나님이 화자로 등장하고 모세가 청자로 서술되고 있다. 화자인 엘로힘은 자신을 일컬어 야웨라고 칭한다.

아니 야웨(אֲנִי יְהֹוָה 나는 야웨다 I am yahweh). 이 얼마나 놀라운 일인가. 성서의 하나님은 결국 야웨이고 야웨는 또한 동시에 예흐예(אֶהְיֶה)다.

이런 점에서 보면 히브리인들의 엘로힘은 결국 야웨로 귀결된다는 것을 알 수 있다. 따라서 이스라엘의 하나님은 자연스럽게 야웨 엘로힘이 된다. 히브리인들의 신관은 야웨 엘로힘이고 이는 예흐예(תֶהְיֶה)에서 신의 신다움이 나타난다는 점이다.

이 말의 뜻을 깊이 새기면 히브리인의 야웨 엘로힘은 저기 그렇게 현상계 배후에 엄위로 있는 추상적이고 관념적인 신이 아니라는 뜻이다. 여기 I am 곧 존재의 나로 있는 곳에서 드러나는 지극한 성스러움을 야웨 엘로힘으로 칭하고 있다는 것이다. 이는 모든 존재자 역시 같다. 자신의 자신 됨이 나는 나인, 그 나야말로 가장 성스러움이고 신적이며 신성이다. 인생은 결국 자신으로 살지 못하는 것에 모든 불행이 있는 것이고 자기 자신이 자신으로 사는 것에서 존재의 향기가 비로소 빛이 난다.

아브라함과 이삭과 야곱의 야웨 엘로힘이 모세에게서 예흐예(תֶהְיֶה)로 계시되고 있다는 사실은 놀라움을 넘어 종교의 점진적 발전 단계를 잘 드러내 주고 있다. 흔히 계시의 점진성은 종교의 발달 과정이기도 하며 정신의 변화 과정이기도 하다. 한 개인의 내면에서 겪게 되는 정신의 진화 단계를 보여주기도 한다.

그러면 아브라함과 이삭과 야곱에게 계시 된 야웨 엘로힘은 어떤 존재인가. 같은 이름이지만 그들에게 야웨 엘로힘은 예흐예가 아닌 엘샤다이 곧 전능하신 하나님으로 알려져 있다. 비록 그들이 야웨 엘로힘으로 불렀다 하더라도 야웨의 본래 의미인 He will be, 혹은 I will be, I AM 의 개념으로는 도무지 알려지지 않고 드러나지 않았다. 이점을 출애굽기 6장 3절은 아주 잘 묘사하고 있다.

내가 아브라함과 이삭과 야곱에게 전능의 하나님으로 나
타났으나 나의 이름을 여호와로는 그들에게 알리지 아니
하였고(출 6:3)

족장 시대에도 이야기의 주체는 언제나 야웨 엘로힘이었다.
동일한 야웨 엘로힘인데, 여기 출애굽기 6장 3절에서는 왜 그
들에게는 야웨가 알려지지 않았다고 할까. 비록 이름은 불렀더
라도 그 이름의 의미 그대로 그들에게는 야웨가 알려지지 않았
다는 뜻이다. 비록 야웨 엘로힘이라 하더라도 그들에게 그 하나
님은 엘샤다이(전능자)였다. 전능한 하나님이라는 뜻이다. 야웨가
'예흐예'가 아닌 엘샤다이 곧 전능한 하나님의 이미지로 그들
의식을 깊이 사로잡고 있다.

이름은 '야웨 엘로힘'인데, 그들의 의식 속 이미지는 '엘샤
다이'다. 모든 종교의 초기 현상에는 이 같은 속성이 드러난다.
족장 시대의 특징이다. 오늘날도 동일하다. 족장(리더, 혹은 목회자)
을 중심으로 선포되는 하나님은 언제나 엘샤다이 하나님이고
엘샤다이 신학이다. 그 이름이 무엇이고 신의 본래 의미가 무엇
이냐와 상관없이 모든 신은 족장의 배후에서 전능한 하나님의
이미지로 작용한다. 부족들은 기꺼이 부족장인 족장을 통해 신
탁의 지배를 받는다. 종교의 원시 단계다. 대부분 종교가 그러
하다. 대중 종교는 거기서 한치도 넘어서지 못한다. 고등종교라
스스로 칭하더라도 여전히 원시종교의 형태를 극복하지 못한다.
종교적 의식활동의 초기 현상에 머문다.

거기에 정신은 깃들어 있지 않다. 다만 종교의식(儀式)과 종교

활동만 있을 뿐이다. 자기의식이 작동하는 게 아니다. 의식 기능이 작용하고 활동한다고 해서 자기의식이라 할 수 있는 게 아니다. 타인 곧 배후에 전능의 신이 함께하고 있다는 족장의 지배를 통해 의식의 기능들이 지배당한 채 작동하고 있을 뿐이다. 의식의 기능들을 누가 장악하고 있는가. 엘샤다이 곧 전능한 하나님일 때 비로소 신탁은 이뤄질 수 있다. 모든 인생에게 제사장이, 무당이, 예언자가 필요한 까닭은 뭘까. 존재로 드러나는 자신의 삶 곧 I AM이 새로 태어나기까지 인생은 전능한 신의 신탁을 통해 삶을 의탁하려 한다. 물을 긷고 나무를 하며 밭에서 김을 매더라도 신령님이 도와줘야 하고, 무엇을 하든 하나님의 뜻이며 일이 잘 풀려도 혹은 자신이 원하는 대로 풀리지 않아도 다 신의 은총이고 신의 뜻이 깃들어 있다고 여긴다.

족장 시대의 야웨 하나님은 비록 명칭은 갖고 있다 할지라도 야웨가 아닌 엘샤다이다. 신학 또한 엘샤다이 신학과 야웨의 야웨 됨의 신학은 그 성격을 전혀 달리한다. 한국의 기독교 신학은 99%가 엘샤다이 신학이다. 서구의 내로라하는 지성들이 엘샤다이 신학에 종속되어 있다.

모세를 통해 선명하게 계시 되었지만, 사회적 종교 전통은 크게 진화되지 않는다. 여전히 성서의 기록으로 남아 있을 뿐 종교의 진화는 개개인의 의식 내부에서 점진적인 변화를 통해 개인의 경험으로만 남는다. 개인들은 자기 됨을 통해서 종교의 여러 단계를 경험한다.

성서에 등장하는 이야기를 살펴볼 때 히브리인들에게 야웨 신앙은 삶의 전 영역에 너무도 깊이 뿌리내리고 있음을 알 수 있다. 이름을 지을 때도 야웨의 축약형을 사용하는 예가 한둘이 아니다. 접두어로도 접미어로도 사용된다.

구약성서에 등장하는 이름들 대개가 야웨를 차용하고 있다. 따라서 어느 때부터인가 야웨를 아도나이로 부르게 된 것은 본래의 전통에서 왜곡된 것임을 추론할 수 있다. 애초부터 야웨를 부르는 전통이 없었다면 감히 발음해 부르기도 황망한 이름을 자신의 이름을 짓는 데 저렇게 많이 사용했을 리 만무하다. 수많은 사람이 야웨를 빌어 자기 이름을 짓는다는 것은 결국 자기 자신, 자신다움으로 삶을 사는 것이 삶의 궁극이고 지팡이와 지표임을 고백하는 것이다. 구약성경에 등장하는 사람들은 야웨의 이름을 가져다 자기 이름 짓는 데 아무런 거리낌 없이 사용하고 있다. 성서에 수많은 증거가 있다.

여호수아(야웨는 구원이시다)
호세아(야웨는 구원자)
여호사밧(야웨가 주셨다)
여호아난(야웨께서 총애하심)
예호야다(야웨께서 아심)
여호야긴(야웨께서 세우실 것이다)
여호야김(야웨께서 일으키실 것이다)
여호야립(야웨께서 싸우실 것이다)
여호나답(야웨께서 아낌없이 주심)
요나단(여호와께서 주셨다)
요담(여호와는 완전하시다)

여호얏다(여호와께서 단장하심)

여호사닥(여호와께서 의롭게 하심)

예수아(그가 구원하실 것이다)

이사야후(야웨께서 구원하셨다)

예레미야후(여호와께서 일어나실 것이다)

아하시야(야웨께서 잡으셨다)

히스기야(야웨로 강해짐)


야웨의 이름을 자기 이름 짓는 데 사용하는 것이 망령되다고 생각했다면 이런 이름들이 존재할 수 없다. 도리어 자신의 이름을 통해 야웨를 증거 하려 함이고 야웨를 통해 히브리인들의 이름에 담겨 있는 수많은 술어의 세계가 펼쳐지고 있음을 드러내려 함이다.

이들 이름이 의미하는 각각의 술어들을 눈여겨보면 야웨 곧 내가 나의 존재로 사는 것이 그 모든 술어의 세계를 성취할 수 있게 하는 신성한 비밀이 있음을 알 수 있다.

현대인에게 야웨 신앙은 여전히 유효한가. 비록 히브리인들의 용어고 개념이지만 그것이 지시하는 바는 여전히 현대인에게 더욱 절실히 요청된다. 현대인들의 종교가 한 걸음 더 나아가야 하는 길도 야웨의 길 위에 있다. 모든 철학의 궁극도 이 길 위에 있다. 사회적 정의는 공정한 분배이기도, 과정의 공정함이기도 하겠고 수많은 정의론이 있을 수 있겠으나 궁극은 누구나 자기 자신으로 사는 것이 정의요, 심판이요, 의로움이다. 자기 자신으로 사는 것이 평화고 그것이 길이고 진리다. 진리가 나를 억압하며 나를 종과 노예로 삼는다면 그게 무슨 진리일 수 있겠는가. 폭력일 뿐이다. 내가 나로 살면 그도 그로 살아야 하는 것에 균형을 맞춘다. 진리는 자유이고 평화며 길이고 생명이다. 진리는 오로지 자기 자신의 본래 진면목이 자신에게 드러나 자유와 생명의 세계를 열어가는 것, 그것일 뿐이다.

그리하여 야웨의 길이고 I AM 이다. 예호예는 정신의 세계에서 최고 정점에 서 있는 신성이다. 단계로 말한다면 정신의 상층부에 속한다. 야웨 신앙의 유효함이다. 이때 야웨는 신앙의 대상이 되는 게 아니라 I AM 으로 이행한다. 엘샤다이 신앙에서 야웨 신앙으로 전환이 시급하다. 신약성서의 예수(ץίτή)조차 그 이름으로 온통 이를 증거하고 있다.

족장 시대의 신탁 종교 형태를 벗어나지 못하고 있는 한국 기독교가, 이제는 그만 길을 떠나기를 희망한다.

## 예수와 야웨

히브리어, 헬라어, 라틴어로 예수의 죄목 '유대인의 왕 나사렛 예수'라고 쓴 팻말. 히
브리어 단어의 첫 글자를 따면 신명 네 글자 야웨(יהוה-요 19:19 참조)

예흐예(אהיה)는 I will be 의 의미를 담고 있는 하나의 문장
이면서 마치 명사처럼 상징어가 되었다. 야웨의 이름이 거기서
비롯되기도 하고 동시에 야웨와 등치어 이기도 하다는 게 분명
해졌다. 예흐예의 원형은 하야(היה) 동사로 "그가 있다(He was)"이
다.

신약에서 헬라어는 언어의 특성상 동사 원형을 1인칭 남성
단수로 표기한다. 히브리어는 칼동사 남성 3인칭 완료 시상이
다. 히브리인들의 동사 구조를 살펴보면 히브리인들은 언제나
He 를 중심으로 사유한다는 점이다. 동작의 주체, 상태의 주체
는 일단 He 인 셈이다. 헬라적 사유에서 모든 동사의 주체는
나(I)를 중심으로 이루어진다.

히브리적 사유 구조와 헬라적 사유 방식은 성서에서 어떻게 조화를 이룰까. 구약성서는 언제나 이야기 구성방식의 주어가 야웨 엘로힘이다. 주로 HE 의 상징적 주체는 야웨 엘로힘이기도 하다. 창세기 1장 창조설화에서 모든 이야기는 엘로힘(HE)을 중심으로 서술되고 있다. 이후의 문서들도 야웨 엘로힘을 중심으로 이야기들이 구성되고 있다. 하나님(엘로힘)이 가라사대~, 야웨께서 가라사대~의 방식이다.

신약에서 예수는 가히 혁명적인 선언을 한다.

이러므로 내가 너희에게 말하기를 너희가 너희 죄 가운데서 죽으리라 하였노라 너희가 만일 내가 그(I AM HE)인 줄 믿지 아니하면 너희 죄 가운데서 죽으리라(요 8:34)

I AM HE 라고 한다. 에고 에이미(ἐγώ εἰμι)는 보어가 없는 1형식 문장이다. 요한복음 8장에 등장한다. 영어 성서들은 이를 I AM HE 라고 대부분 번역하고 있다.

히브리어로는 "아니 후(אֲנִי הוּא)"다. 에고 에이미의 히브리어 문장으로는 예호예(אֶהְיֶה)다. 물론 문법을 빌어 말하면 헬라어는 1인칭 현재로 표기하고 예호예는 1인칭 미완료 시상이다. 그럼에도 70인 역에서는 예호예를 '에고 에이미(ἐγώ εἰμι)'로 번역해주고 있다.

내가 그인 줄 믿지 아니하면 너희 죄 가운데서 죽으리라고 한다. 이 무슨 말인가. 내가 그인 줄 알아야 비로소 나는 나가 될 수 있다는 말이다. 만일 내가 그가 아니라면 나와 그는 결코 하나가 될 수 없을뿐더러 그는 현상계 배후에 있는 엄위한 엘샤다이, 곧 전능한 하나님으로 거기 그렇게 있어서 인생은 그의 영원한 식민 백성으로 살아야 하기 때문이다. 예수께서 주(主, Lord)라고 한다면 그가 선언한 I am HE 는 그를 주(主, Lord)로 여기는 모든 사람이 동시에 같은 고백을 할 수 있을 때만 예수의 제자가 되며 그를 팔로우하게 되는 것이다. 그러므로 바리새인들이 엘샤다이 곧 전능한 하나님의 신학에 경도되어 거기에 머무는 것이 곧 여기서 말하는 죄다. 죄란 과녁을 잘못 향하고 있는 것이 아니던가.

여기서 HE 는 성전의 지성소에 거룩함으로 있는 신의 본체다. 신의 본체는 아무것도 없음(텅 빔)이고 동시에 상징으로는 법궤와 그 안에 있는 세 귀물이며 우리의 언어에서 찾아본다면 지극(至極)함을 일컫는다.

왜 HE 인가. 물론 히브리인들의 서사구조에서 HE 가 주체로 등장해서이기도 하려니와 아직은 그가 내가 아니므로 HE 다. 성서의 언어로 하면 휘장이 걷히고 나서야 비로소 그는 더이상 그가 아니라 내(I)가 된다. 그때 I AM HE 가 되는 것이다. 그는 더 이상 현상계 배후 존재가 아니라 마침내 지극함 속의 '나'가 되는 것이다. 이제부터는 엘샤다이 신학의 도그마에 갇힌 '전능한 하나님'이 아니라는 말이다. 전능한 신의 옷을 벗고 I AM HE 로 드러나는 것이다. 전능의 신은 자연스럽게 탄핵 되고 I AM HE 가 비로소 드러나게 된다. 흔히 '참람하다'는 이들은 예수가 바로 그 전능한 신과 자신을 동일시한 것으로 깊은 오해를 한다. 천만의 말씀이다. 도리어 그 신은 니체의 전언대로 죽은 신이요 인간의 욕망이 지어 만든 신이라는, 신에 대한 고발이다. 복음서에는 이 같은 팽팽한 긴장이 곳곳에 드러난다. 예수는 당시 바리새인들이 주창하는 유대교 신을 자신과 동일시하는 것이 아니라 곳곳에서 혁파하고 있다. 예수께서 "아버지와 나는 하나다"라고 할 때의 하나님은 바리새인들, 유대인들이 말하는 엘샤다이 엘로힘이 아니라, 야웨 엘로힘과 자신은 하나라고 선포한 것이다. 물론 바리새인들도 야웨 엘로힘으로 칭하고 있다. 하지만 이름만 그렇게 부를 뿐, 그들에게 야웨 엘로힘은 야웨 엘로힘이 아니라 엘샤다이 엘로힘이다.

전능한 신은 이제는 그 능력을 발휘할 수 없었다. 왜냐하면 그는 신탁의 식민 백성들의 요구로 만들어진 관념의 신이었기 때문이다. 모든 이데올로기는 그 실체가 밝혀지고 들통나면 아무런 힘을 발휘할 수 없다. 서낭당의 당산나무가 영험하려면 그 동네 주민들이 무당과 당나무에 대한 의미 부여와 맹목적 신뢰를 할 때만 비로소 힘을 발휘하기 때문이다. 나무는 단지 나무지만 무당을 중심으로 오랫동안 이어져 오던 동네 사람들의 신념체계가 당산나무를 영험하게 만드는 것이다. 그러나 이 같은 신념체계와 무관한 사람들에게 당산나무는 영험하기는커녕 그냥 나무에 불과하다. 땔감이 필요하면 베어 아궁이에 불을 피워도 아무런 상관이 없는 나무다. 물론 나무는 보호되어야 하지만….

바울은 고전 15장 10에서 에이미 호 에이미(εἰμι ὁ εἰμι)라고 한다. 여기서 에이미 동사에 굳이 에고(ἐγώ)라는 주어가 없어도 동사원형에 주어가 포함되어 있기 때문에 이 또한 I AM 이다.

이를 번역하기를 나의 나 된 것으로 한글 성서는 번역하고 있다. 대개의 영어 성서들은 I am what I am 으로 번역한다. '나의 나 된 것', '내가 나인 것'.

예수는 I AM HE 라고 말했다. 결국 그것이 빌미가 되어 십자가형에 처하게 된다. 엘샤다이의 전능하신 하나님을 참칭한 것이 되기 때문이다. 엘샤다이 신학의 관점에서 이는 참람한 것이고 엘샤다이의 엄위함을 훼손하는 것이다. 모든 종교의 다툼과 갈등이 이 지점이다. 서로가 엘샤다이 하나님의 신탁을 독점하려 하고 그를 훼손하는 것에 대해 용납할 수가 없다. 왜일까. 그것은 강력한 권력이기 때문이다. 정교분리 원칙 때문에 국가 권력도 간섭할 수 없는 절대권력의 원천이기 때문이다. 종교 권력은 영혼을 담보해서 휘두르는 권력이기 때문에 이를 획득하기 위해서도 전력을 다하거니와 획득한 권력이 훼손당하는 것을 결코 용납하지 못한다. 그 결과 수많은 교파가 난립하면서 서로를 힐난하고 이단시하는 일이 대명천지에 횡행한다.

초기 종교는 신탁을 요구하는 수요가 많아 종교 권력을 유지하기 위한 수단으로 엘샤다이 신학을 구축하여 종교인들의 의식을 포획하고 도그마를 더욱 강화하게 마련이다. 이 같은 수요가 끊임없는 것의 저변에는 타자의 지배 아래 오래 형성된 식민근성과 식민의식 때문이다. 타자의 권위와 억압에 벗어나려 더 큰 존재인 신에게 위탁하려는 속성 때문이다. 여우를 피해 사자와 호랑이에게 의탁하는 셈이다.

관념과 이데올로기란 인간의 의식을 순식간에 지배하는 힘이 있다. 이데올로기에 경도되면, 그 외는 모두 악이다. 이데올로기는 반드시 권력의 속성과 맞닿아 있다. 종교 이데올로기라 해서 다르지 않다. 평화를 표방하는 종교는, 자신들의 가치를 절대화하고 그를 지킨다는 명분으로 수많은 사람을 죽음으로 내몬다. 이단 몰이와 마녀사냥은 모두 신의 뜻을 명분으로 삼지만, 기실은 종교 권력의 공고화요 지배력 강화일 뿐이다. 어떤 공교한 말로 자기 변증을 할지라도 이 사실은 부인할 수 없다.

엘샤다이 신학의 무의식과 배면에는 그 같은 것이 숨어있고 도사리고 있다. 따라서 성서의 독특한 용어인 구원이란, 이런 메커니즘과 시스템의 종속으로부터 건져냄을 받는 것이다. 비록 아브라함과 이삭과 야곱의 하나님, 엘샤다이 하나님에 경도될 수밖에 없지만, 아브라함과 이삭과 야곱의 하나님도 결국은 엘샤다이로 시작해 야웨를 향하는 것에 방향 지어졌기 때문이다.

죄란 지독한 식민근성을 일컫는 말이기도 하다. 타자지배에서 벗어나지 못하고 타자 의존적인 속성에 기인하기 때문이다.

인간은 타자로부터 종속되었다가 그에게서 벗어나 잠시 벌거벗은 모습으로 있지만, 하늘로부터 기름 부음으로 덧입혀져 얼 사람으로 우뚝 서게 되는 것, 관념으로 지어 만든 망령에 사로잡힌 행복에서 벗어나 비로소 사람이 되는 것, 사람다운 사람에게서 솟아나는 생명의 기운으로 사는 것, 그것이 건져냄을 받은 것이고 구원이다.

각자의 자기 됨을 일컬어 I AM 이라 한다. 예흐예와 야웨는 그런 점에서 인생의 길라잡이요 궁극적으로 가야 할 길이다. 그런 점에서 우리는 야웨 혹은 예수를 향해 주(Lord)라 부르기도 한다.

# 요한계시록의 야웨

야웨에 대한 신약적 표현은 요한계시록 1장 4절과 8절이 대표적이다.

Ἐγώ εἰμι τὸ Ἄλφα καὶ τὸ Ὦ, λέγει κύριος ὁ Θεός, ὁ ὢν καὶ ὁ ἦν καὶ ὁ ἐρχόμενος, ὁ παντοκράτωρ.

이 문장의 '큐리오스 호 데오스(κύριος ὁ Θεός)'는 히브리어로 야웨 엘로힘(יהוה אלהים)이다. 그리고 호 온 카이 호 엔 카이 호 에르코메노스(ὁ ὢν καὶ ὁ ἦν καὶ ὁ ἐρχόμενος)는 הוה ויבא היהה (하하바 베하야 바이브)이며, 전능으로 번역한 호 판토크라토르는 샤다이(שדי)가 아니라 체바요트(צבאות)다. 구약성서에 주로 '만군의 여호와'로 번역되고 있는 군대 용어며 전쟁 용어다. 샤다이와 뉘앙스에서 현격한 차이를 갖는 단어다.

요한계시록은 영적인 전쟁 이야기가 수많은 상징을 동원해 그려지고 있다. 구약으로 말하면 '만군의 여호와'를 소개하는 것이다. 히브리어 '엘샤다이'의 성격과는 다르다. 신약성서에 판토크라토르(παντοκράτωρ)는 아홉 차례 사용되는데, 바울이 한 번, 나머지는 모두 요한계시록에 등장한다. 전투하는 군인이 승리를 위해 내세우는 신성을 묘사할 때 사용하는 개념이다.

우리 의식의 세계는 이미 타자로 점령되었고 그 숨은 실체는 요한의 상징문학에서는 짐승이며 음녀요, 하늘의 용이며 절대 물러서지 않는 권세자로 묘사된다. 어둠의 정체를 들통 내고 마침내 이기는 자가 되는 비결이 만군의 여호와다. 호 온 카이 호 엔 카이 호 에르코메노스의 절묘한 표현이다. 야웨에 대한 신약적 표현이다. 에이미(εἰμί, be) 동사와 에르코마이(ἔρχομαι, come) 동사를 동원해서 그 현재성을 나타내고 있다.

야웨 엘로힘의 신약적 표현은 큐리오스 호 데오스(κύριος ὁ θεός)이며, 그의 성격을 단적으로 규정하는 것이 '있고(현재분사) 있으며(현재 직설법 미완료), 오고 있는(현재분사)' 존재다. 이것이 강력한 존재의 힘이다. 전쟁에서 언제나 이길 수 있는 가장 강력한 힘이고 이는 신약에서 특히 헬라어로 묘사하고 있는 야웨 신앙에 대한 표현이다.

나는 알파요 오메가다. 나는 곧 야웨 하나님이다. 이때 '나'는 동시에 모든 존재의 '나'이다. 각각의 '그' 혹은 각각의 '나'는 각자의 정신의 세계를 구현하는 가장 강력한 힘이고 동시에 그것은 현재를 중심으로 언제나 있고, 있었으며, 동시에 현재분사로 다가오고 있다.

야웨는 그런 점에서 즉자-대자적(an und für sich)이다. 동시에 자기 존재를 향해 서 있는 인생도 언제나 즉자-대자적(an und für sich)일 수밖에 없다. 즉자존재(卽自存在)란 '그것이 그것인바 그것'을 일컫는 말이다. 즉, 사물 존재는 어제도 그것이고, 지금도 그것이고, 내일도 그것이 그것으로 있는 그런 존재를 일컫는 말이다.

칸트의 물자체(Ding An Sich)에 이어 헤겔이 사용하고 사르트르가 심화시킨 용어라 하겠다. 하여 in itself 라 한다. 그 자체로 있는 것이다. 이에 비하면 대자존재(對自存在)란 '~을 위하여, 혹은 ~향하여 있는 존재'다. 그러므로 for itself 라 한다. 소위 für sich 라 한다. 요한복음 1장의 표현을 빌어 말하면 '프로스 톤 데온'이다. 데오스는 호 데오스를 향하여(프로스 톤 데온) 있다. 로고스는 프로스 톤 데온 곧 호 데오스를 향하여 있다. 언제나 그것으로 있지 않는다. 호 데오스를 향하여 있다는 것은 지성소의 그(He) 곧 자기 자신(I)을 향하여 있다는 것과 동의어고, 끊임없이 새로운 자신을 위하여 있다는 말과도 일치한다.

인간은 지금까지의 나에 대해서는 다분히 사물 존재처럼 고착시키고 '그런 사람'이라고 사물화시키려는 특성이 있다. 그럼에도 '그 사람은 그렇고 그런 사람'이라고 사물화(즉자존재화) 시키는 것에 정신은 결코 고착되지 않는다. 비록 그렇고 그런 사람의 특성을 지니고 있다 하더라도 모든 인생은 그렇고 그런 것에 머물지 않고 동시에 자기 자신의 보다 나은 자신 됨을 향하여 서 있게 된다는 말이다. 정신의 특성상 더욱더 자기 자신다운 자신의 본래 존재를 향하여 서 있게 된다는 점에서 대자적(für sich)이다.

정신의 그러한 특성을 요한계시록 1장 8절은 너무나 잘 묘사하고 있다. "호 온(현재분사, 지금 그러함), 호 엔(was 즉자적), 호 에르코메노스(is coming, 대자적)"

이미 과거를 품고 있는 어제와 지금까지의 내가 즉자적(an sich, 그러한 나 혹은 된 나) 요소라면 존재의 나를 향해 서 있는 나는 대자적(für sich 그러할 나, 혹은 될 나)이기 때문이다.

이는 현재 여기 서서 어제를 품고 있고 동시에 내일을 바라보고 있기 때문이다. 인간의 정신은 끊임없이 어제를 품으면서도 동시에 그를 부정하며 내일을 향해 나아간다. 내일도 오늘 여기서 끊임없이 다가오는 것을 통해 맞이한다. 그것이 생명의 특성이다.

꽃은 꽃봉오리(어제)를 부정하고 열매는 꽃을 부정한다. 부정을 통해 다음으로 나아간다. 그러므로 여기서 '부정'은 '틀리다'는 얘기가 아니다. 부정을 통해 다음을 맞이한다는 것이다. 어제와 오늘과 내일은 서로 유기적이고 전체적이다. 생명은 늘 그렇게 역동적이다. 거기서 타자로부터 지배받는 것을 극복하고 자기 자신으로 우뚝 서는 존재의 길로 나아가는 것이다.

성서를 읽는 거의 모든 이들이 여기서 말하는 '나는 알파요 오메가이고 동시에 있었고 오고 있는 존재'를 특정 신앙의 대상으로 한정해 놓고 읽으려 한다. 언제나 우상을 세운다. 존재의 특성을 알려 준다는 점을, 예수 그리스도의 계시라는 점을, 하여 그를 따르는 모든 이들에게도 동시에 같은 속성이 있음을 알게 하는 것임을 간과한다. 그것을 단지 예수 그리스도와 대상으로 있는 하나님의 특성으로만 전제하려 한다.

성서의 모든 인물은 우리 자신의 모습이다. 성서의 모든 신에 대한 모습은 동시에 우리 자신에게 발현되고 드러나야 할 신성이고 그 신성성에 대한 신화적 표현기법이다. 성서는 이야기고 이야기를 통한 진리의 서술방식이다. 요한의 상징문학 또한 예외가 아니다. 그것은 나의 이야기고 나에 대해 증거하는 것이다. 성서가 예수 그리스도를 증거하는 책이라면 동시에 나에 관해서도 증거하는 책이다. 성서의 표현을 빌려 말한다면 생명책에 녹명되어 있다는 것은, 성서의 텍스트가 곧 우리 자신을 기록하고 증거하고 있다는 것이 확연하게 보여야 한다는 뜻이다.

야웨 신앙, 여전히 유효한가에 대한 신약적인 서술을 위해 요한계시록을 살펴보았지만, 사실 신약의 중심인물은 예수다. 예수의 히브리어 이름은 아람어의 영향을 받아 예수애(ישוע)고 그 뜻은 '그가 구원하신다' 이다. 여기서 그는 야웨를 일컫는다. 예수의 공생애는 바로 이를 증언하는 삶이다. 예수는 그리스도로 살았고 야웨를 증거 하며 동시에 야웨로 살았다. 그를 따르는 이들도 단순히 예수의 박수 부대가 아니라, 그의 길을 함께 가는 이들이 그의 제자요 따르(follow)는 자라 하겠다.

여호와를 경외하는 것이 지혜의 근본이라는 뜻은 내가 나답게 나의 존재를 향하게 하는 것 외에 다른 지혜는 지혜가 아니라는 의미다. 히브리인들이 세운 특정 지역의 '신'을 우상으로 섬기라는 게 아니다. 여호와를 경외한다는 뜻은, 내가 나인 것, '내가 나다'를 향해 늘 옷깃을 여미는 마음을 지니는 것을 의미한다. 자신의 자신다움을 향해 있는 것이 지혜 중의 지혜다.

따라서 야웨를 향해 있는 것 그것이 지혜의 근본이다. 성서의 수많은 이야기는 결국 그것을 반복한다. 따라서 야웨를 경외하는 야웨 신앙은 여전히 유효하다. 비록 그 표현이 히브리인들의 전승에 의한 것이라 하더라도….

> 여호와를 경외함이 곧 지혜의 근본이라 그 계명을 지키는 자는 다 좋은 지각이 있나니 여호와를 찬송함이 영원히 있으리로다 할렐루야, 여호와를 경외하며 그 계명을 크게 즐거워하는 자는 복이 있도다(시 111:10~112:1)

요한계시록 1장 8의 아람어 성서 영어 역본을 소개한다.

I am The Alap and The Tau, says THE LORD JEHOVAH God, he who is and has been and is coming, The Almighty(Aramaic Bible in Plain English).

대부분 영어 성서들은 Who is and Who was and Who is to come 이라 번역하고 있다.

I am the Alpha and the Omega, says the Lord God, who is and who was and who is to come, the Almighty(NASB).

# 인자(仁慈)와 진리(케세드 베에메트 חֶסֶד וֶאֱמֶת)

　박제된 진리란, 도그마 곧 교리를 일컫는다. 동양에서는 진리를 참된 이치로 규정한다. 진실한 도리, 절대 변하지 않는 사실 혹은 현실이나 사실에 분명히 맞아 떨어지는 것 등, 여러 가지 방식으로 진리를 규정하려 한다.

　진리는 결코 박제된 혹은 규정된 도그마가 아니다. 박제란 한때 살아 있던 생물이 어떤 연유로든 그 형태는 갖추고 있으나 화석화되었거나 숨결 즉 생기 활동이 멈춰버리고 형태만 남아 있는 것을 일컫는다. 형태만 남아 있는 진리는 진리가 아니다. 의식의 세계에서 박제된 것이란, 기억 속에 정보와 지식의 형태로 남아 있는 것을 의미한다. 박제품은 장식품이고 화장품이며 가면(페르소나)의 재료일 뿐이다. 따라서 무덤(므네메이온 μνημεῖον)이 기억(므네메 μνήμη)에서 유래했다는 것은 의미심장하다. 무덤은 기억하기 위한 것이지만, 기억은 동시에 무덤을 의미한다. 기억

속에 갇히는 순간 그것은 박제되고 숨결을 잃기 때문이다.

기억에 갇혀 있던 것이 새로운 숨결이 불어 넣어져 살아나는 것을 부활이라 한다. 기억이 기억으로만 있는 것은 정보와 지식 곧 도그마화 되어 반드시 사람을 심판하고 죽이는 법으로 기능한다. 기억에 생명의 숨결이 불어 넣어질 때 기억은 단순 기억이 아니다. 이를 일러 '영'이라 한다. 'spirit'이고 '정신'이다.

성서는 무엇을 진리라 말할까. 망각(레테)이란 무엇일까. 단순히 기억하지 못하는 것을 망각이라 할까. 망각은 잊은 것일까. 도리어 잃어버린 것을 일컫는 것은 아닐까. 인생이 잊어버려서 잃은 것은 무엇일까. 잃고 잊은 것, 숨겨 있고 숨어있는 것이 다시 찾아지고 드러나는 것을 일컬어 성서는 진리(ἀληθεία 알레데이아)라 명명한다. 이성적인 법칙에 따른 보편타당한 이치나 원리를 진리라 하는 게 아니다. 자연과학의 법칙과 논리 그리고 원리들은 세계의 운행 규칙일 뿐이다. 이성적 활동이 수많은 규칙을 발견하고 이치를 따라 사는 지혜를 일컬어 진리를 따르는 것이라고 흔히 이성주의자들은 말할지 모른다.

성서는 감춘 것을 찾아내려 하고 숨은 것을 드러내려 하는데 그것을 진리라 한다. 성서에서 사람들은 진리를 일컬을 때 인자(케세드)와 함께 사용하기를 즐겨한다.

'케세드 베에메트(חֶסֶד וֶאֱמֶת 인자와 진리)'

시편 기자들이 즐겨 쓰는 개념이다. 신약에서도 이를 인용해 은혜와 진리(χάριτος καὶ ἀληθείας 카리토스 카이 알레데이아스)라 한다. 따라서 진리란 단순히 보편 법칙에 대한 서술 혹은 정의가 아니다.

새로운 법칙들이 드러나는 것은 자연과학의 규칙이고 자연과학의 원리들이다. 근본적으로 이것을 진리라 하지 않는다.

감추인 것은 자기 자신이다. 자신을 잃어버리고 자신이 숨어 있다. 인생은 숨바꼭질이다. 지성소에는 세 상징물이 있다. 감추인 만나와 아론의 싹 난 지팡이와 증거판이다. 이것들은 숨겨 있고 감춰있다. 이를 하나님이라 일컫기도 한다. 휘장 너머에 숨겨 있는, 잃어버리고 있고 잊고 있는 자기 자신이다. 신성이고 얼이라 할 수 있다. 감춰있던 게 드러나는 것, 이것을 진리라 하고 이는 은혜(지극한 마음)를 수반하게 된다. 본래의 자신을 대면하는 것이니 자신의 진면목을 보면서 '참으로 그러하다'는 의미에서 진리라 한다. 거짓된 자신을 벗게 하기에 진리가 너희를 자유케 하리라는 진언이 성립된다.

거기서 비본래적인 자기 자신과 본래적인 자신을 구별하게 되는 사건이 발생한다. 이를 규정해 말할 수 없어서 상징어로 표현한다. 만나와 지팡이와 증거판이다. 타자로부터 독립된 의식(정신)의 양식이 감추인 만나요, 타자가 제공한 지혜에 현혹되지 않고 스스로 직립하는 지혜가 지팡이며 비로소 자기 자신의 언어를 획득하고 자신의 언어를 말하는 것이 증거판(로고스)으로 상징된다. 바로의 술사들이 현혹하는 뱀의 지혜에 더 이상 의존하지 않고 도리어 뱀을 잡아먹는 뱀이 아론의 지팡이듯, 본래적인 자신을 획득하게 된다. 비로소 자신이 존재하게 되는 존재 사건의 경험이 진리 경험이다.

진리는 인자(仁慈)와 함께 찾아온다. 인자와 함께 찾아오는 진리가 아닌 지식은 오만과 편견의 페르소나를 얼굴에 쓰게 한다.

성서에서 말하는 북방민족 바빌론의 포로가 된 이스라엘처럼 영지주의의 언저리를 끊임없이 맴돌게 한다.

베드로 대성당 지하 무덤에 있는 클레멘트 13세 교황의 조각 상. 이마에는 코데쉬 야웨(야웨는 거룩하다)가, 허리에는 무사드 베에메트(기초와 진리)라는 글자가 새겨졌다. 야웨(יהוה)를 이마에 새겨 넣었다는 것은 시사하는 바가 크다.

# 무(無)와 기름 부음

유대인은 메시아를 대망하고 있다. 메시아는 그리스어로 그리스도 곧 기름 부음이다. 성서 이야기에는 감람유, 올리브유 등 각종 향유가 자주 등장한다. 식물성 기름은 꽃 피고 잎 지며 남겨 놓은 열매에서 채취한다. 향유를 채취해 병에 담아놓는다. 그 용도는 다양하다. 치료에도 사용하고 밤새도록 어두움을 밝히며 신랑을 맞이하기 위한 기름으로 사용하기도 한다.

무성한 잎, 아름다운 꽃, 튼실한 열매, 열매에서 채취한 기름, 한 나무에서 형성되는 전혀 다른 성질의 여러 형상이다. 잎은 꽃을 품고 있고 꽃은 열매를 품고 있고, 열매는 기름을 품고 있지만, 잎 피고 있을 때 꽃은 예언이고 형상이다. 꽃의 모양이 드러나야 현실이 된다.

꽃이 피어날 때 잎에 숨어있던 꽃의 예언은 성취된다. 꽃에게 열매는 형상이요 예언이고 미래이지만, 꽃은 이미 열매를 품고 있다. 열매는 기름을 내기도 하고 동물의 먹거리가 되기도 한다. 열매는 잎과 꽃과 다음 열매를 품고 있다. 식물은 스스로 그렇게 나누거나 분류하지 않는다. 때를 따라 나타났다가 사라질 뿐이다. 단지 사람이 그렇게 분류할 따름이다.

의식의 흐름과 정신 현상을 식물로도 비유해볼 수 있다. 씨가 땅에 뿌려져 땅속에서 빅뱅의 폭발을 통해 그 자신을 해체하며 싹을 낸다. 모든 씨에는 발아 억제물질이 있다. 아무 때나 발아하면 생명이 죽기 때문이다. 추운 겨울에 싹을 피우면 뿌리도 내리기 전에 얼어 죽는다. 발아 억제물질은 일정한 조건을 주기 전에는 씨앗을 단단히 보호한 채 없어지지 않는다. 발아 억제 물질이 해체되어야 비로소 모든 씨앗은 해체되고 거기 적당한 환경과 온도, 즉 땅과 물과 온기를 만나야 발아하여 뿌리를 내린다. 우리의 정신도 발아 억제 물질인 자아의 단단한 껍질 속에 생명의 씨가 감춰져 있다. 아무 때나 발아하지 않는 씨앗처럼 아무 때나 생명의 세계로 그 의식이 열리지 않는다. 때가 있다는 것은 바로 생명의 세계가 열려도 결코 얼어 죽지 않을 때야 비로소 열리고 또 뿌리를 내리게 된다는 뜻이다. 하늘이 열리고 그 의식의 세계가 환하게 열린다 하더라도 꽃샘추위가 찾아오고 바람도 분다. 태풍을 견디며 뿌리를 내린다.

감각과 지각을 넘어 자의식의 단계에 도달하려면 단지 감각적 지식을 뛰어넘어야 한다. 부정과 무가 찾아와야 자의식을 획득하게 되고 타자 의존을 넘어서서 자기의식에 도달하게 된다.

그런 점에서 무는 존재연관에서 사유 되는 것이다. 물자체를 알 수 없듯 무(無) 자체를 알 수는 없다. 의식의 현상에서 무를 체험할 뿐이다. 아니 무는 사유의 대상이 아니라 체험되는 것이라고 해야겠다. 모든 생명 현상에 나타나는 십자가 사건은 씨앗이 발아될 때도 나타난다. 십자가의 상징은 무의 체험적 사건의 비유다. 단단한 껍질의 해체는 지금까지의 세계에 대한 부정이고 무화(無化)인 셈이다.

이는 꽃이 열매로 바뀔 때도 나타난다. 한여름 작열하는 태양 아래 잎은 무성하게 피어난다. 절기(καιρός, 카이로스)를 따라 그 자람은 식물의 종류마다 다르다. 육체가 자라고 정신이 무성한 잎을 피우며 성장한다. 이때의 정신은 대개 타자의 정신을 씨로 받아 무성한 잎을 피우게 된다. 타자로부터 자양분을 흡수하게 된다. 자의식과 혼재되어 있고 타인의 의식이 더 지배적이다. 그럼에도 잎은 무성하다. 줄기를 키워간다. 줄기가 자라고 잎이 무성한 가운데서 꽃을 피워낸다. 봄의 꽃들은 잎을 피우기 전에 화려한 꽃부터 피우기도 한다. 꽃잎이 지면서 잎을 피운다. 이 모두는 열매를 키우기 위함이다.

잎과 꽃은 전혀 다른 두 존재요, 하나로 있는 신비다. 꽃 지고 열매를 맺게 되면 잎도 미련을 두지 않고 지게 마련이다. 꽃이 긍정되어야 또한 꽃이 부정된다. 긍정의 시기를 지나 부정의 시기가 도래할 때 꽃의 무를 체험한다. 꽃의 화려함을 지나고 그 끝에 꽃의 허망함을 통해 열매의 긍정을 맞이한다. 꽃의 부정 곧 무의 체험에서 열매의 존재 사건이 등장한다. 이렇듯 존재와 무는 서로서로 마주하고 있고 서로서로 근거 짓고 있다. 서로의 터전이 되는 것이다. 무 그 자체는 알 수도 없고 논할 수도 없다. 존재의 배후를 통해서만 엿볼 수 있고 오로지 어느 순간 혹 다가올 때 무를 맛보고 체험할 뿐이다.

부정과 무는 절대정신(씨알)에 도달해가는 과정에서 수없이 겪게 되는 정신 현상의 하나다. 절대정신은 하나의 씨알이 마침내 어디에든 떨어져 자리 잡을 수 있는 30배, 60배, 100배의 씨알들이다. 식물은 씨알을 통해서만 이동할 수 있다. 마음 땅에 맺힌 포도나무, 무화과나무의 속성, 생명나무의 속성은 무성한 잎이 아니라 씨알을 통해서만 이동할 수 있다.

기름 역시 열매를 통해서만 가능하다. 그리스도는 메시아요 기름 부음이다. 때가 되면 오신다는 성서의 그때는, 열매를 맺은 후다. 그것은 각자에게 각자의 절기를 따라 각각의 세계에 오고 있으며, 마침내 나타난다.

절대정신은 기름 부음 곧 그리스도에 비유할 수 있다. 따라서 종말은 크로노스의 연대기적인 시간을 따라 오는 게 오는 게 단연코 아니다. 각자에게 푸른 잎의 때가 있고 형형색색 현란한 꽃의 때가 있고 잎 지고 꽃 지며 열매 맺는 때가 있는 법이다. 그 모두는 각각의 시기를 따라 오는 것이다. 그것은 멀리 있는 것이 아니라 가까이에 있다. 우리는 각자의 이야기를 써 내려갈 수밖에 없다. 삶은 결코 누구도 대신해 줄 수 없기 때문이다.

그러므로 기름 부음이란, 왕과 제사장과 선지자의 머리에 붓는 단순한 도그마가 아니다. 성서의 궁극이며 우리에게 깃들어 있는, 또한 다가오고 있고 다가가는 절대정신 혹은 메시아로 칭할 수 있다. 그리스도와 메시아가 특정 개체 존재로 규정되면서 종교가 탄생한다. 예수는 그리스도 곧 절대정신의 현현을 보여주는 역사적 사례요 이야기다. 예수 그리스도는 절대정신의 계시적 사건이고, 계시의 정점이다.

우리는 예수를 통해 기름 부음에 대한 소망을 갖는 것이지 예수가 우리의 소망은 아니다. 예수가 소망일 때 그는 우상이 되어버린다. 이 또한 절대부정을 통해 극복된다. 무는 체험되는 것일 뿐, 바깥에 따로 존재하는 것이 아니다. 무가 바깥에 따로 존재한다면 그것은 무가 아니라 이미 존재. 에클레시아 곧 불러냄을 받은 이는 기름 부음(그리스도)을 토대(반석)로 집을 지어가는 존재다. 무성한 잎과 꽃이 마음 세계의 큰 책이라면 씨알은 나무에서 땅으로 떨어지는 작은 열매인 작은 책이라 비유할 수 있다. 기름은 열매조차 으깨져야 만들어지는 것이다. 그리스도를 토대로 에클레시아가 세워진다는 뜻은 열매와 기름을 향해 서 있다는 의미다. 그런 점에서 모든 로고스는 '프로스 톤 데온', 곧 하나님을 향해 서 있다.

# 좋음(טוב)의 근원

그 빛(אוֹר)과 좋음(טוב 토브).

성서의 창조설화로 전승되고 있는 창세기 1장 4절에는 빛이 비치고 그 빛은(הָאוֹר 하올) 하나님이 보시기에 좋았더라(טוב 토브)고 서술한다. 좋음(טוב)의 근원은 어디일까. 어두운 데에 빛이 비치라 말씀하셨던 그 하나님께서 예수 그리스도의 얼굴에 있는 하나님의 영광을 아는 빛을 우리 마음에 비추셨느니라(고후 4:6)에서 언급하는 대로 빛은 하나님의 영광을 아는 것을 의미한다.

인생이 살아가는데 필요한 삶의 도리는 그 사회의 합의로 전해져 오는 관습과 법규 등이 어머니와 아버지를 통해서 전해진다. 선배와 스승과 친구와 사회를 통해서 삶의 길을 안내받는데 그런 점에서 모든 빛은 타자로부터 시작된다.

하나님(엘로힘)에 의해서 비추는 빛은 무엇일까. 하나님은 지성소에 계시고 지성소는 그 어느 곳도 아닌 사람의 마음을 일 컫는다는 게 성서의 지속적인 주장이다. 따라서 하나님의 빛은 지성소에서 비추는 빛이다. 즉 타자로부터 비추는 빛은 어느 때 가 되면 빛이 아니라 자기 자신을 억압하고 자신의 꽃을 피우 지 못하게 하는 어두움으로 드러난다. 하나님으로부터 비추는 빛은 자신의 깊은 곳에 자리하고 있는 지성소로부터 비추는 빛 이고 타자로부터 분리되는 빛이다. 비로소 타자에게서 벗어나 자기 자신으로부터 비추는 빛이 찾아옴이다. 좋음은 거기서 발 생한다. 스스로 숨 쉬는 그 순간이 비로소 '좋음'의 순간이다. 여기서 자기 자신이란, '예호예(I am)'의 숨결로 숨 쉬는 신적 의식의 시작이다. 좋음의 근원은 비로소 자기 자신으로 숨 쉼에 서 시작된다. 이후 좋음은 신적 의식의 확장과 진행에서 계속된 다.

창조설화에서의 '좋음'은 에덴 이야기에서 전혀 다른 패러다 임으로 나타난다. 지식에서 비롯되는 좋음과 나쁨이며 선과 악 이다. 지식으로부터 발출되는 좋음은 하나님의 좋음과는 전혀 다르다.  에덴 이야기에서는 토브와 라아(טוֹב 토브)(וְרָע טוֹב 토브 베라 아 Good and evil)가 지식의 나무로부터 비롯된다. 전혀 다른 의미 의 좋음이다. 지식(하다트, הַדַּעַת)은 좋음과 나쁨(선과 악)을 수반한다. 맞고 틀리고를 수반하는 좋음과 나쁨이다. 윤리적 의미로 확장 되면 선과 악으로 규정된다. 이러한 선악의 지식은 반드시 심판 과 정죄를 낳고 돌을 들어 치게 하므로 사망을 낳는다.

그러므로 선악에서 발출된 좋음은 근원적 좋음이 아니다. 근 원적인 좋음은 결코 타자로부터 비춰온 빛에 의해 발생하지 않는다. 선악의 좋음은 권력과 기득권자와 타자에 의해 결정되고 주입된다. 그것은 근원적 좋음이 아니라, 힘의 질서 상층부가 부여한 주입된 '좋음'이고 사회나 힘의 권위가 규정한 지식에서 연유한다. 그 좋음과 선은 따라서 선이 아니라 악이다.

근원적인 '좋음'은 비본질로부터가 아니라 본질인 자기 자신의 존재에서 발출된 빛에 의해 발생한다. 이것이 신적 호흡이고 하늘 어귀에 세워져 있는 엘로힘이 아닌, 우리 자신의 깊은 곳에 숨어있는 신성의 엘로힘에 의한 빛이다. 비로소 좋음의 본질이 드러나는 곳이다.

존재사건 속에서만 비로소 '좋음'이 발생한다는 뜻이다. 창조설화 이야기에 처음 '좋음'이 등장하는 창세기 1장 4절을 통해 배우는 '빛과 좋음'이다.

# 명랑(明朗)

명랑이란 무엇일까.

사람은 언제 명랑할까.

명랑은 존재를 형용하고 드러내 주는 술어다.

그 무엇으로도 억압받지 않고 저 자신의 삶을 살며 제소리 제 목소리로 저 자신을 표현할 수 있을 때 인생은 비로소 밝고 맑아진다. 자신의 존재의 빛을 드러내는 거기서부터 사람은 명랑해진다. 명랑한 기운을 주고받는다. 일월성신, 낮과 밤의 빛이 교차하면서 존재의 빛이 환하게 드러날 때 명랑해진다. 대지의 모든 존재자는 각각 저 자신의 빛을 찬란하게 드러내고 있다.

인간의 정신은 혹은 일그러져 있고 혹은 주눅 들어 있고 혹은 우울하고 혹은 굽어 있고 혹은 심히 왜곡되어 있다. 하나님을 위해 살아야 한다는 열심 때문에 종교인들은 그 마음이 더욱 경직되어 있다. 자신으로 살기는커녕 신이라는 커다란 산 그림자에 덮여 자신의 신성을 드러내지 못한다.

해와 달이 비추어도 그 마음과 정신은 도리어 더 어둡다. 그 마음에 태양이 떠오르고 달이 비춰올 때 비로소 정신과 마음은 밝아지고 맑아진다. 외부에서 비추는 빛이 아무리 찬란해도 마음속 빛의 스위치가 꺼져 있으면 어둡고 캄캄하다. 마음의 대지에 바람이 불고 해와 달이 떠올라야 명랑해진다.

각각
서로서로
자기 됨을 찬란히 드러내는
존재의 원년이 되기를 희망한다.
신은 그 자리에 깃들어 있다.

오스트리아 비엔나에 있는 찰스 성당. 신성 네 글자인 야웨 (יהוה)와 빛의 문양

# IV
# 존재 자아
# 와
# 타자 자아

존재 자아의 형성기에, 처음에는 왕관이 시작되며 왕관(케테르)에 이어 피어나는 두 개의 쌍떡잎은 지혜와 총명 곧 '코크마와 비냐'다. 아론의 싹 난 지팡이는 마른 뼈에 살이 붙고 잎이 피는 생명작용을 상징한다. 성서에는 매우 중요한 상징어가 등장하는데, 지성소(至聖所, קֹדֶשׁ הַקֳּדָשִׁים, 코데쉬 하코다심)다. 영어로는 The most holy place 라 한다. 지극한 마음의 자리다. 진공(眞空)의 자리며, 아무 것도 없는 지극한 고요의 자리다. 이곳에 묘(妙)가 있(有)으니 법궤다. 법궤에는 상징적 귀물 세 개가 있다. 감추인 만나, 아론의 싹 난 지팡이, 증거판이다. '없이 계신 분'에 대해 기술하는 성서의 진술 방식이다.

# 천국의 비밀(너희와 저희)

천국의 비밀(τὰ μυστήρια τῆς βασιλείας τῶν οὐρανῶν)을
아는 것이 너희에게는 허락되었으나 저희에게는 아니 되
었나니(마 13:11)

너희에게는 허락되었으나 저희에게는 아니 된다는 뜻이 무
엇일까. 장로교 예정론에 따라 택함을 받은 자는 천국의 비밀을
알게 하였고 소위 불택자는 아니라는 말인가. 성서의 신은 참으
로 불공평한 신인가.

여기서 말하는 "너희와 저희(그들)"가 지시하는 바가 무엇일
까를 우리는 천천히 물어야 한다. 저희 혹은 그들에겐 천국의
비밀이 드러날 수 없고 감추인 채로 있을 수밖에 없다는 뜻이
다. 저희에게는 덮여 있을 수밖에 없다는 뜻은 무엇인가. 누군
가에게는 천국의 비밀이 가리개로 가려져 있다는 말인가. 허락
이라고 번역된 그리스어 δίδωμι(디도미)는 허락의 의미보다는 본
래 주다(give), 혹은 '나타낸다'는 의미가 더 강하다. 너희로 지
칭된 너희와, 저희(그들)로 지칭된 그들은 어떤 차이가 있을까를

물어야 한다. 여기서 저희로 번역된 단어 ἐκείνοις(에케이노스, to them)는 지시대명사 남성 복수 여격이니 '그들에게'라 할 수 있겠다.

### 너희('Υμῖν 휴민)와 그들(ἐκείνοις 에케이노스)

그들은 누구인가.

인생은 타자의 바다에 빠져 혹은 묻혀서 산다. 태어나면서부터 그 정신은 오로지 타자가 제공한 것에 의해서 싹틔워지고 길러지며 타자의 지배 아래 살게 된다. 누구나 이미 그 정신은 스스로 우뚝 서 있는 게 아니라 타자의 바다에 내던져져 있다.

누군가 오락에 빠져 있다고 해 보자. 오락에 빠져서 몰입하게 되면 그 순간은 무아지경에 머물게 된다. 몰입하게 되면 시간을 뛰어넘는다. 밥 먹는 시간을 잊고 잠자는 시간도 반납한다. 하루가 일순간처럼 느껴지고 시간을 초월하는 사건을 경험한다.

인생들은 무엇엔가 빠져 산다. 누군가는 오락에 빠지고 누군가는 사랑에 빠지고 누군가는 사업에 빠지고 누군가는 독서삼매경에 빠진다. 누군가는 도박에 빠지고 누군가는 술독에 빠진다. 일 중독에 빠져 있는 일 중독자, 운동 중독에 빠져 있는 운동 중독자. 중독의 특징은 심리적 불안과 강박관념이다. 운동하지 않으면 큰일 날 것처럼 운동에 매달리듯 자신이 빠져 있는 것에 머물지 않으면 초조하거나 불안해진다. 우울감이 찾아온다.

무슨 놀이에 빠지는가의 차이만 있을 뿐 대상에 빠지면 대개는 빠져 있는 대상의 노예가 되고 만다. 몰입하는 대상에게 정신은 그 순간 포로가 되고 만다. 도박에 빠지면 도박의 포로가 된다. 사랑에 빠지면 사랑의 포로가 되고 만다. 오락에 빠져 있는 동안은 무아지경의 행복을 누리게 된다. 옆에서 천둥 번개가 쳐도 모른다. 독서삼매경에 빠지면 식사시간도 잊게 된다. 대상에 빠져 있을 때, 몰입도에 따라 뇌 신경망엔 행복물질인 도파민이 더욱 활성화될 테고 그에 따라 쾌감 지수는 높아간다.

어떤 대상에 빠지는가에 따라 뇌 신경망의 작동이 다르게 나타날 것이다. 몰입상태와 중독상태는 어떻게 다를까. 도박에 빠지는 것과 종교에 깊이 심취하는 것은 어떤 차이가 있는 걸까. 선과 악을 나누는 기준을 달리할 뿐 그 상태는 그다지 차이가 없다.

생활세계는 온통 타자의 지배구조로 짜여 있다. 젊은 날엔 사랑에 빠지거나 종교에 흠뻑 빠지게 된다. 아니 우리는 이미 타자의 바다에 빠져 있고 그곳에 내던져져 있다. 언제나 그들이 제공하는 것에 의해서 길러졌고 또한 그들의 요구에 부응하며 살아왔다.

하이데거의 용어를 빌어보면, 인생은 누구나 우선 대개 이미 일상의 삶을 지배하는 잡담과 애매성 모호성이라는 세계에 내던져져 있다. 무엇인가에 흠뻑 빠지지 않더라도 타자의 바다와 촘촘히 짜인 타자의 그물망에 걸려서 자신을 망각한 채 사는 것이다.

나도 그러하고 너도 그러하며 우리 모두 그러하다. 누구나 예외가 없으니 나는 내가 아니라 단지 그들 중 하나일 뿐이다.

하여 '나는 나'가 아니다. 그냥 그들 중 하나인 그들일 뿐이다.

존재 자아(εἶναι-ego)를 상실한 채 타자 자아(others-ego)로 살아가는 군상을 일컬어 예수는 에케이노스(to them)라 일컫는다. 그러므로 그들의 눈가리개는 그 자신을 망각한 채 그가 대상으로 삼고 있는, 그가 빠져 있는 그 모든 것의 노리개인 셈이다. 내가 오락하고 있으니 내가 주인공이고 주관자인 것 같지만, 잘 짜인 오락산업의 바다에 내던져져 오락이 주체가 되어있고 나는 객체가 되어있다는 사실을 망각한다. 오락의 노예가 되어 스스로 주체적인 삶을 살지 못한다. 매트릭스의 시스템에서 벗어날 수가 없다. 내 속에 깊숙이 들어와 있는 그것이 자기 자신으로 둔갑해 있는 것을 일컬어 나는 자기의 본래 자신이 아닌 타자 자아(others-ego)라고 규정한다.

천국의 은폐물, 비밀의 덮개(은폐물)는 그가 빠져 있는 그 모든 것이다. 하이데거가 말하는 잡담과 애매성, 모호성이 그가 빠져 있는 바다인 셈이다. 현대인은 자기 자신의 존재를 망각하고 본질을 잃어버린 채 비본질로 살고 있다고 현인들은 한결같이 말한다.

자기 자신으로 사는 게 아니라 타자로 산다. 타자 자아로 산다. 그들 중의 하나로 산다는 말이다. 그러므로 예수께서 언급하는 '너희'가 아니라 '그들(ἐκείνοις 에케이노스)'이 돼버린다.

그럼에도 인생은 바로 거기서 언제나 눈을 돌이켜 또 다른 곳을 향할 수 있다. 너희와 저희는 바로 그 차이다. 선택 교리인 택자(擇者)와 불택자(不擇者), 혹은 예정된 자거나 예정되지 않은 자가 아니다. 어느 순간 존재 자아에 눈뜨게 되면 바로 돌이켜

본질의 자신을 향해 서 있게 된다. 내면을 향하게 되고 대상으로부터 돌이켜 자기 자신을 향해 몰입하게 된다. 자기 자신을 향한 몰입이란 타자 자아에 대한 몰입이 아니다. 존재 자아에 대한 몰입이다.

따라서 몰입엔 두 종류가 있다. 타자 자아와 대상에 몰입하게 되면 대상의 종이 되고 노예가 된다. 거기에도 일시적인 쾌감이 있고 망각을 통한 희열이 있다. 그러나 거기엔 언제나 공황(恐惶)이 있다. 주인 잃은 텅 빈 집이 놓여 있을 뿐이다.

또 하나는 본질의 자신을 향해 눈뜨고 비로소 자기 자신을 향한 몰입이다. 비로소 자유가 있고 생명이 있고 사랑이 있고 평화가 도래한다.

타자 자아의 특성은 타인 곧 선악의 시선에 의탁하여 늘 소유에 집착하지만, 존재 자아는 소유 유형이 아니다. 존재인 자기 자신의 있음에 주목하고 존재로의 삶에 시선이 모아진다. 존재는 생명이고 숨결이다. 존재는 모든 존재자를 비로소 존재자이게 한다. 모든 피조물(존재자)은 비로소 존재의 숨결로부터 그것이 그것 된다. 따라서 나의 있음이야말로 그 무엇보다 앞서며 가장 긴요하고 긴급한 일이다. 급박하고도 촉박하다. 그대의 있음으로 인해 그대의 주변에 있는 모든 존재자는 존재자로 복원된다. 그대의 존재 결핍으로 그대의 주변은 늘 혹사당한다. 시끄럽게 된다. 달달 볶인다. 자기 존재확인을 위해 타인을 괴롭힌다. 자신의 존재감을 나타내기 위해 타인을 희생시킨다는 말이다. 자신의 존재는 존재로 드러나지 않고 늘 절망의 그늘만 깃들어 있을 뿐이다. 두려움과 갈등이 끊임없이 반복되는 것은 존재의 부재로 인해서다.

여기서 우리는 '천국의 비밀'이라는 은유가 무얼 일컫는지 비로소 알 수 있다. 존재의 불안은 우리 육신의 존재 여부가 아니다. 우리의 육체는 언제나 거기 그렇게 존재한다. 따라서 존재의 불안이란, 육신의 존재 여부가 아니다.

인생은 정신의 활동이다. 그 정신이 얼 찬 존재인가 얼빠진 비존재인가의 문제일 뿐이다. 나는 누구인가의 물음은 육체의 나를 문제 삼는 게 아니다. 육체의 나는 각종 이력과 스팩과 그를 뒷받침하는 소유와 재물과 그들의 기억 속에 있는 각종 지식과 그에 따른 명성들이 있을 테지만, 그것이 인생의 아이덴티티는 아니다. 정신의 아이덴티티에 대해 우리는 묻는 것이고 거기에 존재의 불안이 있는 것이다.

대상에 빠지는 것으로는 존재의 불안으로부터 해방되지 않는다. 종교에 빠지는 것, 사업에 빠지는 것, 독서에 빠지는 것, 오락에 빠지는 것, 모범 생활에 빠지는 것 등으로는 존재의 불안으로부터 탈출할 수 없다. 무엇인가 수시로 대상에 빠져서 무아지경이 반복되면 반드시 공황장애에 이르게 된다. 일시적인 환각을 즐기게 되면 그 몰입은 공황장애로 안내한다. 주인 없는 황폐한 폐가 상태가 되고 만다. 특히 사랑과 평화와 자비를 외치는 종교인들이 역설적으로 황폐해지는 까닭이 여기에 있다.

인생은 무아지경을 즐기는 게 아니다. 마침내는 무아(無我)를 지나 유아(有我)요, 유아(唯我 μονογενής 모노게네스 only begotten)에 이를 때 본질의 존재 자아에 다다르게 되는 법이다. 이때를 일컬어 "너희에게는 천국의 비밀이 나타나고 저희에게(타자 자아에 매몰된)는 드러나지 않는다"는 예수의 말씀이 진언이 된다. 너희는 존재 자아에 눈뜬 자를 일컬음이요 저희는 타자 자아에 매몰된 채 있는 자들이다. 그러나 타자의 바다와 일상에 빠져 있다가도 그것에 매몰되어 있음을 알아차리고 어느 순간 자기 자신을 향해 돌아볼 때 비밀의 문은 닫힌 채 있는 게 아니라 조금씩 열리게 된다. 감춘 것은 감추기 위함이 아닌 드러내기 위함이요 나타나기 위함이기 때문이다.

자신을 극복해야 비로소 우리 자신을 보게 된다는 의미이기도 하다. 비밀의 뚜껑 은폐물은 다른 게 아니다. 바로 내가 빠져 있는 그것이 내가 나 자신을 보지 못하게 하는 은폐물이다. 타자 자아에 심취해 타자 자아에 몰입하는 나르시시스트는 멈춰 세우고(止) 그 너머 우리의 본질에 눈뜨자(觀)는 말을 하는 거다.

# 의식의 기원

갓 태어난 어린아이에게는 목소리와 문자가 분리되지 않는다. 청각을 통해 들려지는 음성과 온몸을 통해 전달되는 몸짓과 표정이 분리되지 않기 때문이다. 목소리는 청각을 통해 표정과 몸짓은 시각과 촉각을 통해 전달되는 의미체계(세메이온 σημεῖον, 오트 אות)다. 소위 표음도 표의도 아닌 보디랭귀지다. 신호요 상징이다. 전장에서 히브리인들에게 '오트'는 신호를 보내는 깃발의 의미로 사용되기도 했다. 봉화 횃불도 의미체계를 담고 있는 신호요 상징적인 '언어'이며 그 나름의 문장인 셈이다.

보디랭귀지는 문자에 앞선 문자다. 그림이나 아이콘도 새로운 문자 형태다. 의미와 징조를 담고 있는 기표이기 때문이다. 따라서 의식의 세계는 음성과 문자를 통해 일깨워진다. 보디랭귀지는 기록문자가 아니라 소리처럼 공중에서 사라지는 문자다. 따라서 차연(差延)[15]도 존재하지 않는다. 일대일로만 소통하는 목소리고 표정이며 기표이기 때문이다. 단지 직관으로만 소통되고 전달되는 신호이다.

인간의 최초 의식이 일깨워지는 단초는 원시언어 곧 목소리와 문자의 분리였으나, 분리되지 않는 동시 동작 속에서 시작된다. 그럼에도 불구하고 엄마의 목소리와 바디랭귀지의 기표 속에는 그 시대의 문화와 전통이 무의식 속에 깃들어 있다.

의식의 씨앗은 그렇게 뿌려지고 발아된다. 이렇게 인간의 의식은 타자로부터 시작된다. 내 안에 바깥의 그가 들어와 있다. 여기서부터 기원이 논해져야 한다. 최초의 문자와 이후의 문자는 같은 기원을 하고 있다. 이후의 문자는 표음문자고 표의 문자다. 찌아찌아족은 언어는 있지만, 문자는 없었을까. 다만 좀 더 체계적인 문자가 없었을 뿐이다. 한글이 전해지고 난 찌아찌아족은 이전과 어떤 차이가 있을까.

의식의 현상을 제대로 이해하고 존재하기가 제대로 드러나려면 의식의 기원이 밖에서 시작되었다는 것부터 분명히 해야 한다. 의식의 기원이 타자로부터 시작되었다는 것은 너무나 자명하지 않은가. 물론 하드웨어와 애플리케이션 곧 오성(이해력)의 작동기반은 선험적으로 주어져 있다. 이 점이 명확하지 않으면 이후에 관한 이야기는 온통 혼돈과 수많은 설왕설래로 그치게 된다.

---

15) 프랑스 철학자 자크 데리다(Jacques Derrida, 1930-2004)가 독자적으로 만들어 사용한 용어, différance 차이와 연기의 의미를 담고 있다. 불교의 논서 대승기신론에서는 참되며 한결같은 진여는 말로 설명할 수 없다 하여 이언진여(離言眞如)를, 그래도 감히 말로 설명해 본다는 의언진여(依言眞如)를 언급한다. 모든 개념(문자, 말)은 본질과 차연이 발생한다.

# 타자와 나

타자를 통해 우리 의식은 싹트고 태어난다. 어머니는 우리의 거울이고 아버지는 따라야 할 모범이다. 아버지는 관습이고 사회고 윤리고 도덕으로 확장되어 나타난다. 이것이 더욱 연장되어 종교화되면 아버지는 마침내 신의 얼굴로 확장되어 나타나니 하나님 아버지다. 소위 절대타자, 대타자의 얼굴로 나타나 인생을 지배한다.

처음에는 그러하다. 그렇게 우리의 의식은 길러진다. 우리는 처음 우리 자신의 생존과 보존을 위해 그렇게 존재한다. 본능과 육체의 속성을 중심으로, 자아를 중심으로 의식의 세계가 형성된다.

타자(부모와 사회 시스템)로 인해 자아가 형성된다. 그러므로 인식론적으로 오성의 선험적인 조건 위에 뿌리 내리는 우리 의식의 기원은 타자이며 타자의 전통이다.

따라서 자아의 좌소에 타자가 자리하고 있고 때가 되면 자아는 분열과 갈등을 겪게 된다. 분열과 갈등은, 실은 좋은 징조다. 분열된 자아는 자기, 곧 타자로 인해 형성된 '나'가 아니라 '나로 인한 나' '본질적인 나'를 잉태하면서 나타나는 현상이다.

그러나 분열과 갈등이 '본질적인 나'를 출산하지 못하고 여전히 '타자'로 회귀하려는 관성에 놓인다. 이때 타자는 나를 내려놓지 않으려 한다. 나도 타자를 내보내지 못한다. 거룩한 곳에 타자가 자리 잡고 있으니 성전이 아니라 복마전이 되었고, 거룩한 곳에 가증한 것이 자리 잡은 셈이다. 때가 되면 부모와의 첨예한 갈등의 시기가 찾아오는 까닭이다. 이 사실이 탄로나는 것이 한 세계가 떠나가려는 징조다. 비록 환란이고 고난이고 두려움일지라도 새로운 아기가 태어나려는 징조다.

처음 세계관은 타자가 점령하고 주입한 것이어서 늘 선악의 레일을 타고 흐른다. 좋음과 나쁨은 누구나 자신의 이기심을 중심으로 형성된다. 처음 부모는 그것을 의식화시킨다. 좋다와 나쁘다가 집단화되면 반드시 선과 악으로 명사화되고 개념화된다. 양심과 결합하여 의식을 좀 먹으면서 사회를 유지하는 도덕률을 형성한다. 그것은 한편 자신을 괴롭히고 언제나 타인을 정신적으로 살해한다. 물론 순기능이 있다. 그것은 만인의 만인에 의한 투쟁을 제어하는 역할을 한다. 사회적 순기능이 있는 것은 분명하지만 의식은 선악과 힘의 질서에 의해 식민화되고 만다. 성서의 이야기가 진단하는 대로 선악의 열매를 먹고 사망의 시스템에 빠져든다. 의식은 거기서 선과 악이라는 평행선의 레일을 달리게 되고 모든 문화는 그것으로 구조화된다.

도마복음에서 말하는 7일 된 어린아이는 선악의 저편에서 태어나고 자란다. 나는 나로 태어난다. 철학자들은 이를 '존재'로 명명한다. 비로소 내가 나로 있다. 내가 나다. 존재의 선언이다. 타자가 차지하고 타자로 구조화된 의식은 '비존재'라 칭한다. '비존재의 나'는 모호하고 우물쭈물하고 무엇이든지 명확하지 않다. 선악 아래에 있고 이기적인 자아로 있을 뿐이다. 선악 아래에서는 선악의 시선과 기준이 사람마다 다르기 때문에 그러하다. 타자로 인해 형성된 자아지만 타자마다 그 기준이 다르고 그러한 타자가 내면화되어있을 뿐만 아니라 여전히 외부에 있는 서로 시선이 다른 타자와 관계하고 있으므로 우물쭈물하게 된다.

내가 아닌 나에서 본래적인 나를 향한 여행이 순례의 길이다. 성서는 본래적인 나의 태어남을 '구원'이라는 언어로 기표한다. 현재 종교적 '구원'은 그 본래 의미를 잃어버리고 타락한 언어가 되어버렸다.

타자를 떠나보낼 때의 고난이 산고다. 타자로부터 비로소 자유로운 나의 태어남이 새로운 여행의 시작이다. 타자의 극복이 나의 출발이다. 이제는 타자에 의해 점령된 나, 비본래적인 나가 아니라 본래적인 나가 성숙하게 되면서 그가 이전과는 전혀 다른 새로운 시선으로 타자를 맞이한다.

주체적이고 존재적인(있음의) 자아가 타자를 타자로 영접할 수 있다. 노예가 아니라 자유자가 되어 타자를 환대하고 '존재의 그'로 맞이할 수 있다. 내가 나일 때 너를 너로 대할 수 있다는 말이다. 타자가 나를 억압하려 할 때 그를 승인할 수는 없다. 내가 나로 있지 못할 때 대인을 기피하게 된다. 존재적 자아와 타자의 관계는 힘의 의지 작용으로가 아니라 비로소 존재론적으로 만나게 되고 대하게 된다. 그럴 때의 타자는 타자가 아니라 타자 속에 있는 성스러움, 곧 동일한 '본래적 그'를 만난다. 거기서 나그네를 영접하는 환대가 가능하다. 나그네를 천사로 영접하는 존재 사건이 타자와의 만남에서 나타난다. 그럴 때의 타자는 처음의 타자인 폭력적 타자가 아니라 나를 나 되게 하고 더욱 의식의 세계가 확장되게 하는 타자다. 이제 타자는 생명이 나타나는 연쇄 현상으로 열매를 맺게 하는 근원이 된다. 타자와 나는 비로소 존재론적으로 존재한다.

예수는 부모를 향해 누가 내 어머니며 형제냐며 부모와 형제를 떠난다. 새롭게 등장한 타자인 제자들을 향해 아버지의 뜻을 행하는 자가 내 어머니요 형제라고 새로운 타자관을 드러낸다. 오늘 나를 새롭게 하며 나를 매 순간 새롭게 태어나게 하는 그가 어머니며 형제라고 일컫고 있다.

요약하면,

1. 타자는 처음에는 자아를 잉태하는 어머니, 아버지, 사회의 시스템, 절대타자인 신으로 확장되어 나타난다. 처음에는 나를 잉태하고 출산하며 양육하는 자애로운 얼굴로 나타나지만 마침내는 폭력의 얼굴로 내가 나로 살지 못하게 하는 비본질의 나를 강요하는 타자로 드러난다. 절대화된 신조차도 타자가 만들어놓은 강요된 타자다. 따라서 절대타자도 부정되어야 한다.

2. 절대타자까지도 나의 본질보다는 비본질로 살게 하는 원인이라는 사실이 드러나는 것에서부터 '본질적인 나' 가 새로 태어난다. 의식의 세계에 비로소 현존재로 나타난다. 성서는 이 같은 현상을 십자가로 기표한다. 십자가는 비본질의 나가 죽고 (세례) 다시 태어나는 것에 대한 표식이다.

3. 다시 태어난(의식의 대전환) '나'는 타자를 이전과는 전혀 다른 형태로 대하고 맞이하며 관계한다. 본질적인 나는 이제는 도리어 타자에 의해 더욱 나답게 된다. 여기서 타자와의 관계는 비로소 주체 중심에서 존재론적으로 나아간다. 타자는 이제는 타자로 등장하는 게 아니다. 비록 타자이고 나그네이지만 천사로 환대하게 된다. 이것은 의식의 세계가 그렇게 성숙하여 나타난다는 점이다. 1번 항의 상태에서는 결코 불가능하고 다다를 수 없는 의식의 변혁이다. 존재적이고 본래적인 나로 인해 비로소 가능한 타자와의 관계다. 물론 비본래성, 비존재적인 것과는 긴장과 갈등을 반복하며 언제나 존재를 지향(指向)하여 서 있다.

# 타자 자아(others-ego)

의식의 배후가 타자라는 사실은 무엇을 의미하는가.

감각기의 인지능력은 타자 받아들이기의 감수성이 작동하는 시기다. 아직 자아는 형성되지 않았다. 타자로부터 흡수한 삶의 준칙들이 자아라는 이름을 옷 입고 있지만, 이는 자아(自我)의 옷을 입은 타아(他我)일 뿐이다. 인생이 겪는 불안의 근본 원인이다. 내 안에 그가 있기 때문이다. 이물질이 내 안에 있는 것이다. 현대인의 우울증과 공황장애의 뿌리도 거기에 있다.

선험적으로 주어져 있는 오성의 작동은 소리와 언어에 더욱 민감하다. 타자의 언어에 익숙하고 그것에 반응하게 되며 그로 인해 형성되고 형상화된 의식을 자아로 착각하게 된다. 선험적 오성(이해력)은 타자의 색깔로 온통 물든다. 타자의 지배력이 확산하는 터로 제공된다. 그럼에도 바깥의 그것이 자신인 줄 오해한다. 이 같은 속성에서 광포한 광란과 의식의 타자지배가 확산

된다. 인풋(in put)하는 대로 아웃풋(out put)이 이뤄진다. 따라서 교육은 이런 의미에서 약이며 독이다. 의식을 형성하고 일깨우면서 동시에 타자의 씨앗을 뿌리는 것이다. 포도밭에 들포도 씨를 뿌리는 것이다. 생명의 기운을 불어넣어 주면서 동시에 사망의 씨앗을 뿌린다.

우리 인생은 진보주의자거나 보수주의자거나 중도 성향이거나 기타 또 다른 성향이거나 온건하거나 과격하거나 점잖거나 광포하거나일 뿐이다. 이 모두는 타자의 흔적이 아니라 타자 그 자체다. 자아의 옷을 입고 있을 뿐인 타자라는 말이다.

당신의 정체는 무엇인가. 순교를 각오한 보수주의자를 자처하더라도 포도밭에 이리가 들어와 집을 지은 것이라는 사실이다. 세뇌가 가능한 것은 의식주관의 자기 없음 때문에 가능하다. 이리가 자아의 옷을 입고 나타나서 내 인식주관의 거리를 활보하기 때문에 철저히 타자가 자아로 환원된다.

모든 신흥종교는 이 같은 의식세계의 허약함에 기반을 두고 있다. 붉은 물감을 뿌리면 붉은색이 되고 푸른 물감을 뿌리면 푸른색이 된다. 타자는 물감을 갖고 물들이며 지배력을 확보한다. 합리적 이성도 신화 앞에는 한없이 무기력해진다. 따라서 합리적 이성이라는 이름을 지닐 뿐 신화에 신탁하는 무기력한 이성이다. 로고스를 단지 이성으로만 인식하는 것은 로고스의 사유에 대한 부재다. 로고스는 이성만을 의미하는 게 아니다. 그러므로 의식의 기원은 타자인 동시에 거기에는 지극한 폭력성을 담고 있다. 약이며 동시에 독이 깃들어 있다. 플라톤의 파르마콘6)은 여기서부터다.

종교의 교주가 이처럼 발흥하는 것은 바로 자기 없음과 타자를 자아로 동일시하는 무기력한 대중이 있기 때문이다. 타자는 결코 자아와 동일시될 수 없다. 그럼에도 불구하고 자기는 없고 크게 다가오는 타자에 자신을 투영하며 타자 자아(others-ego)를 형성한다. 이게 인생이 걷게 되는 순례의 길이다. 그것은 옳고 그름이 아니라 정신의 초기 현상이라는 것이다. 한국의 기독교는 그러므로 아직 정신의 원시 단계에 머물러 있다. 타자 자아(others-ego)라는 말은 내가 만들어 사용하는 용어다. 타자 자아(others-ego)는 유연성도 없고 고집도 세다는 게 특징이다. 자기 판단은 타자 판단에 의존하기 때문에 타자 판단이 변하기 전에는 결코 변하지 않는다. 타자의 판단에 의지해서 자기 판단을 고수하기 때문이다. 교주의 생각이 바뀌기 전에는 결코 판단이 바뀌지 않는 고집이 광포한 종교인들의 특징이다. 그러므로 그것은 자기 판단이 아닌 타자 판단을 복제하고 있는 것일 따름이다. 심지어 목소리와 몸짓까지 복제한다.

나는 지금 카발라의 생명나무를 전혀 다른 접근 방식인 오늘의 언어로 반복해서 서술하고 있다.

---

16) 그리스어 파르마콘(φάρμακον, phármakon)은 철학자 플라톤이 '약'이며 동시에 '독'이라는 의미로 썼다. 파르마콘(Pharmakon)은 자크 데리다(Jacques Derrida)가 그의 저서 <플라톤의 약국 Plato's Pharmacy>에서 비판철학 개념으로 도입했다. 글쓰기는 약이면서 독이다. 파르마콘 개념이 나오게 된 배경이다. 오늘날 구글 검색과 계산기의 등장이 기억력과 연산능력을 상실케 해 독이라는 논리와 유사하다. 이천 사백 년 전 플라톤이 그의 중기 대화편 <파이드로스>에 그의 스승 소크라테스가 말하는 대화 형식으로 문자의 독에 대해 기록한다. 소크라테스는 문자와 글쓰기는 스스로 생각하는 능력과 기억능력을 상실하게 해 거부되어야 한다고 말한다. 소크라테스는 문자를 거부하나 플라톤은 문자를 의존해서 '대화편'을 기록해 그의 저술이 오늘까지 전해진다.

# 타자 자아(others-ego)의 연쇄 고리

　　인간은 저마다 서로 다른 기질 지성을 갖고 있으며 저마다 유전학적 신체의 특성을 갖고 태어난다. 그럼에도 불구하고 의식이 일깨워지는 것은 선천적인 특질을 바탕으로 감각기관의 자극과 반응을 통해서 비롯된다. 영어로 대뇌피질의 신경망을 반복하여 자극하면 그는 영어로 의사 표현을 하게 된다. 한글로 반복하여 자극하고 반응하게 되면 한글이 신경망에 기록되고 한글로 사고하며 한글로 표현하게 된다. 타불라 라사(Tabula rasa)! 인간 의식의 바탕은 백지와 같다. 아무것도 기록되지 않은 서판이나 마찬가지이니 무엇이든 감각기관의 자극을 통해 의식을 일깨울 수 있다.

　　아기가 처음으로 마주치는 것은 부모와 그가 처한 환경이다. 어머니의 태와 분리되면서 아기는 다시 어머니의 품에 안긴다. 부모는 본능적으로 생존을 우선하는 방식의 자극을 하게 마련이다. 젖을 먹이며 생물학적 욕구를 충족하는 것에서부터 기본적인 자극이 시작된다.

이건 무엇을 말하는가. 모든 의식은 기본적으로 생존 욕구 충족을 바탕으로 일깨워지고 길러진다. 약육강식, 동물의 세계에서 먹히지 않고 살아남는 것을 우선으로 그 의식활동은 정렬되고 세팅되게 마련이다. 이 프레임으로 정신도 복제되고 설정된다. 아무리 고도화된 의식이라 하더라도 마찬가지다. 하여 타자 자아(others-ego)는 기본적으로 힘의 논리 속에서 그 모든 것이 정렬된다. 모든 문화와 예술 그리고 전통에는 기본적으로 이 같은 정신의 산물들이 기본을 이룬다. 타자는 힘의 질서를 기본 축으로 해서 돌아간다. 원시 상태의 정신 활동은 힘의 질서가 그 기본이기에 나 아닌 타자를 나의 에고로 복제한 그곳에도 동일한 힘의 질서를 기반으로 세계는 움직인다.

타자 자아(others-ego)는 계층 질서에 적당히 편입하여 움직인다. 자신보다 더 큰 힘에 대해서는 낮추고 낮은 힘에는 높인다. 아울러 끊임없이 새로운 타자에게 자신을 복제하려 한다. 폭력이 폭력을 낳게 되는 원리다. 내 안에 그가 들어와 있고 그는 나를 통해 또 다른 누군가의 의식에 뿌리내리려는 속성을 갖는다.

모든 문화에 깃들어 있는 기본적인 욕구다. 그것은 종교에서 가장 크게 작동한다. 정치는 말할 것도 없고 문화와 예술에서도 마찬가지다. 정신의 초기 단계의 활동은 그러한 구조 속에서 움직인다. 타자를 복제하고 또 타자 자아를 누군가에게 복제하려는 연쇄 고리 속에 우리는 노출되어 있다. 거기엔 참다운 아름다움을 찾아볼 수 없다. 거기서 논해지는 진선미는 모두 폭력이다. 언제나 사회의 주류는 이 같은 의식의 원시 상태에서 문화와 문명을 키워간다. 만인의 만인에 대한 투쟁을 제어하기 위한 도덕과 윤리적 장치가 나오게 되고 각종 덕목이 논해진다. 그것이 문화고 도덕이고 윤리고 정치가 아니겠는가. 그럼에도 의식의 원시 상태는 여전하다.

정신은 거기에만 머물 수 없다는 게 시대의 아우성이지만, 한 걸음 내디딘다는 게 도무지 쉬운 일이 아니다. 어떻게 내디딜 수 있을까. 숨 막히고 질식할 때쯤 내 정신의 존재(To Be)에 관해 묻게 되고 도대체 존재하기가 무엇인가 의문하게 된다. 새로운 단초가 찾아와야 하지 않을까. 정신의 다음 현상은 어떤 모습일까. 셰익스피어의 <햄릿>에 나오는 유명한 독백, To be, or not to be, that is the question. 존재하기냐 비존재냐, 그것이 문제다. 사느냐 죽느냐는 단지 육체의 존재 여부만 문제로 삼는 것일까. 육체는 존재하되, 정신이 자기 정신이냐 타인의 정신이냐 그것이 문제 아닌가. 존재 자아(εἶναι-ego)냐 타자 자아(others-ego)냐 그것이 가장 긴요하고 급박한 문제다. 바꿔 말하면 'εἶναι-ego or others-ego, that is the question'이다.

니체는 이 같은 프레임을 극복한 자를 위버멘쉬(Übermensch)라 하고 계시록은 이 같은 흐름에서 빠져나온 자를 니콘(νικῶν overcoming 이기는 자 , 현재분사)이라 칭한다.

# 타자 자아(others-ego)에서 존재 자아(εἶναι-ego)로

인생은 타자 자아(others-ego)로 그 초기 의식이 형성된다. 따라서 인생은 근본적으로 불안하다. 타자인 그가 내 안에 들어와 자리하고 있기 때문이다. 나 아닌 나가 주인 행세를 하고 있기에 불안과 좌불안석은 필연이다. 이때 불안은 근원적인 불안이다. 성서의 이야기로 하면 가나안에 기근이 들어 생존 문제로 애굽에 이주한 야곱의 가족 이야기와 같다. 생존의 문제는 해결되어 고센 평야의 풍요는 누리게 된다. 적자생존, 동물의 왕국에서 살아남는다.

그러나 아뿔싸, 큰 민족을 이루는 데는 성공했지만, 어느덧 바로의 종살이가 현실이라는 자각이 찾아온다. 애굽의 국고 성을 건축하는 노예살이가 현실이다. 생존의 풍요와 더불어 정신의 궁핍에 비로소 눈뜨게 된다. 이때 모세의 메시지가 그들에게 전해진다. '내가 나'(예흐예 아쎌 예흐예 출 3:14)인 그가 나를 너희에게 보냈다. 내 안에 타자 자아로 들어와 있는 '파라오'를 용납해서는 곤란하다는 메시지를 들고 모세가 찾아온다.

출애굽은 타자 자아로부터의 탈출시도다. 출애굽은 '탈애굽'이요 '탈파라오'다. '탈타자 자아'다.

'예흐예 아쉘 예흐예(אֶהְיֶה אֲשֶׁר אֶהְיֶה I am that I am)'의 목소리를 따라서 존재 자아로 이행하기의 시작이다. 따라서 홍해는 타자 자아가 확연히 구분되어 드러나는 지점이고 타자 자아(others-ego)를 수장시키는 곳이다. 이것은 물로 세례를 받는 것과 같다. 타자로부터 유래했고 또 형성된 의식, 타자 자아로부터 탈출하게 되는 진리 사건이 홍해 사건이다.

그럼에도 여전히 애굽의 습관을 좇아 사는 종의 때(절기)를 벗지 못하고 애굽을 그리워한다. 하지만 다시 돌아갈 수 없다. 다시 돌아가지는 게 아니다. 유치원이 그리워도 초등학생이 유치원으로 다시 돌아갈 수 없는 것과 같다. 비록 고난이고 비록 하루살이처럼 매일매일의 양식, 그날 하루 치의 만나를 먹는다 하더라도 되돌릴 수 없는 여정의 길을 가게 된다. 거기서 먹는 양식은 만나와 메추라기다.

만나는 '이 뭐꼬'다. 매일매일 질문하게 된다. '도대체 이게 뭐지? 아하, 그렇구나. 도대체 이게 뭐지? 아하, 그렇구나'를 반복하며 질문과 답을 찾아 사는 삶이다. 타자가 내린 정답에 종속되지 않는다. 스스로 묻고 스스로 답을 찾아 사는 훈련의 장이 광야 사십 년이다. 노에오(νοέω, 나는 생각한다)와 노에인, 즉 생각하기(νοεῖν)를 통해 답을 찾아가고 자기 존재의 집을 짓는다. 육신의 생각이 아닌 영의 생각으로 새길을 걷는다(μετανοέω 메타노에오).

이는 애굽의 묵은 때와 습(濕)으로부터 탈애굽의 연속인 셈이다. 탈타자 자아(Ex-others-ego)의 수 없는 반복의 시간이다. 비록 홍해를 건너 탈애굽하여 몸은 벗어났지만, 여전히 의식의 한쪽에 남아서 장애를 일으키고 있는 습(濕)을 호리(고드란트, 센트)라도 남김없이 다 없애기 전에는 가나안에 당도할 수 없다.

그러므로 엑소더스(Exodus)는 Ex-others 다. 본래 누구나 가는 길을 일컬어 호도스(ὁδός)라 한다. 누구나 처음엔 타자 자아의 길을 간다. 길로부터 벗어나는(ἐξ) 것을 일컬어 엑소더스(ἔξοδος)라 한다. 따라서 출애굽은 Exodus is Ex-others 인 셈이다.

진리는 매일매일 사건으로 겪는 것이다. 의식의 타자 유래가 아니라 의식의 자기 유래를 찾아 떠나는 여행이 광야 생활이다. 광야 사십 년이란, 탈타자 자아는 감행되었지만 남아 있는 애굽의 향수를 탈탈 털어내는 과정이다.

불뱀에 물려 죽어간다. 모름지기 뱀은 지혜의 상징이다. 애굽 술사들은 뱀을 지팡이로 만든다. 지팡이는 홀이다. 권세요 권위며 왕권을 지탱케 하는 기둥이다. 광야에서 뱀과 뱀의 다툼을 끝낸다. 모세의 지팡이가 애굽 술사들의 지팡이를 잡아먹는다. 놋뱀이 불뱀의 독으로부터 해방시킨다. 광야는 애굽의 지혜를 땅에서 하늘 높이 달아매어 힘을 잃게 하는 과정이다. 타자 지혜는 사망의 독이고 그것에 물리면 죽는다는 것을 명증하게 알려주는 이야기다. 타자 자아란 이미 불뱀(타자)에 물려 죽어 있는(사망) 비존재임을 알려주는 얘기다.

타자 자아를 벗어나(Ex-others-ego) 존재 자아(εἶναι-ego)를 향해 떠나는 여행이 곧 순례의 길이다. 의식의 유래가 타자로 비롯되었지만, 그곳을 떠나 비로소 자기 자신에서 유래한 자기를 향하는 발걸음이다. 자기 자신으로부터란, 자신의 내밀한 깊은 곳 곧 지극히 거룩한 처소(the most holy place)로부터 비추는 빛에 의해 새로 태어나는 자기 유래 의식이다.

구원이란 예수 믿으면 구원받는다는 입에 발린 구호에 있는 게 아니라, 타자 자아(others-ego)에서 벗어나 존재 자아(εἶναι-ego)로 새로 태어나는 걸 일컫는 말이다. 내가 나에게 길이고 내가 나에게 진리고 내가 나에게 생명인 것을 날마다 사건으로 마주치는 순례의 여정이다.

성서는 이를 결혼의 비밀로 비유한다. 부모를 떠난다는 건, 타자 자아를 벗어나 존재 자아를 향한 발걸음이기도 하다. 율법을 여의고 기름 부음 곧 지성소의 빛을 남편으로 맞이하는 사건을 일컫는 것이기도 하다.

> 형제들아 내가 법 아는 자들에게 말하노니 너희는 그 법이 사람이 살 동안만 그를 주관하는 줄 알지 못하느냐 남편 있는 여인이 그 남편 생전에는 법으로 그에게 매인 바 되나 만일 그 남편이 죽으면 남편의 법에서 벗어나느니라 그러므로 만일 그 남편 생전에 다른 남자에게 가면 음녀라 그러나 만일 남편이 죽으면 그 법에서 자유롭게 되나니 다른 남자에게 갈지라도 음녀가 되지 아니하느니라(롬 7:1-3)

# 존재 자아(εἶναι-ego)와 위버멘쉬(Übermensch)

 

타자 자아(others-ego)는 원천적으로 존재 불안에 던져져 있다. 타자 자아(others-ego)와 또 다른 타자 자아(another-ego)는 근원적으로 대결적이다. 거기서 싹트는 우호감이나 우정조차도 대결적이고 경쟁적이어서 서로에 대해 늘 긴장한다. 거기에는 만인의 만인에 대한 투쟁이 그 바탕에 깔려있다. 윤리와 도덕 그리고 사회적인 법적 장치가 마련되지 않으면 야만으로 점철된다. 사회적 장치는 야만의 사회를 제어하기 위한 지혜다. 그럼에도 야만은 소멸되지 않는다. 법의 제어는 잠시 소강시킬 따름이고 임시 처방일 뿐, 근원적 해결책이 아니다.

타자 자아(others-ego)는 존재론적으로 불안을 바탕에 두고 있으므로 불안을 극복하려는 방편으로 힘을 지향한다. 계급적 질서가 형성되는 까닭도 그 때문이다. 타자 자아의 속성은 따라서 힘을 향한 의지다. 힘을 향한 의지는 타자 자아(others-ego)가 그 자신을 유지하기 위한 에너지다. 소멸하지 않고 버티며 힘의 우위를 바탕으로 상위 계급을 향해 나아가려는 힘의 의지가 타자 자아(others-ego)를 유지하는 원동력이다.

유치원 어린아이들의 또래 집단에서조차도 어느덧 힘의 질서로 계급을 형성한다. 아니 쌍둥이 아기들이 장난감을 놓고 놀이를 시작해도 힘의 경쟁을 펼친다. 거기서 좌절과 승리감을 경험하며 타자 자아(others-ego)의 세계를 키워간다.

타자 자아(others-ego)는 어느 경우에도 또 다른 타자 자아를 환대하거나 영접할 수 없다. 힘을 과시하기 위한 자비 베풂과 힘의 상층부에 있음을 확인하기 위해 각종 이웃 사랑이라는 명분을 앞세운다. 타자 자아는 이미 확보한 힘의 질서에 도전하고 무너뜨리려는 그 어떤 하위 질서에도 자비가 없다. 무자비와 공포를 행사한다. 그에게 사랑이나 자비는 힘의 질서를 존중해 줄 때만 베푸는 자비요 사랑이다.

이 경우 주인의 자비는 자비가 아니다. 자기 힘을 유지하기 위한 당근으로 권력 유지 수단일 뿐이다. 하위에 있는 질서는 자기 주인이 베푸는 은총을 감읍하며 사랑으로 여긴다. 그 안에 깃들어 있는 마수와 폭력을 전혀 알지 못한다. 달콤한 사과에는 언제나 독이 깃들어 있음을 인식하지 못한다. 귀족의 덕목으로 일컬어지는 '노블레스 오블리주'의 얼굴이면은 보지 못한다.

주인의 사랑에 중독되어 결코 힘의 질서를 극복하지 못한다. 인생은 이러한 타자 자아의 질서에서 언제나 불안을 안고 살아간다. 원인이 어디에 있는지 출구는 어디인지 전혀 알지 못한 채 만수산 드렁칡이 얽힌 것처럼 타자 자아와 타자 자아의 세계 질서가 형성된다.

탈타자 자아(Ex-others-ego) 곧 존재 자아(εἶναι-ego)로 이행하고 나서야 니체가 말하는 위대한 위버멘쉬(Übermensch)가 탄생한다. 초인(超人)이 아니다. 위로부터(Über, over, ὕπερ) 난 자다. 이기는 자요 극복한 자로 다시 태어난다. 타자 자아의 세계에서 일탈한 존재 자아의 사람이다. 도대체 위버멘쉬를 누가 슈퍼휴먼(Superhuman)으로 번역하는가.

타자 자아의 세계에서 슈퍼맨이란 초능력을 꿈꾸고 선호하는, 힘의 질서 최상위층을 이상으로 하는 이들의 개념에 머물게 된다. 히틀러 같은 괴물의 탄생밖에 더 있을까.

니체의 위버멘쉬는 존재 자아의 세계에 당도한 사람을 일컫는다. 존재 자아(εἶναι-ego)에 머물게 되면 더 이상 타자로 인해 형성된 의식의 세계에 지배받지 않는다. 비로소 스스로에게서 유래한 의식의 새로운 세계가 싹트고 그것에 의해 자기 세계가 새로 형성되기 때문에 타자의 지배에서 벗어난다. 오히려 타자 자아의 세계를 건너왔기에 그들 세계를 밖에서 볼 수 있는 눈이 떠진다.

위버멘쉬는 타자 자아(others-ego)의 세계에 건너가 그들을 지배하기 위한 힘을 배양하거나 발휘하지 않는다. 힘의 질서와 힘의 의지를 극복하고 넘어선 사람이기에 그것으로 타인과 관계하지 않는다. 타자 자아의 힘으로 다가오는 이들의 힘을 무장해제시키고 도리어 그것의 허무를 드러낸다.

타자 자아로 하여금 존재 자아(εἶναι-ego)로 이행하도록 피 흘리며 안내하려 한다. 그곳에만 자신과 타자의 존재하기가 있기 때문이다. 따라서 존재 자아(είναι-ego)만 타자 자아(others-ego)를 해체하고 타자를 영접할 수 있는 능력이 있는 것이다. 프랑스 철학자 레비나스가 말하는, 나그네를 천사로 영접할 수 있는 환대(hospitality)가 비로소 가능하다.17)

레위인이나 제사장은 강도 만나 죽어가는 이를 결코 영접할 수 없다. 강도 만나 죽어가는 자에 대해서는 로마서 7장에 나오는 바울의 이야기가 적절한 예가 되겠다. "오호라 나는 곤고한 자로다. 이 사망의 몸에서 누가 나를 건져내랴." 강도 만나 죽어가면서 부르짖는 아우성이다. 누가 강도 만난 자의 이웃이 될 수 있는가. 타자 자아는 강도다. 강도들의 세계다. 타자 자아의 법과 윤리 도덕은 강도의 칼이다. 기득권의 힘을 중심으로 기존 체제를 유지하기 위한 달콤한 유혹이며 독이 든 사과다.

거기 역설적이게도 레위인이나 제사장이 아닌 강도를 만나 죽음을 경험했던, 타자 자아(others-ego)에서 존재 자아(είναι-ego)로

---

17) 프랑스 철학자 데리다는 관용과 환대(hospitality)를 구분하고 환대의 실현을 주장하면서, 환대의 조건적 특징과 조건 없는 특징을 성찰한다. 레비나스(프랑스 철학자 Emmanuel Levinas, 1906~1995)는 형이상학적 욕망을 탐구하면서, 나에게 다가온 타자를 맞이하는 환대가 그 욕망의 기초임을 역설한다. 타자는 나에게 명령하고 있으며, 나는 그 무조건적인 명령을 따름으로 형이상학적 욕망을 실현한다. 이는 신 즉 무한을 경험하는 일이며, 사랑을 지향하는 일이다. 이것이 레비나스가 말하는 환대의 윤리다. 광야에서 생활하는 베두인들은 사막에서 다가오는 이에 대해 이름도, 고향도 사연도 묻지 않는다. 묻지 않아도 사막 한가운데 놓여서 우선 물 한 모금이 필요한 나그네의 절박을 알기 때문이다. 자기 집에 들인 손님은 어떤 일이 있어도 보호한다. 사막의 특성이 낳은 베두인의 환대문화다. 성경에서 아브라함이 나그네(여호와)를 영접한 일(창 18:1-15)은 환대 논의의 중요한 텍스트다.

이행이 이루어진 한 '사마리아 인'이 비로소 강도 만난 자의 이웃이 될 수 있었다. 강도 만난 자의 상처를 싸매줄 수 있었다. 나그네를 환대할 수 있는 존재 자아(εἶναι-ego)인 위대한 위버멘쉬(Übermensch)의 출현이다. 이를 신인(神人)이요 신인(新人)이요, 진인(眞人)이라 할 수 있다. 신인(神人 θεός)은 집단으로 태어나지 않는다. 그는 피 흘림의 과정을 통해서만 태어난다. 교회라는 공동체의 공장에서 출현하는 게 아니다.

1682년에 세워진 성 토마스 아퀴나스 교회(파리)의 실내 전면부 삼각형 속 신성 네 글자 야웨(יהוה)와 빛을 묘사한 장면

# V
# 존재 자아
## (εἶναι-ego)
# 그 빛나는 특성들

# 엑소더스(ἔξοδος)는 엑스-오더스(Ex-others, 탈타자)

엑소더스(ἔξοδος)는 엑스-오더스(Ex-others, 탈타자)요 엑스 파라오 (Ex-Pharaoh)다. 출애굽이란 출(脫)타자 자아요, 출(脫)파라오다. 파라오는 풍요인 동시에 빈곤이다. 파라오가 제공하는 나일강의 삼각지 고센 평야의 풍요는 육체의 풍족한 먹거리로 생존을 보장해준다. 동시에 정신의 자리에는 파라오가 지배자로 들어와 있으니 타자 자아요 자기 부재의 빈곤이다.

따라서 출애굽이란 타자 자아로부터의 탈출과 동시에 I am that I am 으로 계시 된 야웨 엘로힘의 꼴과 모양을 회복하기 위한 새로운 모험이고 새로운 감행이다. 홍해는 파라오 지배로부터의 결별이고 파라오 군대로부터의 단절이다. 파라오 세계관으로부터의 죽음을 통한 탈출이다. 존재 자아를 향한 길 떠남이라는 말이다.

엑소더스(ἔξοδος)의 헬라어는 ἔξ(엑스 'out') + ὁδός(호도스 '경로, 길')

로부터 유래했다. 기존의 경로, 기존의 길로부터의 이탈이다. 기존의 방식에서 벗어남이다. 이를 문헌학적으로 분명히 하면 엑소더스는 모세 오경의 히브리 텍스트를 헬라어로 번역하면서 붙여진 이름이다. BC 2~3세기 헬라시대의 헬라어 역본, 70인역(LXX)에서 유래한 것이다. 본래 모세 오경의 두 번째 책명은 히브리어로 쉐모트(שמות)요 그 의미는 이름들(names)이다. 엑소더스가 출애굽이라는 말은 애굽으로부터 죽고 자기 자신의 본래 이름을 찾아 떠나는 새로운 출발이라는 의미를 담고 있다. 잊고 있었던 혹은 잃어버린 본래 자신의 이름 찾기이니 야곱의 열두 아들들과 그 가속의 이름을 찾아 나선 여행이다.

따라서 엑소더스란 애굽에 대해서는 '종말'이라는 의미를 담고 있으며 애굽의 길로부터는 일탈(out)이고 새로운 길로 들어서기이니 '에이소더스(εἴσοδος)'요 자기 길 찾기다. 즉 가나안을 향한 길로 들어서기라는 말이다. 그러나 그 길은 험난하고 멀다. 광야 사십 년 생활을 통해 파라오 지배 흔적을 완전히 말소한 후에야 비로소 새로운 길로 에이소더스가 가능하다. 존재 자아를 향한 인생들의 발걸음은 홍해의 체험과 광야의 실존 체험을 통해서만 비로소 가능하다는 말이다. 여기서 홍해 혹은 광야는 무의 체험이고 파라오와의 결별이며 결국 타자의 지배에서 벗어나기요, 의식의 홀로서기다.

어찌 제 혼자 독립이 가능하다는 말인가. 우리는 여전히 타자가 제공한 양식과 문화와 애굽의 풍요를 구가하면서 사는 데 말이다. 세종대왕의 유산인 한글을 사용하며 한글의 문자 지배에 속해 사는 것에서 어찌 벗어날 수 있다는 말인가. 따라서 타자의 지배에서 벗어난다는 것은 이미 들어와 있는 문명과 관습과 언어와 전통 속에 깃들어 있는 지배 욕구와 힘의 원리에서 벗어나기(out)이지 그 도구들에서 벗어나기가 아니라는 점이다.

자기 이름 찾기란 무엇인가. 우리들의 호적등본에 등재된 모든 이름은 타자가 지어준 이름이다. 타자가 생존의 세계에서 훌륭한 사람이 되라는 애굽의 규칙에 따라 지어준 이름들이다. 타인들에 의해서 불리는 이름들이다. 대중들에 의해 불리고 지칭되는 이름들일 뿐이다.

그러므로 엑소더스(대탈출)란 새로운 자신의 이름(존재) 찾기이다. I am that I am 의 현주소를 찾아서 거기에 새겨진 새로운 이름을 부여받기이다. 아브람이 아브라함이 되는 것이고 야곱이 이스라엘이 되는 것이고 사울이 바울이 되는 것이고 전기의 생애를 마치고 후기의 생이 다시 시작되는 것이다. 전기의 생각하기를 여의고 후기의 생각하기(μετανοέω, 메타노에오)를 찾아가기다. 전기의 타자 자아를 떠나 후기의 존재 자아를 향해 나아가기다.

우리 인생은 타자 자아로 그 의식이 싹트고 자란다. 마치 마른행주가 물을 흡수하듯 선험적 오성(이해하기)은 타자의 세계로부터 끊임없이 복제하며 타자를 내 안에 들인다. 인식주관의 의식공장은 외부에서 뿌려준 의식의 씨앗을 발아시키고 키운다. 언어와 각종 환경을 통해 외부에서 들어오는 수많은 요인, 특히 소리의 자극은 인식의 빛을 밝히고 싹틔우는 데 절대적이다. 소리, 특히 어머니와 아버지를 통해 들려지는 소리에는 전통과 문화와 관습이 배어있고 문화의 DNA 가 함께 담겨 있다. 문화엔 전통의 집단 무의식이 깃들어 있고 의식의 유전자가 들어 있다.

인생은 소리를 통해 듣고 배운 것을 의식의 안경에 장착한다. 이를 눈에 쓰고 사물을 바라보고 타자를 바라보고 세계를 바라본다. 눈 뜨기 전에 안경부터 쓴다는 말이다. 귀를 통해 들어온, 전통에 깃들어 있는 무의식의 안경을 덧쓴 채 경이로운 세계를 바라보며 탄성을 부르지만 아뿔싸 그에게는 이미 안경이 씌워져 있다. 부모가 만들어준 안경을 쓰고 눈을 통해 들어오는 사물 세계와 타자의 세계를 바라보고 해석하고 경험해 가는 것이다. 그의 탄성과 경이로움에 대한 노래는 타자 자아의 경이로움이고 타자 자아의 노래일 뿐이다. 본래 자기와는 상관없는 타자 자아의 꿈과 허상일 뿐이다.

내가 경험하는 생생한 체험조차도 색안경을 통해 해석된 체험이고 해석이기에 꿈의 세계인 것이다. 내가 경험하는 생생한 과학의 규칙과 물리의 세계에 대한 수학적 규칙들도 타자 자아의 경험세계일 뿐이다. 존재 자아와는 상관없이 돌아가는 꿈이다. 가상세계라는 말이다. 우리는 모두 파라오의 웅장한 궁전건축과 애굽의 뱀을 통한 치료술에 현혹되어 자기를 잃고 사는 것이다. 그러므로 현실은 지극한 가상이 되고 나는 꿈을 꾸고 있는 것에 불과하다.

이는 데카르트의 의심과 회의가 아니라 해도 들통나는 것이다. 그러니까 방법적 회의(懷疑)나 의심이 아니더라도 타자 자아의 그물망에 의해서 형성된 그 모든 세계는 타자 자아들의 꿈의 세계라는 것이 드러난다. 결국 허상일 뿐 가상현실이며 거기에 또 다른 상상력을 덧붙여 증강현실을 구현하고 사는 게 인생이다. 가상현실은 단지 디지털 세대의 오락기에만 적용되는 것이 아니라는 말이다. 현실이 곧 가상이고 증강현실(增强現實, augmented reality, AR)이다. 성서에 비유로 등장하는 구름 이야기는 공중 혼인잔치로 증강시키고, 천년왕국은 전천년설이니 후천년설이니 무천년설로 증강시켜 크로노스의 시간으로 환원하고 있다. 그리하여 오늘은 단지 내일의 천년왕국에 담보 잡힌 희생의 시간으로 보낸다. 지독한 증강현실을 꿈꾸며 행복해한다. 종교 오락에 집단으로 빠져 있는 것이다. 가상현실(假想現實, virtual reality, VR)과 증강현실은 단지 현대의 디지털 기술로 구현되는 게임산업과 오락의 영역만이 아니다.

꿈이로다 꿈이로다 이 모든 게 꿈이로구나

이 길에서의 일탈이 출애굽이다. 누구나 부득불 운명으로 들어서게 되는 파라오의 길은 꿈이다. 파라오의 길로부터의 탈출, 이미 들어와 있는 그곳에서부터의 탈출이 답이다. 아무리 잘 닦아놓은 10차선 도로라 해도, 그 길을 통해 소통하고 개혁을 도모한다 해도 꿈일 뿐이다. 모두 파라오에 종속된 길이기 때문이다. 풍요인 동시에 존재의 부재 때문에 초라한 빈곤이다. 현대인의 지독한 질병이 갈수록 심화되는 까닭이다. 아브라함이나 이삭이나 야곱이나 모세 때도 그랬고 지금도 그러하다. 새삼 현대인의 질병이라고 말할 수도 없다. 인생이 그러하다.

타자 자아에 대한 확연한 진단과 존재 자아로 나아가는 감행만이 새로운 길을 모색할 수 있다.

# 존재 자아와 만나(מָן)

너를 낮추시며 너를 주리게 하시며 또 너도 알지 못하며
네 조상도 알지 못하던 만나를 네게 먹이신 것은 사람이
떡으로만 사는 것이 아니요 여호와의 입에서 나오는 모든
말씀으로 사는 줄을 네가 알게 하려 하심이니라(신 8:3)

조상들은 만나를 알지 못한다. 그들은 애굽의 파라오가 제공
하는 고센 평야에서 나오는 소출로 배불렀고 바로의 소산물로
생존을 영위해왔다. 누구나 먹는 방식으로 양식을 조달하고 또
충족해왔기 때문이다.

광야의 만나는 무엇을 말하는 것일까. 이게 뭐지. 꿀이 섞인
것처럼 달콤하고 하얗게 생긴 팝콘과 깟씨(?) 모양의 하늘에서
내린 것으로 묘사되고 있는 만나(מָן)는 '이게 뭐지.'라는 의미가
있다. 출애굽과 광야의 이야기에서 이게 뭐지? 라는 질문 자체
가 곧 그 이름으로 불린 것이다. 히브리어로 만(מָן)은 헬라어 만
나(μάννα)로 번역되고 표기된다.

이것의 의미를 신명기는 분명히 한다. 만나를 네게 먹이신
것은 사람이 떡으로만 사는 것이 아니고 야웨의 입에서 나오는
모든 말씀으로 사는 줄을 네게 알게 하려 하심이라고.

예수는 이를 인용해

가라사대 기록되었으되 사람이 떡으로만 살 것이 아니요 하나님의 입으로 나오는 모든 말씀으로 살 것이라 하였느니라 하시니(마 4:4)라 일컫는다.

그렇다면 만나의 의미는 분명하다. 사람이 떡으로만 사는 게 아니고 하나님의 입으로 나오는 모든 말씀으로 살 것을 알려주기 위한 과정이며 이를 알게 하려 광야 사십 년을 통해 만나를 먹게 한 것이다. 광야 사십 년이란 떡 곧 파라오의 양식을 떠나서 여호와의 입으로 나오는 말씀으로 사는 법을 알게 하는 과정이다. 이게 무슨 뜻일까.

파라오의 양식, 애굽의 양식이란 타자로부터 제공되는 그 모든 것들이다. 무조건 받아먹는 양식이다. 묻지도 따지지도 않고 주는 대로 받아먹는 양식이다. 이미 있었던 양식이요, 누구나 먹고 배부른 양식이다. 의식의 주인인 그 지배자가 시키는 대로 먹는 양식이다. 여기서 양식이란 비록 육체의 양식을 빌려 말하고 있지만, 그 정신이 먹는 양식을 일컫는다.

마치 육체에 양식이 필요하듯, 사람의 정신은 매일 양식을 먹지 않고서는 살 수 없다. 육체의 식욕과 조금도 다를 게 없는 게 우리의 정신이다.

정신은 하루도 양식 없이 살 수 없다. 끊임없이 양식을 먹어야 산다. 뉴스를 먹고 산다. 소문을 먹고 산다. 배움을 먹고 산다. 소식을 먹고 산다. 잔소리를 먹고 산다. 잡담을 먹고 산다. 험담을 먹고 산다. 수다를 먹고 산다. 깨달음을 먹고 산다. 육체가 한 끼의 양식을 굶으면 헐떡이듯, 우리의 정신도 마찬가지다. 하루라도 그 무엇인가 정신의 위장에 들어가지 않으면 살 수 없는 것이 인생이다. 기갈이 오고 목마름이 찾아온다. 윤리를 먹고 살고 정의를 먹고 살고 도덕을 먹고 살며 옳고 그름을 나누며 선악의 양식을 먹고 산다. 책상을 치며 핏대를 올리는 까닭이 어디에 있는가. 대부분 자신은 옳고 타인은 틀렸다고 큰소리를 치는 행위다. 그것이 그의 양식이다. 자신이 옳다는 것을 증명해야 정신이 만족하기 때문이다. 증명되지 않을 때는 기운으로 억압해서 타인이 옳고 그름을 따지지 못하게 만들고야 만다.

무슨 말이냐 하면 뉴스와 소식과 험담과 각종 이야기를 통해서 인생은 자신의 옳음과 타자의 틀림을 통해서, 나의 선과 타인의 악을 통해서 자기 정신의 우월을 드러내려 하고 존재감을 확인하려 한다. 언제나 비교 우위를 확보하려 혈안이 된다.

항상 불만이다. 너는 틀렸고 나는 옳아야 한다. 아니 때로 내가 틀렸다는 것으로 불만과 불안에 휩싸이며 옳음과 선을 취하려 불면의 밤을 지새운다. 이는 모두 땅의 소산물들이다. 저 황무지에서 생산되는 가시와 엉겅퀴들이라 하겠다.

만나는 바로 여기에 물음을 던진다. 이게 뭘까? 이게 뭐지? 타자 자아로부터 존재 자아로 이행하는 필수 과정이다. 3~6세 유아가 부모에게 묻고 또 묻는다. 엄마 이게 뭐야? 하늘은 왜 파란 거야? 이 꽃은 왜 빨간 거야? 할아버지 이게 뭐야? 저게 뭐야? 왼 종일 질문하는 유아기의 아이들처럼… 아, 그렇구나.

아, 그렇구나. 하면서 인식의 세계가 열려가듯….

존재 자아로의 이행과정에서는 타자가 제공한 정답이 정답이 될 수 없다. 그래서 끊임없이 묻고 또 묻는다. '이게 뭘까? 이게 뭐지? 하얀 팝콘과 같은 이 작은 알갱이가 뭘까?'라고 묻는 순간 답이 찾아온다. 그렇게 얻은 답은 꿀을 섞어 만든 달콤한 맛이 있으며 그것을 하루의 양식으로 삼는다. 엿새 동안은 만나를 양식으로 삼는다. 제 칠일에는 만나를 만날 수 없다. 안식의 날에는 만나를 만날 수 없다.

이 놀라운 상징들을 보라. 그러니까 제칠 일이 상징하는 바는 도대체 뭘까. 이 같은 일을 사십 년 반복하며 보낸다. 광야 생활이 끝나면서 만나가 멈춘다는 것의 의미는 무엇일까. 만나가 멈추는 날은 칠 일 곧 안식에 들어가는 날이 아닌가.

화두를 따라가는 날들이 있다. 이게 무엇일까. 묻고 또 묻는 것으로부터 비로소 의식의 독립이 시작된다. 사십 년을 한결같이 묻고 또 하늘로부터 답을 받는 것의 반복을 통해 파라오로부터는 완전한 독립을 쟁취하게 된다. 무심결에 파라오가 제공한 답에 의존하는 습성으로부터의 독립, 무의식에 깃들어 있는 전통의 배후 조종으로부터 온전한 결별의 날이 찾아오는 것이다.

광야 사십 년을 지나 마침내 만나가 멈추는 날, 더는 '이게 뭐지?' 하고 물을 필요조차 없는 날이 파라오와 온전한 결별을 이루는 날이라 하겠다. 타자 자아에서 존재 자아로 온전하게 이행하기 위한 혹독한 그러나 달콤한 시간이 화두를 붙잡고 사는 날들이다.

그러므로 만나는 불가의 화두다. 불가의 '간화선(看話禪)'의 히 브리식 이야기다. 수행법이 아니다. 묻기 위한 물음이 아니다. 화두를 붙잡고자 해서 붙잡으려는 것은 가짜다. 스승이 던져준 화두를 억지로 붙잡고 수행하려는 것은 어리석은 짓이다. 무병 (巫病)을 앓으며 지금까지의 삶터에서 광야로 내몰리는 속에서 묻고 또 묻게 되는 것이 화두라 하겠다. 물어야 하는 게 아니 라 묻지 않을 수 없고 묻게 된다. 물음이 찾아오는 것이지 화 두를 억지로 붙잡는 게 아니다. 타자지배로부터, 타자가 전해 준 정답에 대해 견딜 수 없는 고통을 느끼며 삶의 근본에 관해 묻는 물음 속에서 찾아오는 게 화두요, 만나다.

　무병(巫病)은 신병(神病)이다. 우리 인생은, 사람에 따라 조금씩 그가 속했던 문화에 따라 다르지만, 무병을 앓고 살아가고 있 다. 이유 없이 앓는 무병은 병명도 나타나지 않는다. 신내림을 통해 지독한 무병으로부터 잠시 벗어나지만, 천형처럼 앓는 사 람들이 있다.

　로마서 7장은 바울이 앓던 무병이다.

　오호라 이 사망의 몸에서 누가 나를 건져내랴

　모든 무병은 신과 하나 되라는 내 안에서 들려오는 아우성 이다. 타자 자아로는 이제는 살 수 없고 존재 자아와 합일되어 야 치유되는 병이다. 이유도 없고 되는 일도 없고 한없이 고통 이 찾아오는 까닭은 거기 내 속에서의 아우성과 내가 펼치려는 것과의 불협화음 때문이다. 타자 자아의 억압에서 존재 자아가 숨 막혀 죽겠다는 아우성이다.

무병이 심해지면 정신착란까지도 찾아온다. 무의식에 깃들어 있는 타자까지도 온전히 말소시키고 비로소 스스로에게서 비롯된 자신과 만나기까지 무병에서 치유되지 않는 지독한 운명을 타고난 이들이 있다.

　　스스로에게서 비롯된 자신을 신이라 하고 얼 사람이라 이름한다. 우리 모두의 고통은 그 같은 신과의 온전한 합일(신내림)이 찾아오기까지 멈추지 않을 것이다.

　　그것은 자기 자신으로 살고 싶은 이들의 열망이고 그들이 겪게 되는 숭고한 여정이다. 지금 내게 찾아온 원치 않는 그 모든 일은, 그 알 수 없는 고통은 바로 신에게 귀의하고 본래 자신에게 귀의하라는 신병이다. 자기 자신의 소리에 귀 기울이고 비로소 자신을 만나기 전에는 그 고통이 떠나지 않을 것이다.

　　화두는 찾아오는 것이고 찾아온 것을 묻고 또 묻는 것이지, 의문이 없는데 의문하려는 것은 고역이고 고행이다. 종교인들의 어리석음이다. 명상가들의 수고로움이다. 물론 처음엔 그렇게 헛다리를 짚어가며 들어서는 것이기도 하겠지만 말이다.

　　물음 속에서 경이로움을 경험하고 체험하는 것이 매일의 만나요, 매일매일 정신의 양식이다. 이는 타자가 제공하는 가르침이 아니라 하늘로부터(자신의 내적 하늘) 내리는 양식이다. 의식의 독립을 이뤄가기 위한 필수 코스인 셈이다. 비로소 존재 자아를 찾아가는 천로역정이다. 고단한 광야 생활에서 매 순간 찾아오는 간이역이고 오아시스인 셈이다.

　　존재 자아의 정신은 그렇게 익어간다. 마침내 더 이상 물음조차 필요 없는 만나가 멈추는 날까지의 여정이다. 히브리인들의 출애굽 이야기에서는 장장 사십 년의 여정으로 나타난다. 존재 자아의 숨결을 쉬며 존재 자아의 문턱에 다다른 셈이다. 광야 사십 년은 예수의 40일 광야의 금식과 상응한다. 금식이란 육체의 음식을 금하는 게 아니라, 바로의 생활 양식, 타자 자아의 방식에 대해 금식하는 것이다. 그것이 광야 40년이요, 40일 금식 기도의 메타포다.

이제 저 요단강을 건너야 비로소 각자의 이름을 따라 자기 땅을 분배받게 된다. 지금까지는 각자의 각자다움에 대한 성장통의 시간이고 파라오와의 오랜 운명을 떨쳐내는 시간이었다.

사람은 파라오가 제공하는 타자의 양식(떡)으로만 사는 게 아니라 자신의 깊은 곳(하늘에서 내리는)에서 들려오는 말씀(로고스)으로 사는 것을 알게 하는 과정이 곧 만나로부터 얻게 되는 신비한 경험이다. 아직도 타자 자아, 타자의 지배에서 벗어나지 못하고 있는가. 이게 뭐지? 묻고 또 묻는 물음이 찾아와야 타자 자아를 극복하는 길이 열린다.

그대는 목사님의 은혜로운 설교에 오늘도 감동하셨는가. 그 것은 하늘에서 내린 광야의 만나가 아니다. 유감스럽게도 타자 지배 곧 파라오의 양식이다. 잠시 풍요로울진 모르나 은혜로운 설교의 식민 백성에 머물게 된다. 정신은 풍요한듯하지만, 자신을 탈취당하고 있으니 빈곤이고 결핍이다. 구조적으로 그러하다.

설교의 은혜에 빠진 그대는 조상들이 알 수 없었던 것처럼 만나가 무엇인지 알지 못한다. 은혜가 더는 은혜가 아니어야 광야의 길을 떠날 수 있다. 광야를 지시하지 않는 설교는, 가나안을 향하지 않는 법문은 따라서 그냥 좋은 말일 뿐 예언이 될 수 없다. 종교의 형식을 취하고 있을 뿐 법문이거나 말씀 선포가 아니라 종교적 수다일 뿐이다. 종교적 수다와 잡담에 빠진 세인(世人)일 뿐이다.

만나는 그대의 심연 깊은 곳 지성소의 하늘에서 들려오는 꿀이 들어 있는 달콤한 양식이다. '이게 뭐지?'의 물음 속에서 만나게 되는 신비한 양식이다. 이 신비한 광야의 양식을 먹어보지 않고 어찌 정신의 독립이 찾아올 것이며, 그대의 그대다움 곧 존재 자아를 찾아갈 수 있을까.

# '그게 아닌데'와 '아하!'

인생의 자아의식은 타자에 의해 형성된다. 타자를 복제하고 거기에 자신의 욕망을 투영해 정체성을 세워간다. 하여 나는 이를 부득불 타자 자아(others-ego)라 이름하고 글을 쓴다.

이 모든 게 나의 본질적 자아와는 무관하게 형성된 것이고 내 의식의 주머니에 타자의 그림자가 자신들을 복제해 들어와 있다는 자각이 찾아오게 된다. 비록 혼란스럽더라도 미미한 형태지만 타자의 그림자를 자기 정체성으로 삼고 있던 기반이 와르르 무너지는 경험을 하게 된다. 그 모든 게 나와는 무관한 것이었고 나는 존재하지 않았으며 내 욕망의 토대 위에서 수용한 그 모든 게 도적과 강도였다는 사실에 놀라고 탄식하게 된다.

물론 이것은 모든 이들에게 드러나는 건 아니다. 정신의 여행을 하는 사람들에게 찾아오는 정체성 갈등이고 정체성 게임의 전환 과정이다. 타자의 식민 백성으로 살고 있었다는 절대적 절망과 자각. 그 모든 게 나와는 무관한 것이었으니 원인 무효 아닌가. 여기서 '나는 도대체 누구인가.' 비로소 정직하게 물어진다.

이것이 무의 체험이다. 무의 체험이란 성서의 문법에 따르면 십자가 경험이다. 처음 사람(타자 자아의 정체성)이 죽고 비로소 존재 자아(εἶναι-ego)에 눈뜨게 되는 순간이다.

의식의 개혁(διόρθωσις 히 9:10)은 거기서부터 시작된다. 의식의 개혁은 타자 자아의 죽음 체험이고 존재 자아의 숨 쉼이다. 성서는 이때 하는 호흡을 네샤마(생기)라 하고 그 코에 생기를 불어넣은 것이라 한다. 야웨의 숨결이란 비로소 존재 자아의 숨 쉼이다. 의식의 주머니에 있는 점령군 타자와 그들의 주도권, 왕권을 몰아내고 의식의 주권을 존재 자아가 회복하는 것이다. 따라서 비로소 주권을 회복하게 되니 옛사람들은 이를 일컬어 하나님 나라(kingdom of heaven)라 칭한다. 독립 국가요, 주권회복, 광복의 환희가 담겨 있음을 나타내주는 표기법이 소위 '하나님 나라'다. 제 얼굴과 제소리를 비로소 낼 수 있고 야웨(나는 나)의 통치가 비로소 행사되는 나라이기 때문이다.

제소리로 직립 보행이 시작되지만, 처음엔 자치규범이 제대로 형성되지 않아 의식의 직립 보행이 원활치 못하다. 서툴고 그 걸음도 늦어서 식민 백성의 근성이 찾아오곤 하지만 그렇더라도 타자 자아로 돌아갈 수는 결코 없다. 이미 홍해를 건너 바로(타자)의 지배에서 벗어나 광야의 길에 들어섰기 때문이다. 돌아갈 뱃길은 끊겼고 배도 없기 때문이다.

존재 자아는 타자의 지배 아래 있는 것이 익숙했던 식민근성을 일도에 베어버리고 남아 있는 습성마저도 광야에서 다 죽여야 하는 운명에 접어든다.

존재 자아는 자유요 환희요 탄성이다. 아울러 고난이다. 스스로 자기 걸음을 걸어야 하기 때문이다. 잠시 모세의 도움을 받을지라도 모세조차도 느보산에서 이별해야 한다. 이때의 모세는 애굽의 바로를 떠나게 하는 동기를 제공하고 독립을 촉진하는 광야 길의 잠시간 길라잡이일 뿐이다. 바로의 자리에 모세를 단순 교체한다면 존재 자아는 또다시 물거품이다.

인생은 길을 가게 마련이다. 떠나온 곳에 대한 미련을 붙잡고 있을 수 없다. 당장 찾아온 눈앞의 삶을 살아내야 하기 때문이다. 어둠의 그림자, 타자는 자기 지배력과 왕권을 지속해서 고수하려 한다.

존재 자아의 특징을 문장으로 압축 서술한다는 게 어리석음이긴 하지만, 타자 자아의 식민시절을 그 노예 시절과 비교한다면 특성을 수없이 나열할 수 있으리라.

하늘의 소리를 듣는다. 천둥과 번개로 비유되는 하늘 소리(하늘 피리)란 타자의 소리가 아니라 자기의식의 심연으로부터(하늘로부터) 번개가 치고 우레가 내리치는 소리에 귀 기울인다. 아무 소리도 안 들리고 오로지 자신의 소리만을 듣게 된다. 의식의 하늘, 대뇌피질 신경망에 기록되어 있는 기억을 소환하고 정보를 나열하는 의식활동만을 하는 게 아니다.

존재 자아의 독립선언은 의식의 세계에서 번개와 천둥을 통해 새로운 의식의 빛을 경험하게 된다. 모든 타자의 소리를 통해 작동되는 것은 멈추고 스스로 보는 눈을 새로 뜨게 된다. 눈멀고(止) 동시에 눈뜬다(觀). 독립된 의식이 작동하기 시작한다.

처음엔 어눌하더라도 제소리 제정신이 마침내 들게 된다. 이것이 자기 존재 경험이다. 그러므로 자기 존재 경험은 지금껏 경험하지 못한 성스러움이다. 온통 타자의 지배 아래에서 의식이 작동했던 것이 속된 것이라면 비로소 내가 나로 경험되는 것은 얼마나 놀라운 경험인가. 옛사람들은 이를 거룩하다(ἄγιος, holy)고 표현했다.

내가 나일 때, 나는 나로 존재하게 된다. 이를 생명(ζωή 조에)이라 한다. 나라고 하지만 내가 아닌 타인이 내 의식을 지배하고 있으면 나라고 지칭한다 할지라도 나는 존재하지 않으니 이를 성서는 사망 아래 있다고 하는 것이다. 성서에서 수없이 일컫고 있는 생명이란 그러므로 존재 자체를 의미한다.

존재 자아의 특성을 굳이 말해본다면 그 첫 번째 특성이, 아하 그렇구나 하는 의식의 자기 활동이다. 타자의 인큐베이터에서 탯줄이 잘려나가며 내지르는 소리이기도 하다. 끊임없이 반복하게 되는 것은 '그게 아닌데'와 '아하 그렇구나'다. 타자의 지배 소리에 대해서는 '그게 아닌데'와 동시에 자기 소리를 들으며 '아하 그렇구나'를 반복하게 된다.

나는 이를 존재 자아의 초기 특성이라고 말하고 싶다.

하늘과 땅이 캄캄한 어두움에 휩싸이게 되고(타자지배의 무화, 타자 자아의 무너져 내림) 흑암과 혼돈과 공허의 한밤중에 찾아오는 천둥과 번개를 시작으로 존재 자아가 개현 즉 열리기 시작한다. 의식의 자기 유래가 시작되는 것이다. 이때부터 카발라의 생명나무 비밀도 자연스럽게 풀린다. 이 부분이 열리지 않으면 카발라의 생명나무는 온통 흑마술과 백마술의 원전으로 도용되고 고삐 풀린 망아지처럼 혹세무민의 서판으로 좌충우돌한다.

# 의식의 하늘과 뿌리 올리기

　　번개와 천둥은 하늘에서 시작된다. 지진과 화산과 해일은 땅에서 시작된다. 존재 자아는 하늘에서 번개와 천둥이 일어나며 시작된다. 나팔 소리와 함께 타자 자아의 와해가 시작되며 하늘에 뿌리를 뻗는다. 뿌리를 올리는 것이다. 거꾸로 서 있는 나무와 같다. 존재 자아의식의 자기 발아가 시작된 것이다.

　　의식의 세계에서 씨알의 처음 싹인 셈이니 존재 자아의식이 비로소 개아(開芽)된 것이나 마찬가지다. 따라서 그 뿌리는 땅을 향해 있는 것이 아니라 위를 향해 있다. 하여 위로부터 시작되는 존재(ἐπιούσιος 에피우시오스)고 그 뿌리가 위를 향해 있으니 밑뿌리가 아니라 윗뿌리다. 선악의 밑뿌리(타자 자아)는 뿌리째 뽑아내고 생명의 윗뿌리(존재 자아)는 새로 올리는 것이다. 상투를 틀어 하늘을 향하게 하던 우리 민족의 상징에도 동일한 원형이 남아 있다. 북두의 밝은 별 칠성을 향하는 전통이 아닌가.

의식의 하늘과 의식의 땅이 있는 의식의 주머니, 하드웨어는 다름 아닌 머리(head)다. 머리카락은 하늘을 향해 있으면서 땅을 향한다. 존재 자아인 의식의 뿌리는 온전히 하늘을 향해 있고 뿌리가 흡수하는 자양분은 하늘로부터 온다. 심연의 하늘에서 비추는 천둥과 번개는 존재 자아의 첫 번째 생명 눈(씨)이다.

'그게 아니라면 뭐지?'라는 의문에 대한 존재 자아의식의 작용점(point)이 번개다. 번개가 빛이라면 뇌성은 빛이 비치는 순간 발하게 되는 소리다. 이와 동시에 하늘에서는 비가 내린다. 땅을 적신다.

번개와 천둥은 존재 자아의식 활동의 배아요 분화되기 전 힌트다. 아직은 개념으로 포착되지는 않지만 어두움 속에 비추는 확연한 빛이다. 이는 존재의 빛 그 처음이며 시작이고 동시에 존재 자아가 활동하는 인식의 근원이기도 하다. 존재 자아의 알파며 배아(胚芽) 세포다. 배아 세포는 배반포에서 수없이 분화되고 자란다. 존재 자아의 의식활동 역시 분화되고 존재의 꼴을 갖춰간다.

천둥과 번개는 존재의 시초요 근원이고 뿌리며 생명의 면류관이다. 뿌리가 위로 향하고 있으니 이는 마치 머리에 왕관을 쓴 것과 방불한다. 존재 자아의식 활동의 운영체계가 펼쳐지는 곳은 머리(Head)다. 머리에 타자 자아의 뿌리가 뽑히고 생명의 면류관(존재의 뿌리)이 새로 씌워진 셈이니 옛사람들은 이를 일컬어 케테르(왕관, 크라운)라 칭했다. 상투를 올린 것이나 마찬가지다. 우리 조상이 이를 상투로 상징화했다면, 히브리인들은 왕관으로 표기했다. 모든 생명의 싹이 트일 때도 그 모양은 왕관이다. 씨

눈이 싹을 틔우고 껍질을 깨고 배젖에 싸여 그 처음 모습을 드러낼 때도 왕관의 모습이다. 생명 있는 모든 것의 시작은 왕관으로 비유된다.

존재 자아는 번개와 천둥으로 빛이 비치면 이를 개념으로 포착하여 언어화하려는 특징을 갖는다. 번개에서 포착해 개념화할 때, 본능적으로 직관하게 된다. 이때 타자의 그것을 그대로 투영하는 것이 아니고 존재 자아가 독립적인 의식활동을 하게 되는데 이는 나무에 비유하면 첫 번째 떡잎이기도 하려니와 동시에 개념의 씨앗이어서 이를 직관지 혹은 지혜(חכמה 코크마)라 일컫는다. 우뇌의 창조적 직관 활동이라 하겠다. 의식의 직립 보행 그 첫걸음이고 한 발 내딛기인 셈이다.

존재 자아의 두 번째 특징은 빛이 비쳐 왔을 때 직관을 통해 개념으로 포착해가는 분화작업이 이루어진다는 점이다.

타자 자아의 지배에 의한 지식활동이 아니라 오로지 *스스로*의 의식활동에서 형성된 것이다. 그래서 히브리인들은 이를 일컬어 지혜(חכמה)라 이름한다. 존재 자아는 이렇게 점차 자기 존재를 확장해간다. 의식의 세계에서 일어나는 세포분열이고 기관(器官) 형성이다. 태아가 모태에서 장기와 손발과 머리가 만들어져 가는 원리와 다르지 않다.

존재 자아의 두 번째 특징은 지혜의 획득이며, 지혜 활동이 작동한다는 점이다. 존재 자아의식이 일깨워지면 끊임없이 존재 자아의 의식활동을 하게 된다. 독립적이고 주체적인 의식활동의 한쪽 잎이 지혜의 작동이다.

존재 자아의 빛나는 특징 중 하나다. 이 또한 타자 의존에 의한 지성 활동이 아니다. 타자 자아와는 현격히 구별된 의식이어서 거룩하다는 형용어가 가능하다. 성스러움이 서려 있는 신적 의식활동 중 하나인 셈이다.

존재 자아의 발걸음 떼기이다. 자기 존재를 이뤄가는 초기 현상이며 특징이다. 탈타자 자아와 함께 시작되는 의식의 자기유래 활동이다.

## 두물머리와 하나

존재 자아라고 할 때 존재란 의식의 세계에서 펼쳐지는 물음이다. 사유가 타자의 지배, 타자 자아 아래에 놓여 있으면 존재 자아는 존재하지 않는다. 내가 없는 나다. 몸은, 육체는, 내 앞의 수많은 존재자는 나와 상관없이 이미 거기 그렇게 존재한다.

존재 자아를 문제 삼는 것은 의식세계에서 나는 과연 나로 존재하는가의 문제이다. 나는 누구인가의 물음에서 육체는 단지 부분이다. 나를 물음 짓고 나에 관해 묻는 것은 육체의 나에 대해서가 아니다. 도대체 의식세계에서 나는 누구이고 동시에 무엇인가를 문제 삼는 것이다. 정신의 나는 과연 존재하는가와 내게서 일어나고 있는 의식활동이 도대체 비존재적 의식활동인가 아니면 존재하고 있는 의식활동인가를 묻고 또 묻는 것이다.

해서 코기토 에르고 숨, 즉 생각하기(노에인, voὲιν)가 존재하기라는 말이 성립한다. 이때 사유는 말하기(레게인)로 나타나게 마련이다. 말하기는 개념을 통해 나타나고 구현된다. 그러므로 코크마(지혜)는 레게인(λέγειν to say) 곧 말하기로 표출된다. 말하기로 표출되기에 개념화의 작업이 존재 자아의 의식활동에서 작동하기 마련이다.

말하기로 드러나기에 앞서 직관지는 충분히 숙성되고 그것이 과연 그러한가에 대한 더 깊은 이해의 과정을 거치게 된다. 전체와 관련해 직관으로 찾아온 그것이 과연 그러한가를 더욱 깊이 묻게 된다. 다시 말하면 되질문 하면서 의식의 새김 활동을 하게 된다. 초식동물이 되새김질하듯, 찾아온 직관지에 대해 더 깊이 묻고 또 묻는 의식 작용이 이뤄지면서 개념화 작업을 한다. 되새김과 발효 숙성을 통해 더욱 선명하고 분명해지면서 원만한 이해에 이르게 된다.

이해를 바탕으로, 개념화된 분명한 언어로 존재를 드러낸다. 노에인(νοέιν)과 레게인(λέγειν)이 이뤄진다. 생각하기와 말하기가 이뤄진다. 이를 히브리인들과 카발리스트는 이해(understand, 비나)라 칭한다. 성서의 언어로 이것을 총명(בִּינָה 비나)이라 일컫는다.

이해에 이르지 못하면 분명한 언어로 드러나지 않는다. 분명한 언어는 타자의 지배 아래에 있는 식민지 언어가 아니어서 말이 아니라 구별된 언어 곧 '로고스'가 된다. 로고스는 인식의 영역에서 존재 자아의 발현이고 존재 자아의 언어여서 존재 자아를 드러내는 빛이며 존재 자아의 존재를 드러내 준다. 비본질의 언어가 아닌 존재를 드러내는 본질의 언어이기에 로고스는 생명이다. 요한복음에 나타나는 로고스의 특징이다(<에덴의 뮈토스와

로고스> 도서출판 예랑, 김창호, 2021. '요한복음의 로고스' 편 참조).

요한복음은 신 존재를 '로고스'로 선포한다. 절대, 무한자, 우주 창조의 신이 아니라 '로고스'로 확언하는 책이다. 기독교는 신에 대해 유대교의 오류를 답습하고 많은 사상가는 요한복음의 로고스를 무한 실체, 절대자로 오해한다. 이는 '말씀이 곧 하나님'이라는 표현을 절대 존재의 신으로 이해하는 데서부터 시작된 것이다. 그 오해된 로고스를 중심으로 세계를 해석하려 한다. 거기서부터 서양 사유는 로고스를 중심에 놓고 선과 악을 나누고 흑과 백을 구분하려는 역사적 오류를 범하게 된다.

요한복음은 '말하기(레게인 λέγειν)'를 통해 드러나는 로고스가 곧 '신'이라는 점을 명확히 하려는 책이다.

자기 말하기는 존재하기에서 시작되고 생각하기를 통해 말하기가 이뤄진다. 따라서 말하기는 존재의 말하기이다. 이때 말하기를 통해 계시 되는 것이 로고스다. 즉 제말 하기를 통해 이해되고 드러나는 이치와 성리(性理)를 '로고스'라 한다. 기독교인들이 흔히 말하는 '구원'이 무엇이냐고 묻는다면 바로 '존재하기(to be)'를 일컫는다 하겠다.

따라서 로고스는 우주의 배후 존재로 있는 이치나 원리가 아니라 언제나 '존재하기' 개현의 과정에서 드러나는 사람들의 빛이고 생명이다. 로고스는 불변의 진리가 아니라 생동감으로 드러나는 그때마다 드러내 보임이다. 이를 데오스(Θεὸς)라 한다. 로고스는 다른 어디에 있는 게 아니다. 무소 부재하게 있는 게 아니다. 성서의 상징적 비유 언어를 따른다면 지성소의 법궤 안에 증거판으로 있다. 그곳은 지극한 마음의 자리이다(Holy the most place). 거기가 근원의 자리 곧 아르케(ἀρχή)다. 로고스는 그대에게 있고 나에게 있다. 그럴 때 우주 자연에도 있는 거다. 그대가 없고 내가 없으면 결코 우주 자연에는 아무것도 없다.

존재 자아의 빛나는 특성 중 또 하나는, 지혜로 찾아온 직관지를 그것으로 확정하지 않고 되묻는 과정을 통해 자기 언어로 드러날 때까지 이해를 추구한다는 것이다. 이것이 독립된 의식활동의 현상이다. 심장이 뛰는 것은 의지와 상관없다. 자율신경에 따라 의지와 상관없이 작동한다. 존재 자아의 자율신경, 의식의 자율신경이다. 의식의 세계도 육체와 마찬가지로 교감신경과 부교감신경의 상호작용에 따라 작동한다. 자율신경에 따라 활동하는 독립된 의식활동 때문에 도래한 이해, 이때의 이해는 타자의 설득에 의한 이해가 아니다. 억지로 지어 만든 이해가 아니라 자신의 의식활동과 지성의 작동으로 도달한 이해다.

따라서 깊은 이해는 존재를 존재하게 한다. 존재 자아의 또 다른 싹이고 또 다른 떡잎이다. 지혜 곧 직관지가 의식활동의 한걸음이라면 깊은 이해를 향해 서 있는 것은 두 번째 떡잎이다.

돈오(頓悟)와 함께 점수(漸修)의 과정이다. 돈오 한 것이 숙성되고 깊은 이해에 머무는 것이 점수(漸修)다. 따라서 돈오(頓悟)와 점수(漸修)는 둘이 아니라 하나다. 쌍떡잎이다. 모든 생명 있는 것들은 외떡잎으로 자라지 않는다. 의식의 생명작용도 마찬가지다.

이해란 언더 스탠드(Under stand)이다. 존재를 향해 있고 존재의 발아래에 서 있는 것이다. 직관을 통해 찾아온 지혜를 이해로 확장하는 것이다. 배아세포가 배반포에서 세포 분열하며 증식 활동을 통해 각각의 기관이 형성되는 이치와 다르지 않다.

존재 자아를 기반으로 자기만의 세계가 형성된다. 독립 국가, 주권국가의 주권자로 획득하는 이해다. 타자 자아의 태에서 숨 쉬던 것을 멈추고(탯줄을 잘라내고) 비로소 자가 호흡, 폐호흡의 숨 쉼이 시작된다.

존재 자아의 독립적 활동에 따라 찾아오는 이해는 마치 어머니의 마음과 같다. 모성이고 또 다른 존재 자아의 꼴을 이루기 위한 배반포의 역할을 한다. 의식활동의 새로운 확장과 존재 자아 정체성의 기관(器官)을 형성하기 위한 모태가 된다.

존재 자아 정체성은 단지 노에인(νοεῖν 생각하기)과 레게인(λέγειν 말하기)만으로 형성되는 게 아니다. 노에인(νοεῖν)과 레게인(λέγειν)은 존재 자아 정체성의 토대요 존재의 시작일 뿐이다. 단지 머리를 이룰 뿐이다.

인간은 머리만으로 구성된 게 아니다. 그러나 머리 없이 인간일 수도 없다. 나의 정체성은 단지 머리만일 수 없고 단지 몸만일 수 없다. 몸과 머리가 하나요 각자의 기관이 형성되어야 비로소 사람이고 비로소 사람의 정체성을 구성한다.

이처럼 존재 자아의 의식세계 정체성도 머리와 몸의 각 부분이 모여 자기 정체성을 이룬다. 번개와 지혜와 깊은 이해는 머리만을 이룰 뿐이다. 존재 자아의 더 깊은 특징들은 몸을 통해 완성을 이룬다. 존재 자아의 특징들은 단지 인식 활동에 한정되는 게 아니다. 이해를 토대로 한 또 다른 존재 자아의 특징들은 계속 나타날 수밖에 없다. 케테르와 코크마와 비나를 도해(圖解)로 표현하면 삼각형을 이룬다. 셋은 동시에 신경망이 상호 연결되어 있어 신경전달 물질이 흐르고 전기신호로 서로서로 주고받는다. 그 복잡한 신경망의 회로를 단순화시킨 것이 카발라의 생명나무다. 10개의 세피로트와 22개의 경로(Path)로 도해하고 있다.

옛사람들이 이해하고 있는 이해(悟性)에 대해 좀 더 살펴보자.

히브리어 비나는 한글 성경에서 총명, 명철이라 번역한다. 헬라어로는 σύνεσις(쉬네시스)라 한다. 쉬네시스는 συνίημι(쉬니에미)에서 유래했다. '마음으로 동참하다. 함께 놓다. 불러 모으다'는 의미다. 조금 더 살펴보면 함께 달리기(a running together)라거나 함께 흐르기(a flowing together)라는 의미로 사용하기도 했다.18)

마치 두물머리 양평에서 북한강과 남한강의 두 물이 합류해 하나의 강인 한 물(one river)로 흐르듯, 함께 흐르는 것을 일컬어 비나(명철, 혹은 총명)라 한다. 두 개의 강물이 만나서 하나로 흐르는 장소를 일컬어 '쉬네시스'라 했으니, 두물머리를 그리스의 옛사람들은 이해라고 한 셈이다. 한 강(韓江)은 동시에 일 강(壹江, one river)이라는 의미다. 의식의 활동에서도 두 물이 한 물로 합쳐지는 것, 그것이 이해다. 어떻게 함께 흐르고 어떤 과정을 통해 한강(이해하기)이 되는 걸까.

타자 자아, 타자지배 아래에서의 사유 활동에서 벗어나 독립된 주체적 존재 자아가 각성하면 어떤 과정을 거쳐 의식의 공장이 작동하는 걸까. 존재 자아의 의식활동은 스스로 돌아간다. 자율 공장이다. 이때 존재 자아는, 타자가 제공한 수많은 정보

---

18) Homer, Odyssey 10, 515

와 지식에 종속되어 그의 지성의 공장이 돌아가는 게 아니라는 점은 이미 반복해 언급했다.

'그게 아닌데~'라는 의문은 타자로부터 일방적으로 제공된 모든 정보와 도그마(지식)에 대해 근본적인 의문을 품으면서 자연스럽게 나타나는 현상이다. 타자가 제공한 모든 정보와 지식, 도그마를 자기 정체성으로 삼는 것은 더는 일어나지 않는다. 이미 지나왔고 떠나온 자리다.

자기 존재는 존재하지 않고 타자 존재의 식민 백성이었다는 사실이 드러나고 그것은 도대체 나와 상관없다는 것이 도래하고 나면 타자의 사유물로부터 자유롭다. 더 이상 종속되지 않는다. 그럼에도 존재 자아는 수많은 타자와 끊임없이 만나게 되고 그들이 이루어놓은 바닷속(세계)에서 산다. 그 안에서 분리된 채, 홀로 존재할 수 없다.

지식은 선하거나 악한 것이 아니다. 다만 타자가 제공하는 지식은 이미 폭력을 내재하고 있어 더는 폭력에 시달릴 수는 없다. 이제는 그가 그렇다고 해서 나도 그러해야 하는 게 아니다. 타자가 제공한 삶의 준칙이나 당위 법칙이 내 삶을 제어할 수 없다는 뜻이다. 그렇다고 내게 와 있던 타자가 제공한 정보와 지식이 삭제되는 것일까. 이미 찾아와 있던 삶의 준칙들은 무시되고 와해 되는 것일까.

존재 자아는 이 모든 걸 스스로 리폼하고 리셋한다. 예루살렘으로 상징되는 가치체계가 돌 하나도 돌 위에 남김없이 다 무너져 내리지만, 그것은 삼 일만에 다시 세워진다. 각종 도그마와 타자의 정점에 있던 신의 존재가 와해되고 그 자리에 자신의 신성성이 살아나게 된다. 타자의 정점에 있던 절대타자의 신 존재는 더 이상 내 삶을 제어하는 역할을 할 수 없고 도리어 내 안에서 나의 직관적인 의식활동과 만나 엘로힘으로 상징된 얼님이 하나의 강물로 살아나게 된다. 한 강(one river)을 이루게 되는데, 이때 수많은 타자의 소리와 이미 들어와 있던 기억들조차도 천둥과 번개 아래서 재탄생하게 된다.

존재 자아의 왕성한 의식활동은 두물머리 활동이다. 이를 이해라 하고 총명이라 한다. 명철이라고도 한다. 이러한 이해의 활동은 단지 수학적 논리 파악이 아니다. 존재 자아의 생명 활동이며 빛이 드러남이다. 이해란 인지 활동이고 더불어 정서적이고 심미적인 활동이 동시에 이루어지는 의식활동이다.

칸트가 말하는 인식주관의 통각점에서 이뤄지는 통합 활동이기도 하지만 단지 인식의 통합 활동만이 아니다. 이해 속에는 인식론적 개념 파악의 인식 활동뿐만 아니라 정서적, 심미적, 실천적인 씨앗 모두를 품고 있는 이해 활동이다. 거기에서는 사변이성과 실천이성이 나뉘지 않는다. 인식론과 가치철학이 구분되는 게 아니다.

두 물이 합쳐지는 한 강(one river) 속에는 각종 생물이 넘쳐나고 그 강가에 수많은 생물이 서식하는 이치와도 같다. '이해란' 바로 그와 같은 것이어서 수많은 생명을 잉태하고 또 낳는 만물의 어머니와 같다.

# 새로운 시선

비밀은 가부좌를 틀고 명상하면서 발견하는 게 아니다. 인생은 언제 어디서나 타자의 바다에 살고 있으며 그 속에서 자기 자신을 바라보게 된다. 타자 자아로 살다 존재 자아에 눈뜨게 되면 그 의식이 타자지배에 예속된 종속성으로부터 자유로워진다. 더는 지배당하지 않는다.

그럼에도 불구하고 인생은, 타자의 바다에서 벗어나서 살 수 있는 게 아니다. 존재 자아는 그 의식이 타자로부터 자유롭기에 타자를 향한 새로운 시선을 지닐 수 있게 된다. 힘의 질서, 기 싸움의 계급 질서로부터 자유롭게 되면서 타자를 향한 시선에도 혁명적 변화가 생긴다. 존재 자아를 회복하게 되면 더 이상 타자를 경쟁의 대상으로 보거나 혹은 기 싸움의 대상으로 삼지 않는다. 물론 피해의식으로부터도 자유롭고 그 반대인 우월의식으로부터도 자유롭다. 그 가치들이 지배하지 않게 된다. 그것은 동물의 세계에 나타나는 현상이고 우리의 의식이 동물의 힘의 질서로부터 자유롭게 되면서 비로소 자기 자신으로 숨을 쉬게 되고 '안식'이 무엇인지 '좋음(토브)'이 무엇인지 알게 된다.

타자로부터 벗어난다는 것은 타자의 바다에서 벗어나 산다는 의미가 아니다. 여전히 인생은 타자와 더불어 살고 여전히 인생은 그들과 더불어 일상의 삶을 영위한다. 그 속에 존재하고 그 속에 서 있다. 존재 자아는 타자의 그물망에 서 있으면서, 즉 그 세계 속에 내던져져 있고 빠져 있으면서 동시에 그것 밖에 서 있다. 그 속에 있으면서 동시에 그 속에 있지 않다.

이는 그 반대의 경우도 성립한다. 염려는 늘 그 자신을 향해 서게 하고 존재 자아를 향해 방향을 틀게 할 뿐만 아니라 존재 자아의 빛을 받으며 존재 자아에 단단히 서 있게 됨과 동시에 존재 자아 밖에 서 있다. 내가 나로 살게 되는 것을 향하여 서 있지만 나는 늘 나의 밖에 동시에 서 있는 것이다. 타자와 더불어 타자의 그물망에서 자기 자신을 향해 있기 때문이다. 인간의 실존은 따라서 하이데거의 말을 빌리면 내존(內存 In-sein)과 외존(外存 das Ek-sistiereende)인 셈이다. 그 안에 서 있으면서 동시에 그 밖에 서 있는 것이다. 앞서 말했듯, 역으로도 성립한다. 이것이 인간의 실존이다.

이는 무엇을 말하는 걸까. 삶은 이미 타자를 떠나 홀로 있을 수 없도록 조건 지어져 있다는 뜻이고, 문화와 전통에서 벗어나 있을 수 없다는 뜻이다. 그 일상은 이미 필연적으로 삶에 조건 지어져 있다. 물고기가 바다를 떠나 살 수 없는 것처럼 이미 와 있는 전통과 문화와 일상은 우리가 살고 있고 호흡하는 바다가 된다.

그럼에도 불구하고 전통과 일상에 놓여 있으면서 동시에 그것과 전혀 상관없이 자기 자신을 향해 눈 떠 가며 전통과 무관한 자신의 빛을 향해 서 있을 때 비로소 좋음이 발생하고 존재 곧 자기 자신의 있음에 전율하게 된다. 만일 자기 자신의 존재에 눈뜨지 않는다면 전통의 바다는 죽음의 바다일 뿐이다. 타자 자아에 빠져 일평생을 산다는 것은 사망과 다름없다. 육체는 살고 있으나 자기 정신은 없이 타자의 정신으로만 살고 있기 때문에 자기 존재의 부재로 육체를 살게 된다. 이때 육체는 타자의 정신을 배양하고 키워가는 배양실이거나 혹은 숙주 역할에만 충실하게 될 뿐이니 사망이 왕노릇 하는 것이다.

여기서 우리는 다시 눈 돌릴 필요가 있다. 존재 자아에 눈 뜨면서도 그가 여전히 마주치게 되는 일상과 타자의 세계는 도대체 무엇인가. 그것이 결별할 수도 없고 부정할 수도 없는 삶의 구조요 조건이라면 그것은 존재 자아와 어떤 관계를 맺는 것일까. 신비롭게도 그것은 존재 자아의 바다이면서 동시에 대지(大地)다. 존재 자아는 거기서부터 태어나고 거기에 뿌리 박고 자양분을 공급받는다. 우리가 내던져져 있는 일상의 세계는 은폐인 동시에 탈은폐의 세계다. 밝히 드러남은 일상의 은폐성에서부터 이뤄진다.

일상을 떠나 깊은 산중에서 온종일 가부좌를 틀면서 좌망(坐忘)에 이르려는 명상을 통해 진리가 드러나는 게 아니다. 탐진치는 일상에 언제나 도적처럼 도사리고 있고 일상의 삶에서, 만수산 드렁칡의 얽힘 가운데 그 정체가 탄로 난다. 전통을 통해 전승된 이기심들, 문화와 문명에 파고 들어가 우리의 무의식에 잠복해서 의식을 지배하려는 숨어있는 것들이 낱낱이 밝혀지는 것도 일상의 삶 가운데서 가능하다. 일상의 삶에서 그들은 출몰했다가 또 숨어든다. 따라서 비밀은 우리가 모두 빠져 있는 그곳에 있다. 거기서부터 자기 자신의 존재 자아를 발견하게 되고 존재 자아를 향하게 된다. 이것은 마치 시계추와 같아서 비본질과 본질 사이를 넘나들며 존재 자아를 키워간다. 각자의 됨됨이는 그 속에서 형성되고 드러나며 또 성숙해간다.

타자 자아에서 벗어나 존재 자아에 눈뜨게 되면 타자를 향해 새로운 시선을 갖게 되는데 이때 존재 자아는 타자와의 새로운 관계를 설정해간다. 이때 타자인 그도 그 자신을 향해 서 있게 되기를 염원하는 형태의 열망이 존재 자아에 발현된다. 성서에서 말하는 아가페란 비로소 그 언저리에서 나타나는 표현이라 하겠다. 모든 타자지배의 형태에 대해 강력히 저항하며 모두가 존재 자아를 향해 서 있기를 모든 존재 자아는 염려(기도)하게 된다. 존재 자아의 생명과 속성이 그러하다.

# 이해를 토대로 한 긍휼

비록 타자 자아의 숲에서 살고 있다 하더라도 존재 자아에 눈뜨게 되면 그의 정신세계는 독립적인 직립 보행이 시작된다. 온통 그가 사는 삶의 바다, 삶의 세계가 타자들로 둘러싸여 있고 그것에 매몰(빠져서)되어 살 수밖에 없음에도 불구하고 거기서부터 자기 자신을 향한 시선을 회복하게 될 때 일어나는 일들은 무엇일까.

이미 반복해서 언급한 대로 그 의식은 타자가 제공한 것이 아무리 바다를 이루고 숲을 이루고 산을 이뤄도 자기의식의 부재로 인한 불안을 떨쳐버릴 수 없다. 근본적으로 존재의 부재로 인한 존재 불안이 존재 자아에 눈뜨게 한다.

존재 자아에 눈뜨는 과정을 아인(אין), 아인 소프(אין סוף), 아인 소프 오르(אין סוף אור)로 카발리즘은 표현한다.

모세 오경에 등장하는 수많은 이야기나 제례가 지시하는 것도 결국 타자 자아에서 벗어나 존재 자아를 회복하는 이야기로 압축해서 도해(圖解)할 수 있다는 말이다.

이때 존재 자아의 빛나는 특징이 천둥과 번개(존재의 자각)며 직관을 통해 자각되는 코크마(지혜)다. 코크마가 남성성이라면 비나(명철 혹은 총명)는 여성성으로 표현할 수 있고 비로소 만물의 어머니로 상징화된다.

비나가 만물의 어머니라면 만물을 낳고 창조하는 근원이라 할 수 있다. 사실 카발리즘에서는 위의 셋을 하나로 표현해서 야웨로 상징하기도 한다. 비로소 나(I am)를 이뤄가는 근원이고 시작이다. 나를 창조하고 나를 낳는 아비고 어미인 셈이다.

이 셋(케테르, 코크마, 비나)은 나의 꼴(모양)을 낳고 키우는 토대요 근거며 근원이 된다. 이 셋은 존재 자아의 알파인 셈이고 존재 자아의 씨알이라 하겠다. 셋으로 나눠 말해보지만 결국 이들은 셋이 아니라 하나다. 삼위일체의 기본 원리와 골격이 거기에 있다. 비나가 만물을 낳고 창조하는 어머니라면 코크마는 비나에게 이해의 씨앗을 뿌려주는 아비인 셈이다. 만물은 눈 앞에 펼쳐진 자연 만물이거나 우리 앞에 현전하는 그 모든 것을 일컫는 게 아니다. 나를 나 되게 하는, 비로소 존재 자아의 전체 꼴을 이루게 하는 만물을 일컫는다. 소행성, 소우주의 세계에 깃들어 있는 만물(πάντα 판타)이다.

너무도 자주, 그리고 너무도 반복되는 것이 알 수 없는 물자체의 만물에 현혹되어 존재 자아에 창조되는 존재의 나를 이루는 의식계의 요소들인 만물을 망각한다.

이해(비나)는 도대체 무엇을 낳는다는 말인가. 여기서 이해란 단지 저 타자 속에서 평균화되고 일상화된 채 운위되고 있는 상식이거나 보편이 아니다. 도리어 평균적 일상으로 인해 은폐되고 덮여 있던 존재 자아의 이해 활동이다. 따라서 이해란 명사이기보다는 동사요 지속적인 이해와 앎의 역동성을 일컫는다. 사물 이해나 평균적 이해를 일컫는 게 아니다. 탈은폐 속에서 드러나는 것, 존재 자아의 빛 아래 비추는 만물을 만물로 바라보는 빛의 활동이 이해다.

이해의 활동력은 때마다 늘 새롭게 나타난다. 기억의 재생과 재인식의 단순 종합활동을 훨씬 넘어선다. 박제된 지식의 세계를 재가공하거나 재인식하는 활동이 아니다. 타자의 늪에 빠져 그들의 평균적 시각에 맞춘, 그런 빛에 의한 이해와는 전혀 상관없다.

공즉시색, 타자 자아의 이해를 끊임없이 지속적으로 무화(無化)시키며 공(空)의 바탕에서 즉, 전통이 제공한 편견과 선입관으로부터 자유로운 상태에서 찾아오는 의식의 자율활동에 의한 이해를 일컫는다. 그것은 공을 바탕으로 펼쳐지는 만물의 세계에 대한 존재 자아의 의식활동이다. 따라서 그것은 깨달음이라는 말로 서술할 수 없다. 물론 어떤 이는 깨달음이라는 말을 사용할 수도 있을 것이다. 무엇을 깨닫는 깨달음을 일컫기보다 존재 자아의 생명력이고 자기 세움의 세계다. 무엇을 어떻게 세우고 또 낳는 걸까. 비나(בינה 이해)는 만물의 어머니다. 낳고 낳으며 또 기르고 세우는 의식의 세계에 펼쳐지는 만물의 어머니다. 거기서 낳는 첫 번째 열매를 카발리스트들은 '케세드'라 한다.

케세드(חסד)는 뜨거운 심장 즉 가슴을 의미한다. 존재 자아의 빛나는 특징 네 번째는 코크마와 비나가 낳는 두 번째의 '나'를 향해 그 자녀를 낳게 되는데, 이해를 바탕으로 한 뜨거운 심장을 낳게 된다. 그러니까 나를 둘러싸고 있는 그 모든 존재자가 나를 나 되게 하기 위한 장치들로 구성되어 있다는 사실에 눈뜨게 된다. 거기 그렇게 있는 나와 관계하던 그 모든 사람에 대한 태도가 바뀐다. 그들 또한 그 무엇도 아닌 채로 있지 않고 평균적 일상으로부터, 타자에게 떠밀리는 것에서 벗어나 스스로 존재 자아를 회복해 자신으로 살아가도록 존재 자아의 회복을 염원하게 된다.

타인의 존재 자아의 창조를 염원한다는 것은 결국 자기 자신을 염원함이고 이것이 심장으로 상징되는 케세드(자비로움)라 한다. 네가 너 자신에게 길이며 네가 너 자신에게 진리며 네가 너 자신에게 생명이라는 이 엄중한 진언에 대해 나에게만 참이라고 일컫지 않는다. 내가 나에게 길이며 내가 나에게 진리며 내가 나에게 생명으로 드러나고 이해된 이들은 한결같이 그도 그에게 길이고 그도 그 자신에게 진리며 그도 그 자신에게 생명이라는 사실을 향하여 심장이 뛰게 마련이다. 케세드는 만물의 어머니인 비나가 낳는다. 케세드는 만물의 어머니인 비나가 창조한다. 이것이 얼마나 장엄하면 카발리스트들은 세피라 케세드를 그도라(גדולה, 가돌의 복수 여성형, 큰)라 그리기도 할까.

생각해 보라. 타인을 향해 지금까지는 지배와 혹은 피지배의 관계로 설정되었고, 이제는 잡담과 호기심과 애매함으로만 일관하던 것에서 벗어나게 된다. 물론 그 같은 삶의 구조로부터 완전히 떠나 있게 된다는 말은 아니다. 여전히 그 구조에 놓여 있다 하더라도 새로운 존재 자아의 시선에서 새로운 관계설정을 획득해가게 된다는 말이다. 오만에서 비롯된 긍휼이거나 자비가 아니다. 가진 자와 가지지 못한 자라는 이분법에서 비롯되는 노블레스 오블리주(noblesse oblige)가 아니다. 귀족의 사회적 책무와 같은 규범이 아니다. 노블레스 오블리주에 숨어있는 폭력성을 도리어 해체한다.

이해는 의식의 세계에, 정신의 세계에 얼을 발출시키고 작동시키는 심장을 창조(바라)하는데 타자 자아 곧 그들의 세계를 향해 갖게 되는 근원적인 태도의 변화를 낳는다. 케세드(자비)는 존재 자아 곧 독립적 의식활동의 심장인 셈이다. 만일 단지 앎이 앎으로만 남아 있고 타인의 존재 자아를 염려하는 심장이 뛰지 않는다면 앎은 앎이 아니다. 이해는 이해가 아니다. 타자 자아들이 일컫는 깨달음이거나 선과 악을 끊임없이 나누며 심판하는 지식일 뿐이다. 그것은 나로 하여금 나 되게 하거나 나답게 하지 않는다. 존재 자아와는 전혀 상관없는 세계요, 타자 자아들의 누가 큰지 도토리 키재기 논쟁의 연장에 서 있을 뿐이다.

만물의 어머니라 일컫는 이해는 비로소 나의 꼴을 점차 넓혀가게 되는데 비로소 존재 자아의 심장을 낳는다. 케세드(자비심)는 존재 자아의 심장이다.

아직도 존재 자아는 더 많은 순례의 길이 남아 있다. 이제 겨우 심장이 만들어졌을 뿐. 사람다운 사람, 존재의 나가 되어가는 길은 여전히 멀다. 태중의 태아가 열 달 동안 사람의 꼴을 갖춘 후 아이로 태어나듯, 의식의 세계에서 빚어가는 존재 자아는 여전히 타자 자아의 태중에서 잉태하고 꼴을 갖춰가며 각종 의식의 장기들을 만들어가고 있다.

그 의식세계에서 자기 자신을 낳고 키워가는 게 인생이 아닐까. 세계-내-존재(In-der-welt-sein)[19])라는 자궁에서 존재 자아의 의식이 싹틔워지고 꼴이 갖춰져 자기 존재와 정면으로 마주하기 위해 인생이 주어진 것은 아닐까.

대지의 어머니 비나(בִּינָה 총명, 이해)는, 타자 자아로 점철된 타자를 향하여 새로운 시선을 갖게 된다. 이때의 시선이란 타자 자아의 시선이 아니라 존재 자아의 시선이다. 타자를 향해서도 이해의 빛을 발휘한다. 약육강식의 시선, 경쟁과 갈등의 대상으로 바라보는 데서 벗어난다.

타자인 그도 존재 자아로 다시 태어나야 한다. 타자 자아에 종속되어 있다는 것이 무엇인지 충분히 이해한다. 이해 곧 비나는 기준을 해체한다. 기준은 늘 비판을 수반한다. 나의 기준은 내 눈에 박혀 있는 들보다. 인간이면 이래야 한다는 최소한의 기준조차도 비판과 비난의 근거로 작용하는 들보다. 동물의 세계에서는 힘과 최소한의 기준이라는 법(法)이 작동한다. 그러나 그것은 끝이 없다(endless). 총명의 눈은 자기 자신의 들보를 빼내고 타자를 존재로 대한다.

그리하여 이해는 긍휼을 낳는다. 자비를 낳는다. 배타심을 해체하고 자비심을 잉태한다. 생명나무는 케세드의 꽃을 피워내고 열매 맺는다. 인자(חֶסֶד 케세드)와 진리(אֱמֶת 에메트, 알레데이아)는 짝

---

19) 하이데거의 기초존재론에서 가장 핵심적인 개념은 현존재의 '세계-내-존재'인데, 여기서 세계는 자연 세계가 아니라 현존재를 둘러싼 실존론적 공간이다.

을 이룬다. 진리(ἀληθείας 탈은폐, 알레데이아)는 은혜(χάριτος 카리토스)와 함께 동반한다. 따라서 이해를 수반하지 않는 깨달음, 긍휼한 마음이 부재한 지식은 교만을 낳고 북방 곧 바빌론의 포로가 되어 강퍅함을 낳고 배타를 낳고 심판을 낳고 분쟁을 낳고 갈등을 낳고 전쟁을 낳고 사망을 낳는다.

도그마는 그 안에 살인 곧 사망을 배태하고 있다. 깨달음은 깊은 이해, 존재 아래 서 있는 총명을 통해 숙성되고 거기서 이해는 만물의 어미가 된다. 이해가 낳는 것은 자비심이다. 자비심은 이해가 낳는 위대한 아들이다. 케세드(자비)는 동시에 그 도라(תורה)다. 존재 자아는 단지 깨달음이나 이해만을 의미하지 않는다. 존재 자아의 기관(器官)은 아직 형성 중이다. 케테르와 깨달음, 그리고 이해는 이제 단지 존재 자아의 머리가 형성되었을 따름이다.

존재 자아의 몸은 케세드(그도라)에서 시작된다. 케세드의 어미는 비나(이해)요, 비나는 케세드를 잉태하고 낳는다. 존재 자아의 빛나는 특징에서 몸을 이루는 것은 자비의 마음에서부터 시작된다. 비나가 어머니라면 자비는 비나가 낳은 위대한 아들이다. 케세드는 이해가 낳은 것이고 그 근원이 지혜요 이해이기 때문에 결코 윤리와 도덕의 당위 법이 아니다. 지어 만든 율법과 계명을 좇는 게 아니다. 목숨을 바쳐 사랑하겠다는 인위의 법이 될 수 없다. 존재 자아의 크기와 성숙, 그만큼만 존재로 드러나는 꽃이고 향기일 뿐이다.

# 가브리엘과 권위

가브리엘(גַּבְרִיאֵל Γαβριήλ)은 '하나님은 나의 힘'이라는 뜻이다. 신약성서에서는 수태고지, 아들을 낳을 것이라는 소식을 전해주는 천사로 등장한다.

다니엘 선지자에게 두 번, 정한 때 끝에 관한 일에 대한 이상(異象)을 보이고(단 8:16), 지혜와 총명을 주기 위해 나타났다. 사가랴 제사장에게 그의 아내 엘리사벳이 아들 낳을 것을(눅 1:11-19) 예고하러, 또 처녀 마리아에게 예수 탄생을 예고하러 나타난 천사장이다(눅 1:26,33).

케세드 자비 곧 사랑(아가페)은 힘을 낳는다. 이때의 힘은 권력이 아니다. 존재 자아가 발휘하는 힘이고 사랑(케세드)이 낳는 힘이다. 권력과 구별된 권위라 할 수 있다.

케세드는 힘을 낳는다. 긍휼히 여기는 마음은 타자로부터 신뢰를 획득하고 신뢰의 축적에서 권위가 탄생한다. 따라서 게부라(능력)는 존재가 낳는 힘이고 케세드가 잉태하고 출산하는 능력이다.

게부라(גְּבוּרָה mighty strength)가 힘이라면 가브리엘은 하나님은 나의 힘의 의미가 있는 천사다. 남을 승복(承服)케 하고 참으로 그러함을 긍정케 하는, 다시 말해 믿음을 끌어내는 힘이다. 게부라의 어원을 추적하면 가바르(גבר)에서 유래했고 가브리엘과 어원이 같음을 알 수 있다. 헬라어로는 엑수시아(ἐξουσία)로 번역하고 이는 권위를 의미한다. Rule over, 즉 외부의 지배가 아니라 Rule in, 곧 안에서의 힘이며 밖에서 억압의 힘으로 다스리는 게 아니라, 안에서 마음의 동함을 일으켜 움직이게 하는 힘이다. 선동과 격동 때문에 움직이는 힘이 아니라 참으로 그러함(아만, 믿음)을 불러일으켜(起信) 움직이게 하는 힘이다. 다시 말해 믿음을 불러일으켜 큰 수레를 이끌게 하는 힘이라 하겠다(大乘起信). 이 같은 힘은 케세드가 낳고 또 관계성에서 함께 불러일으키는 힘이다. 안에서 맺히는 힘인 동시에 밖을 향해서 비추는 빛이라 할 수 있다.

이는 그 가르치시는 것이 권세(ἐξουσία) 있는 자와 같고
저희 서기관들과 같지 아니함일러라(마 7:29)

산상수훈은 제자들에게 아들이 있을 것을 예언하는 것이고 그때 예수는 그들에게 가브리엘이다. 옛사람들의 지혜가 돋보이는 상징체계라 하겠다. 게부라의 권위는 아들을 낳을 것이라는 수태고지, 곧 존재 자아의 탄생을 고지하는 능력이다. 타자를

향해 존재 자아의 탄생을 고지하고 그 소식을 전하는 힘을 기본으로 한다. 타자를 향해 타자 자아에 종속된 삶을 청산하고 존재 자아를 향해 눈 돌리게 하는 힘이다.

하여 위에 있는 힘이고 위에 있는 권세라 칭할 수 있다.

자녀들을 향한 어머니의 마음(케세드)이 어머니의 권위를 형성하는 원리와 같다. 자녀들은 세상에서 어떤 권력을 갖고 있다 해도 어머니의 자애로운 미소 앞에 권력의 힘을 내세우지 않는다. 어머니의 권위는 오히려 그 모든 권력을 해체한다. 존재 자아의 힘은 재력, 학력, 권력, 그 밖의 힘을 내세우는 모든 것을 해체한다. 케세드가 잉태하고 낳는 힘인 게부라는 존재 자아의 위대함이요 생명나무의 열매다.

존재 자아가 갖는 힘은 재물이나 권력이 가져다주는 힘과는 전혀 상관없다. 세상의 모든 질서는 힘을 중심으로 서열을 나누고 기세를 중심으로 계급을 형성한다.

존재 자아의 빛나는 특징, 머리가 형성되고 이어서 몸을 구성하는 두 번째 지체는 케세드가 낳는 힘(권세)이다. 게부라요 가브리엘이다. 존재 자아를 키워가는 힘이고 타자와의 세계를 넓혀가는 신력(神力, 신성의 힘, 거룩한 힘)이다.

케세드의 향기와 비례해서 힘은 배가된다. 게부라의 힘은 케세드와 균형을 이루면서 존재 자아의 몸을 튼실하게 형성해간다.

# 아름다움(美)

주는 그들의 힘의 영광(תפארת)이심이라 우리의 뿔(horn)이
주의 은총으로 높아지오리니(시 89:17)
존귀와 위엄이 그 앞에 있으며 능력과 아름다움(תפארת)이
그 성소에 있도다(시 96:6)
젊은 자의 영화는 그의 힘이요 늙은 자의 아름다움은 백
발이니라(잠 20:29)


존재 자아의 진정한 아름다움은 지혜와 이해를 따라 자비와
그로 인해 형성된 자기 존재가 갖는 힘의 균형에서 비롯된다.
인문(人文)의 문양이 비로소 그려진다.

다윗의 육각별 역삼각형(trinity)의 하단 꼭짓점은 육각별(헥사그
램)을 완성하는 빛나는 점(point)이다. 좌우의 균형과 조화를 이룰
때 아름다움은 아름다움(美)이 된다.

자비심(케세드)은 감성적 영역이다. 긍휼히 여기는 마음의 정
서가 깊어진다. 전체를 조망하는 이해(비나)가 케세드를 낳고 케
세드가 게부라(힘, 권세)를 낳는다. 의식의 세포분열을 통해 존재
자아의 꼴(모양)을 이루어간다.

케세드는 존재 자아의 몸을 여는 문이다. 존재 자아의 머리
(케테르, 코크마, 비나)가 먼저 형성되고 이것이 주체가 되어 몸을 낳

고 또 낳는다. 이때의 몸은 타자 자아로부터 독립된 각각의 개성을 지닌 유일하고도 독특한 몸이다.

　머리 형성(형상)이 삼 일 길이고 몸꼴(모양) 이룸이 삼 일 길이다. 6일 창조의 시간을 거쳐 7일을 맞이한다. 형상이 모양을 낳고 모양을 통해 형상은 완성을 이룬다. 뜻은 하늘에서뿐만 아니라 땅에서도 이루어져야 한다. 머리는 몸의 근원이 되고 몸은 머리를 머리 되게 한다. 존재 자아의 창조세계는 이렇게 자비와 권세와 아름다움으로 열린다. 이는 온전히 자신의 세계로, 존재 자아의 꼴로 창조되는 창조의 위대함이다. 진정한 아름다움은 이 조화 속에서 탄생한다. 진(眞)과 선(善)이 미(美)를 낳고 미(美)가 진선(眞善)을 완성한다. 여기서 진은 머리고 선은 케세드와 게부라로 칭할 수 있는 존재 자아의 몸을 일컫는다. 미가 정점을 이룬다. 이는 셋이자 동시에 하나다.

　인간의 욕망을 부추겨 승승장구하는 종교의 한계는 분명하며 그 종말 또한 멀지 않았다. 서구신학은 효력을 다하고 있고 유효기간은 끝났고 유통기한 역시 멀지 않았다.

　자비는 남성이다. 자비의 씨를 받아 어미의 마음과 같은 힘, '게부라'를 낳는다. 자비와 힘의 조화가 아름다움이며 영광스러움이다. 자비와 힘의 조화만이 아니라, 머리와 몸의 조화가 영광스러움이고 아름다움이다.

　존재의 존재 됨이 창조되어가는 과정이다. 여기서 아름다움, 미(美)의 원형을 엿볼 수 있다. 모든 아름다움의 원천은 티페레트다. 각자의 각자다움과 각자답게를 창조한다. 아름다움의 개성이 창조된다. 이 모두는 야웨에 의해서 창조된다. '에히야 아쉘 에히야' '나는 나다'라는 새로운 인식이 싹트고 발현되면서 존재가 성글어가는 과정이며 마음의 세계가 여물어가는 과정이다. 신적 인식은 긍휼히 여기는 마음의 에너지를 작동하고 그 마음을 받아서 숙성시키며 야웨의 힘, 마음의 근육을 형성한다. 케세드와 게부라가 조화롭게 작동되도록 균형 잡힌 마음을 낳고 키워가는 것이 아름다움이고 근원적인 미(美)라 하겠다.

교감신경과 부교감신경의 조화로운 작용처럼 정신계의 교감, 부교감신경이다. 티페레트는 마치 자율신경계의 길항작용과 같다. 중추 신경계와 말초 신경계를 완성하고 교감신경과 부교감신경의 균형을 잡아주는 것에 비유할 수 있다.

이는 마치 태아가 처음 수정 후 수없이 세포 분열하며 오장육부와 머리, 손과 발을 만들어가며 육체의 사람을 형성해가는 원리와 같다. 이전에 형성된 의식의 세계가 새롭게 다시 태어나 존재의 사람으로 지어가는 과정이다.

의식의 세계가, 즉 자신의 자신 됨이 새로 태어나고 형성해가며 그 정신세계가 새롭게 태어나는 과정이다. 인간의 무늬(人紋)가 그 내면에서 이뤄져 가는 그림이다.

존재 사유란 우리의 의식세계가 존재와 만나 존재로 드러나는 과정에 대한 사유다. 그것은 의식을 대상으로 한 사유와 다르다. 의식을 하나의 존재자로 놓고 그 존재자를 관찰하는 존재자 사유와는 다르다. 정신분석학이나 심리학과는 근본적으로 다르다.

# 욥과 인내

 

 

연대와 저자가 불분명한 욥기는 지혜문학의 오래된 문서로 여겨진다. 탈무드는 저자가 모세라고 하기도 한다. 욥이 실제 했던 인물인가 가공인물인가는 중요치 않다. 욥기 문학에서 독자가 무엇을 읽어낼 것이며, 오늘 우리에게 어떤 의미인가 하는지만 중요할 뿐이다. 과연 지혜의 문서라 칭해도 되는가. 이 책의 이야기 구조에서 무엇이 지혜의 본질이고 참인가.

욥이라는 이름은 '미움받은 자', '적을 가진 자' 등 여러 해석이 있다. 동방의 의인이라고 칭하고 있으니 현자요 성자로 추앙받던 실제 인물이 모델일 수도 있다. 의인은 그 의식에 이미 그 반대의 사람, 악이 자리 잡고 있다. 저자는 욥을 순전하고 정직하여 하나님을 경외하며 악에서 떠난 자(욥 1:1)로 소개한다.

우스 땅에 욥이라 이름하는 사람이 있었는데 그 사람은

순전하고 정직하여 하나님을 경외하며 악에서 떠난 자더라(욥 1:1)

처음 소개하는 문장부터 현혹되어서는 곤란하다. 작가는 의도적으로 첫 문장부터 선악의 관점에서 욥을 소개하고 있다. 순전하고 정직하여 하나님을 경외하며 악에서 떠난 자라는 표현이야말로 철저히 이분법적이고 선악의 논법이다.

왜 그럴까. 모든 인생은 현자와 성인에 대한 분류를 선악의 관점에서 파악하려 하기 때문이다. 어느 종교냐와 상관없이 모든 종교의 바탕에는 그 같은 관점이 깔려있다. 신관이 형성되면서 하나님은 선을 좋아하시고 악을 멀리하는 존재로 은연중 이해하려 한다. 여기서 작가의 탁월한 인물 설정을 엿볼 수 있는데, 모든 인생이 추앙하고 또 마침내 자신도 이루고 싶은 지점에 욥이라는 인물을 배치하고 있다.

욥은 선악의 세계에서 선의 가장 완성도 있는 사람이라는데서부터 이야기가 시작된다. 종교적으로 흠 없는 인물로 묘사하면서 이야기를 전개한다.

그의 친구 세 명이 등장한다. 이들 역시 선악의 세계관에 함몰된 인물들이다. 각자 신에 대한 나름의 이해를 갖고 등장한다. 욥의 친구들이 아닌가. 그 눈높이는 욥과 크게 다르지 않다. 깊은 신앙심을 갖고 있고 존경받는 인물이었음에 틀림이 없다. 욥과 마주 보며 대등하게 토론할 수준이 된다는 얘기다.

그런데 문제가 생겼다. 특별한 일 없이 존경과 부러움의 대상이었던 욥에게 일이 발생한 것이다. 가세가 기울고 자녀와 아내까지 잃게 되는 큰 불행이 닥친 것이다. 이 사태 앞에 그동안 견지해온 욥의 신앙에 대한 큰 의문과 논란이 시작된다.

선하고 의로운 사람에게는 불행이 아니라 축복이 있어야 한다. 이것은 모든 신앙생활의 바탕에 도사리고 있다. 욥은 순전하고 정직하며 하나님을 경외하고 악으로부터 떠나 있으니 당연히 하나님이 그를 축복하여야 하고 늘 행복해야 맞다. 그런데 애초부터 존재하지 않는 이 공식이 깨졌다. 종교심의 기저에 막연한 관념으로만 존재하는 공식 깨졌다. 어쨌든 그에게 불행이 닥친 것이다. 도대체 원인이 무엇인가. 네 명이 열띤 토론을 시작한다.

이게 욥기다. 토론을 통해 각자가 논증하는 그들의 하나님에 대한 이해를 살펴볼 수 있다. 거기엔 선악 논쟁이 반복될 뿐이다. 논리는 모두가 뛰어나다. 욥기서는 신학 토론서다. 신에 대한 논쟁과 다름없다. 도토리 키재기와 같은 신에 대한 서로 간의 이해가 칼춤을 추며 공중에서 날아다닌다.

이 같은 인간의 처절한 실존을 네 유형 혹은 다섯 유형으로 그려내고 있다는 데서 욥기 문학의 탁월성이 있다. 선악의 세계에서 신에 대해 이해하는 인간 유형을 대부분 수렴해내고 있다. 욥기를 수월하게 읽어내려면 네 신학자가 그럴듯하게 벌이는 정교하고 정밀한 토론 내용을 선악의 관점이 아닌 생명의 관점에서 지켜볼 수 있어야 한다. 선악의 세계는 끝없는 시시비비로 밤을 새운다. 네 사람 모두 거기 머물고 있으면서 땅의 지혜로 신을 분석(난도질)하는 내용이다. 그들의 토론은 각자가 원하는 하나님을 정교히 말하는 것에 불과하다.

후반부에서 제3의 시각이 등장하고 이를 통해 욥이 이전의 신관을 극복하는 것으로 이야기는 마무리된다. 욥은 계율에 누구보다도 충실하다가 거기서 빠져나와 생명의 세계로 발걸음을 옮기는 처절한 모습을 보여준다. 파계와 환속의 과정이라고 해야 할까. 환속이라 해서 속된 것일까. 결코 그렇지 않다. 욥기는 동방의 의인이라고 대내외에 포장된 종교적 괴물이 가면을 벗고 비로소 사람 되는 과정을 신학적 서사로 그리고 있는 한 편의 지혜문학이다.

욥을 포함한 장로들의 끝없는 신학적 주장들은 엘리후라는 소년에 의해 단칼에 후려침을 당한다. 엘리후(אֱלִיהוּא)! 이름이 의미하는 바는 '그가 나의 하나님이다(He is (my) God)'는 뜻이다. 그러니까 지금 네 사람의 토론 가운데 등장하는 하나님은 나의 하나님이 아니다. 다른 엘로힘이고 다른 야웨다. 엘리후의 하나님은 '그가 곧 나다'와 상통하는데, 여기서 엘리후의 '그'는 곧 지성소에 있는 '자기 자신'이다. '그'를 엘리후는 자신의 '하나님'으로 여긴다. 존재 자아와 맞닿아 있다.

욥이 스스로 의롭게 여기므로 그 세 사람의 대답이 그치매 람 족속 부스 사람 바라겔의 아들 엘리후가 노를 발하니 그가 욥에게 노를 발함은 욥이 하나님보다 자기가 의롭다 함이요(욥의 의는 하나님과 상관없는 하나님을 떠난 의다) 또 세 친구에게 노를 발함은 그들이 능히 대답지는 못하여도 욥을 정죄함이라 엘리후가 그들의 나이 자기보다 많으므로 욥에게 말하기를 참고 있다가 세 사람의 입에 대답이 없음을 보고 노를 발하니라 부스 사람 바라겔의 아들 엘리후가 발언하여 가로되 나는 연소하고 당신들은 연로하므로 참고 나의 의견을 감히 진술치 못하였노라 내가 말하기를 날이 많은 자가 말을 낼 것이요 해가 오랜 자가 지혜를 가르칠 것이라 하였으나 사람의 속에는 심령이 있고 전능자의 기운이 사람에게 총명을 주시나니 대인이라고 지혜로운 것이 아니요 노인이라고 공의를 깨닫는 것이 아니라 그러므로 내가 말하노니 내 말을 들으라 나도 내 의견을 보이리라 내가 당신들의 말을 기다렸고 당신들이 할 말을 합당하도록 하여보는 동안에 그 변론에 내 귀를 기울였더니 자세히 들은즉 당신들 가운데 욥을 꺾어 그 말을 대답하는 자가 없도다 당신들이 혹시라도 말하기를 우리가 지혜를 진상을 파악했으나 그를 이길 자는 하나님 이시요 사람이 아니라 하지 말지니라 그가 내게 말을 내지 아니하였으니 나도 당신들의 말처럼 그에게 대답지 아니하리라 그들이 놀라서 다시 대답하지 못하니 할 말이 없음이었더라 그들이 말이 없이 가만히 서서 다시 대답지 아니한즉 내가 어찌 더 기다리랴 나도 내 본분대로 대답하고 나도 내 의향을 보이리니 내게 말이 가득하고 내 심령이 나를 강박함이니라 보라 내 가슴은 봉한 포도주 같고 새 가죽 부대가 터지게 됨 같구나 내가 말을 발하여야 시원할 것이라 내 입을 열어 대답하리라 나는 결코 사람의 낯을 보지 아니하며 사람에게 아첨하지 아니하나니 이는 아첨할 줄을 알지 못함이라 만일 그리하면 나를 지으

신 자가 속히 나를 취하시리로다(욥 32장)

욥이 하나님보다 의롭다 했다고 한 번역은 오역이다. 엘레후의 사자후는 욥이 하나님보다 의롭다고 해서가 아니라 욥이 말하는 의는 하나님과는 상관이 없는 자기의 혼에 토대한, 즉 제생각에 빠진 의에 불과하다고 지적한다(עַל־צַדְּקוֹ נַפְשׁוֹ מֵאֱלֹהִים, 알 차데코 나페쇼 메엘로힘). 신약의 표현을 빌려 말하면 네 명의 신학자, 네 명의 장로들이 저마다 자기 육신의 생각에 따른 의를 주장하면서 난상토론 할 뿐이라는 거다. 도마복음에는 노인과 어린아이를 대비시켜 노인은 어린아이에게 생명의 처소에 관해 묻기를 주저하지 말라고 한다. 욥기 32장은 대인이라고 지혜로운 것이 아니요, 노인이 공의를 깨닫는 것이 아님을 여실하게 드러내고 있다. 도리어 어린아이 엘리후에게 귀를 기울이는 것, 생명의 처소에 관해 묻는 것, 욥기는 이를 잘 보여주는 책이다.

욥은 그의 신학적 이론의 끝에서 엘리후의 소리를 듣게 된다. 타자 자아의 끝없는 논쟁과 변론으로부터 비로소 벗어나게 된다. 이를 야고보는 욥의 인내라고 평한다.

보라 인내하는 자를 우리가 복되다 하나니 너희가 욥의
인내를 들었고 주께서 주신 결말을 보았거니와 주는 가장
자비하시고 긍휼히 여기는 자시니라(약 5:11)

인내(ὑπομονή, 휘포모네)란 '아래에 머무는 것'을 말한다. 혹은 '뒤에 머뭄'이다. 휘포메노(ὑπο+μένω)는 네차다. 욥기로 말하면 31

장까지의 욥은 뒤에 머물기보다는 그 반대다. 누구보다 의에 앞장서다 보니 스스로의 의로움에 취하게 된다. 엘리후의 일갈을 듣고서야 비로소 물러나 뒤에 서게 된다. 거기서 엘리후의 하나님과 대면하게 된다. 소리로만 듣던 하나님의 얼굴을 마주하게 된다. 얼굴과 얼굴로 마주하며 마침내 존재 자아의 길에 서서 자비와 긍휼히 여김을 받는 자리에 다다른다. 존재 자아의 빛나는 특징은 휴포모네요, 네차다. 스스로의 의로부터 물러나 존재 아래 서게 되며, 비로소 존재의 배(胚)가 든든히 채워진다. 뒤로 물러나 머뭄은 도리어 이김으로 안내한다. 아름다움, 티페레트는 인내를 낳는다. 인내는 영원을 향한다. 여기서 영원이란 시간의 영원을 의미하는 게 아니다. 썩어질 것에서 썩지 아니할 것을 얻게 되는 의미의 영원이다.

존재 자아는 비로소 타자 자아에서 존재 자아로 이행하게 되는 것이고, 새롭게 우뚝 서는 섬(ἀνάστασις, a standing up)이 된다. 성서는 부활로 표현하기도 하고, 이를 일러 구원이라고 이름한다.

# 존엄

(다윗의 시, 영장으로 깃딧에 맞춘 노래) 여호와 우리 주
여 주의 이름이 온 땅에 어찌 그리 아름다운지요 주의 영
광을 하늘 위에 두셨나이다(시 8:1)

네차크를 통해 도달하는 곳, 욥이 성취한 지점에 주의 영광
이 있다. 비로소 친구들을 위한 번제를 드릴 수 있었다. 친구들
과 화해를 할 수 있는 것은 주의 영광이 하늘 위에 있음을 알
고 나서다. 욥의 의로는 하나님을 감당할 수 없다는 걸 알게
되기까지 얼마나 긴 세월이 필요한 것일까. 오직 영광은 하늘
위에 있다는 것, 존재 자아는 하늘이고 지성소의 빛이다. 비로
소 내가 나가 되는 길 위에 신의 영광이 머문다. 타자 자아의
의로는 아무것도 이루어낼 수 없음이다. 타자 자아의 애씀으로
도달할 수 있는 것은 없다. 거기에 잠시 찾아오는 영광은 파도
의 포말에 불과하고 잠시 있다가 사라지는 것들일 뿐이다. 인생
을 견고케 하는 것은 하늘 위에 있다. 영광은 지성소의 빛에서
빛난다. 존재 자아의 특징은 하늘 위에 있는 것이 땅에서도 이

루어지기를 희망하는 것을 향한다.

욥이 친구들을 위해 번제를 드릴 수 있었던 것처럼, 욥의 의로는 친구들과 끝없는 쟁론, 논쟁할 수밖에 없고 서로가 정죄하며 심판할 수밖에 없는 끝없는 논쟁의 세계가 아니었던가. 입을 닫고 영광은 오직 그곳에 있다는 사실을 목도 하고서야 인생은 새로워진다.

> 주의 구원으로 그 영광을 크게 하시고 존귀와 위엄으로
> 저에게 입히시나이다(시 21:6)

이 문장에서 존귀(הוד, Honor)와 위엄으로 저에게 입히시나이다, 의 존귀가 호드 곧 영광이다. 따라서 호드는 영광(glory)이기도 하려니와 사실은 존귀함이고 존엄이다. 인간의 진정한 존엄의 빛은 존재 자아에서 빛난다. 그 무엇으로부터도 영예로움과 존귀의 가치를 얻지 못한다. 땅에 있는 부와 귀, 지식의 소산물로부터 영광을 취하지 못한다. 자기 자신의 자신 됨에서 찾아오는 영광과 존귀는 타인에게서 비롯된 게 아니다.

> 존귀와 위엄이 그 앞에 있으며 능력과 아름다움이 그 성
> 소에 있도다(시 96:6)

존귀가 그 성소에 있음을 아는 자들은 인생을 통해, 타자 자아의 성취를 통해 존귀를 구하지 않는다. 자기 자신의 본질적

됨됨이가 자신에게 입혀지는 존귀임을 노래할 뿐이다. 오히려 땅에서 구하는 존귀를 혁파하는 힘이 배양된다. 타인을 통해 존귀를 구하지 않는다.

너는 위엄과 존귀로 스스로 꾸미며 영광과 화미를 스스로 입을지니라 너의 넘치는 노를 쏟아서 교만한 자를 발견하여 낱낱이 낮추되 곧 모든 교만한 자를 발견하여 낮추며 악인을 그 처소에서 밟아서 그들을 함께 진토에 묻고 그 얼굴을 싸서 어둑한 곳에 둘지니라 그리하면 네 오른손이 너를 구원할 수 있다고 내가 인정하리라(욥 40:10-14)

땅에서 구하는 영광과 존귀에 대하여는 넘치는 노를 쏟아 교만한 자를 낱낱이 낮추고 악인을 그 처소에서 밟아 그들을 함께 진토에 묻는다면 네 오른손이 너를 구원할 수 있다고, 내가 인정하리라고 예언한다.

존재 자아의 빛나는 특징은, 영광을 땅에서 취하려는 것에 넘치는 노를 쏟아내며, 영광과 존귀는 하늘 위에 있다는 것을 노래한다.

# 비로소 씨알, 그 토대

회리바람이 지나가면 악인은 없어져도 의인은 영원한 기
초 같으니라(잠 10:25)
거룩한 산 위에 잡으신 그 터전(시 87:1 공동번역)

시인은 노래합니다.
(고라 자손의 시 곧 노래) 그 기지가 성산에 있음이여 여호
와께서 야곱의 모든 거처보다 시온의 문들을 사랑하시는
도다……(셀라) 노래하는 자와 춤추는 자는 말하기를 나의
모든 근원이 네게 있다 하리로다(시 87편)

우리의 토대는 어디일까. 나는 어디에서 왔을까. 사람들은
흔히 말한다. 인생은 어디에서 와서 어디로 가는지 모른다고 그
무상과 허무를 노래한다. 육체의 노래일 따름이다.

우리가 어디에서 왔을까 묻는 물음은 존재의 물음이다. 나의
정신이 나로 존재하게 되는 그 근원은 어디인가를 묻는 물음이
다. 이 육체는 부모에게서 왔고, 때가 되면 땅으로 돌아간다.
우리가 묻는 물음은 우리의 정신의 아이덴티티가 어디에 있느
냐다. 땅으로부터 왔는가 아니면 하늘로부터 왔는가. 타자 자아
는 땅에서 왔다. 타자에게서 왔다. 존재 자아에겐 자신이 어디
에서 왔고 무엇으로부터 유래했는지 분명하다. 자기 자신의 깊

은 지성소에서 비롯되었고, 그곳이 존재 자아의 분명한 터전이요 토대라는 점을 거리낌 없이 선언한다. 우리의 토대는 바로 우리 자신 안에 있는 성산, 곧 시온의 영광이 비춰오는 곳, 지성소의 법궤로부터 비롯되었다. 율법으로 말미암은 것도 아니고, 타자의 숲에서 비롯된 것도 아니다. 처음에는 그곳에서 온 존재를 자신이라고 오해하고 살았던 시절이 있다. 그곳에서 비롯된 것은 존재가 아니라 비존재임을 명백히 알게 된다. 처음 사람은 거기를 자신의 터전으로 여긴다. 그래서 언제나 흔들리고 존재의 불안에 시달린다.

성서는 우리의 근원, 토대(יְסוֹד 예소드), 터전이 어디인지 분명히 말한다. 성산이 터전이고, 성산으로부터 비롯되었다는 것을 한결같이 노래한다. 이제는 생명나무의 아홉 번째 세피라의 열매인 예소드가 자기 자신이라는 사실에도 주저하지 않는다. 어디에서 왔고 어디를 향해야 하는지를 아는 이는 비로소 생명의 씨를 낼 수 있다. 자기 언어로 말하되 그의 말을 한다. 비로소 로고스, 레고와 레게인을 통해 생명의 씨를 담은, 씨알의 소리를 낼 수 있다. 예소드는 인체의 생식기와 방불하다.

나도 내 본분대로 대답하고 나도 내 의향을 보이리니 내게 말이 가득하고 내 심령이 나를 강박함이니라 보라 내 가슴은 봉한 포도주 같고 새 가죽 부대가 터지게 됨 같구나 내가 말을 발하여야 시원할 것이라 내 입을 열어 대답하리라 나는 결코 사람의 낯을 보지 아니하며 사람에게 아첨하지 아니하나니 이는 아첨할 줄을 알지 못함이라 만

일 그리하면 나를 지으신 자가 속히 나를 취하시리로다(욥 32:17-22)

존재 자아의 빛나는 특징 그 아홉 번째는, 엘리후가 욥과 그의 세 친구에게 사자후를 토할 때 언급한 것에서 넉넉히 알 수 있다. '내게 말이 가득하고 내 심령이 나를 강박함이니라 내 가슴은 봉한 포도주 같고 새 가죽 부대가 터지게 됨'과 같다고 고백한다. '내가 말을 발하여야 시원할 것'이라고 엘리후는 선언한다. 레고(말하다)와 레게인(말하기)이 지어 만든 지식에서 비롯된 것이 아니다. 생수의 강이 그 배에 가득 차서 흘러나오는 것이 엘리후의 특징이다. 그러므로 그의 근원과 토대, 예소드는 그의 배인 것이 분명하다. 그 배에서 생수의 강이 넘쳐흐르는 게 존재 자아의 빛나는 특징이다. 지성소의 깊고도 그윽한 그곳에서 아론의 싹난 지팡이를 짚고 감추인 만나를 꺼내 옛것과 새것을 넘나들며 증거판을 보이게 된다. 그것의 토대와 기초는 다른 어느 곳에 있는 게 아니다. 시온에 있고, 성산에 있고, 지성소의 빛에 있다. 기억력에 있는 것이 아니고, 머리에 있는 게 아니다. 돌비에 있는 것이 아니고 심비가 토대요 터전이며 기초요 활석이 거기에 있다. 그곳을 기초로 해서 생명의 집을 지어 간다. 그들은 그의 토대가 어디인지 분명히 노래한다. 자랑할 것이 없고, 내세울 것도 없다.

다만 돌비에서 나오는 것에 대해서는 강력한 힘으로 타파하고 분쇄한다. 노를 발하고 땅에 있는 예루살렘이 돌 위에 돌 하나도 남김없이 무너지리라 예언한다. 어디에서 와 어디로 가

는가. 우리는 우리 자신에게서 나와 나 자신이 되어야 한다. 거
짓된 토대를 무너뜨리고 그를 십자가에 못 박아버린 후 그리스
도와 함께 새로 태어난 나를 중심으로 나의 됨됨이를 이루어간
다. 나는 죽었지만, 결코 죽지 않는다. 비본질의 나는 죽고 본
질의 나는 그리스도와 함께 살아난다. 본질의 나를 일컬어 나는
존재 자아라 명명한다. 존재 자아의 머리는 기름 부음이며 아울
러 그 터전은 지성소의 밝은 빛이다. 여기서 생명의 씨알, 씨알
의 소리를 내게 되는 게 존재 자아의 빛나는 특징 중 하나다.

나는 존재 자아라는 표현으로 카발라의 생명나무에 그려진
세피로트를 오늘의 언어로 다시 해석하고 있다. 의식의 기원과
의식의 다양한 특성을 나의 생각 하기와 묵상을 통해 해설해보
는 것이다. 누구도 의존하지 않고 생명나무의 세피로트를 하나
하나 다시 사유하며 나의 언어로 기술하는 것이다.

> 의와 공의가 주의 보좌의 기초라 인자함과 진실함이 주
> 앞에 있나이다(시 89:14) 구름과 흑암이 그를 둘렀고 의와
> 공평이 그의 보좌의 기초(מָכוֹן)로다(시 97:2)
> 주께서 옛적에 땅의 기초(יָסַדְתָּ)를 놓으셨사오며 하늘도 주
> 의 손으로 지으신 바니이다(시 102:25)
> 땅에 기초를(עַל־מְכוֹנֶיהָ) 놓으사(יָסַד־אֶרֶץ) 영원히 흔들리지 아
> 니하게 하셨나이다(시 104:5)

# 그대 안의 왕국

존재 자아는 그렇게 다양한 요소를 채우면서 형상과 꼴을 지어간다. 인체가 12 계통과 12 경락의 구조로 만들어진 것처럼 하나님 나라로 명명되는 존재 자아의 '나'는 그렇게 새롭게 창조(낳고)되고 길러지고 조성된다. 다니엘에 느부가넷살의 신상으로 표상되는 인간의 이상 상이 산산조각나고 그 자리에 하나님의 형상과 모양의 사람을 이룬다. 하늘과 땅에 생명의 요소들로 가득 채워 만물이 그로 말미암고 그를 향해 있게 하는 하나님 나라의 창조 사역이 앞서 언급한 존재 자아의 특징들을 통해서 구현된다. 사람을 짓는다. 이를 왕국 곧 말쿠트라 한다. 인체의 수많은 구성요소 중, 어느 장기 하나만으로 사람일 수 없다.

인체는 12 계통을 이룬다. 피부계통, 뼈대계통, 관절계통, 신경계통, 내분비계통, 순환계통, 림프계통, 면역계통, 호흡계통,

소화계통, 비뇨기계통, 생식기계통으로 이루어져 있다. 그 어느 것도 독립하여 홀로 존재할 수 없다. 서로 유기적으로 조직되고 서로는 서로에게 밀접한 연관 속에서 상호 의존적이다. 전체가 하나의 시스템으로 동시에 이루어진다. 열두 개의 시스템은 결코 열두 개가 아니라 하나의 시스템으로 움직이는 유기적인 결합체다. 마찬가지로 정신, 그 의식의 활동도 12 계통으로 이루어져 있고 상호 그 어느 것도 독립하여 존재할 수 없다. 인체의 소화계가 음식을 소화하여 12 계통에 골고루 생명의 양분을 공급하듯, 정신도 소화계가 건강하여야 각각은 역동적으로 활성화되고 생명작용이 왕성해진다. 어느 것도 막힘없이 유기체로 흘러간다. 12는 12가 아니고 십사만 사천은 십사만 사천이 아니다. 하나로 돌아간다. 이를 하나님 나라 곧 왕국이라 한다. 말쿠트요, 존재 자아의 빛나는 특징이다. 의식활동의 전체 시스템이 십이와 십사만사천의 아름다운 시스템으로 하나가 되어 돌아가는 왕국이고 나라다. 하나님 나라 혹은 왕국은 다른 어느 곳에 있거나 우주 종말 이후에 있는 게 아니라, 그대 안에 의식의 왕국으로 있다. 하나님 나라는 여기 있거나 저기 있는 것이 아니라는 성서의 이야기와도 부합한다.

넷으로 나누면 사자와 독수리와 송아지와 인자의 형상이 사방으로 날개를 연하여 하늘을 나는 형상이다. 물론 이는 성서의 비유 방식이다. 어느 하나도 소홀함 없이 역동적으로 삶의 수레바퀴를 굴리며 하늘과 땅을 오르락내리락한다. 옛사람들은 하나님과 동행하는 삶을 이야기 속에서 수레를 타고 하늘을 올라가고 또 내려오는 식으로 묘사한다. 그렇게 존재 자아는 그 의식

세계를 확장한다.

왕국, 말쿠트란 생명의 지배와 생명의 통치를 일컫는 것으로 왕성한 생명의 기운이 그 의식의 사람에게 온전히 흐르고 있음을 의미한다. 막힘없이 진리와 생명이 흐르는 의식의 사람을 왕국이라 한다. 왕국은 여기 있거나 저기 있는 것이 아니라, 사람의 마음 안에서 그 의식의 세계에 짓고 또 세워지는 나라다. 그 기원은 하늘이고, 자기 자신이고, 지성소다. 여기 자기 자신이라고 할 때의 자신은 결코 처음 사람, 땅의 사람을 일컫는 개념이 아니다. 거기는 율법으로 왕국을 건설하려는 세계요 그로부터는 벌써 떠나와 지성소의 빛(하나님)으로부터 비롯된 빛나는 사람을 의미한다.

주의 능하신 일과 주의 나라의 위엄의 영광을 인생에게 알게 하리이다 주의 나라는 영원한 나라이니 주의 통치는 대대에 이르리이다 여호와께서는 모든 넘어지는 자를 붙드시며 비굴한 자를 일으키시는도다(시 145:12-13)

# 성서가 말하는 정신의 유형-숨에 대해

1. Gouph 구프(גוּף, 쏘마, σῶμά)

   인체(הָאָדָם גוּף,구프 아담, 문자적으로는 인체)

2. Nephesh 네페쉬(נֶפֶשׁ, ψυχή 푸쉬케, 문자적으로는 살아 있는 존재)

3. Basar 바살(בָּשָׂר, σὰρξ 싸르크, 문자적으로 육)

4. Ruah 루아흐(רוּחַ, πνεῦμα 프뉴마, 문자적으로는 바람)

5. Neshamah 네샤마(נְשָׁמָה, πνοή 프노에, 문자적으로는 숨)

6. Hayyah 하야(חַיָּה, ἐγώ εἰμί 에고 에이미, 생명, 존재)

7. Yechidah 예히다(יְחִידָה, ἐν 헨 문자적으로는 하나, νοῦς 누우스, 사유)


모든 살아 있는 생물은 공기로 호흡한다.

육체는 그러하나, 정신은 무엇으로 숨 쉬느냐가 그의 정체성을 결정한다. 예컨대, 진보와 보수로 극명한 대립을 보이며 심리적 내전 상태인 한국 사회는 정신이 숨 쉬는 종류가 달라서 나타나는 현상이다. 성서에서 말하는 숨의 분류에 의하면 보수의 숨결이나 진보의 숨결은 서로 다르지 않다. 같은 숨이다.

성서에는 숨을 표현하는 개념이 여러 형태로 등장한다. 인간의 정신을 설명하기 위해 정신을 몸으로 비유한다. 정신의 단계에 따라 호흡의 종류가 다르다는 것이다. 즉 무엇으로 호흡하느냐에 따라 정신의 정체성이 달라지고 정신의 몸 또한 다르게 표현된다. 정신도 인체와 같은 정신의 몸을 갖는다.

살아 있는 육체는 동물이든 사람이든 공기를 호흡하고 산다. 숨 쉼이다. 호흡이 끊기는 순간 육체의 생명 활동은 멈춘다. 우리의 정신도 마찬가지다. 정신도 호흡하며 그 정신의 생존을 유지한다. 무엇으로 호흡하느냐가 그 사람의 됨됨이를 이룬다.

정신은 그때그때 호흡의 종류가 다르다. 성서는 여러 형태의 개념을 동원해 이를 표현해준다. 애굽에서의 호흡이 다르고, 광야에서의 호흡이 다르고, 가나안에서의 호흡이 다르다. 바빌론에서의 호흡이 다르고 다시 가나안에서의 호흡이 다르다. 처음 가나안과 두 번째 가나안에서의 호흡은 같은 가나안이라 하더라도 전혀 다른 호흡으로 산다. 여기 등장하는 지역은 그가 머무는 정신의 거주지를 비유한다. 히브리인들의 이야기에 등장하는 지역은 정신의 거처를 비유하는 것이고 숨 쉼의 종류를 나타낸다고 해석할 수 있다. 물론 머무는 지역이 달라도, 육체가 호흡하는 것은 공기를 호흡하므로 다르지 않다. 거주지가 달라도, 그의 네페쉬 혹은 푸쉬케가 작동하는 의식 활성화 그것 자체는 다르지 않다. 그럼 무엇이 다를까.

먼저 구약성서에서 히브리어로 표현하는 숨의 종류를 살펴본다. 숨의 종류는 그 사람의 정신의 단계요 상태를 나타낸다.

1. Gouph 구프(גוף, 쏘마,σῶμά גוף האדם, 구프 아담, 문자적으로는 인체)

구프는 육체고 단단한 몸이며(지각이 정지된 마치 시체와 같은), 육체의 측면에서 창조적으로 일할 수 있고 진보할 가능성이다. 육체로 말하면 인체이지만, 인체는 무한한 가능성을 담고 있으나 정신과 구분된다. 다만 구프로 비유되는 정신은 마치 사물 존재와 같이 즉자존재(An Sich, being in itself 그것 자체로 있는 존재)로 숨 쉬는 존재라고 할 수 있다. 구약성서엔 단 한 차례 등장하는 개념이다. 느헤미야 7장 3절에 파수꾼이 성문을 닫는다(to shut)고 할 때, 닫힌 상태를 일컫는다. 지각이 정지되고 마음이 닫혀 있고 생각 없이 사는 걸 일컫는다. 이때의 정신은 육체적(physical)인 정신이고 그가 형성하는 정신의 몸(꼴)은 피지컬 바디(physical body)라 할 수 있다. 그냥 그 정신이 인체(גוף האדם, 구프 하아담)와 같다는 말이다. 정신의 형상은 언제나 몸을 반영한다. 헬라어로는 몸으로 표현되는 쏘마(σῶμά)가 여기에 상응한다.

신약에서의 쏘마(σῶμά)는 정신의 소속이 어디냐에 따라 다른 몸으로 표현된다. 막 태어난 어린아이는 아직 정신이 형성되기 전이다. 단지 정신이 활성화될 수 있는 바탕과 토대만 있을 뿐이다. 아직 그 무엇으로 활성화되지 않고 미약한 채 그냥 쏘마 자체로 있을 뿐이다. 이처럼 육체의 몸은 성인이 되었지만 마치 막 태어난 어린아이처럼 그냥 아무 생각 없이 사는 정신 상태도 있다. 생각하며 살지만, 저 스스로의 생각이 아니다. 생각다운 생각을 하지 않는다. 스스로는 생각한다고 할지라도 생각이 아니다. 아무 생각 없이 사는 상태, 언제나 무한의 가능성을 갖고 있지만, 정작은 생각 없이 사는 인생을 일컬어 구프로 비유한다.

정신은 쏘마 그 자체일 수도 있고, 또한 싸르크에 속할 수도 있고(ἐν τῷ σώματι τῆς σαρκὸς), 그리스도에 속한 몸(τοῦ σώματος τοῦ Χριστοῦ)일 수도 있다. 처음에는 싸르크에 그의 정신이 경도될 수밖에 없다. 왜냐하면 우선 먼저 생존을 위해 정신이 활성화되어야 하기 때문이다.

## 2. Nephesh 네페쉬(נֶפֶשׁ, ψυχή 푸쉬케, 문자적으로는 살아 있는 존재)

정신이 활성화되고 작동하는 인식 활동의 기능이 네페쉬다. 네페쉬는 '동물의 혼'인데 구프(גּוּף, σῶμά)에 비로소 숨결을 불어넣어주는 것, 생명을 주는 것이다. 살아 있는 사람의 육신에 깃들어 생명을 지탱해주고 의식을 활성화하는 기운이다. 말하자면 인식의 기능이라 하겠다.

네페쉬는 태양과 달, 우주의 에너지를 수집하고, 그것을 육체의 몸을 위해 사용 가능한 다른 에너지로 변환한다. 네페쉬는 실제로 한 몸의 에너지 흐름을 구성하는데, 네페쉬는 모든 열정, 본능과 욕망의 운반체다. 생기의 몸이다. 정신이 활성화되는 의식의 기능을 일컬어 네페쉬라 하겠다. 의식의 기능은 싸르크가 지배할 수도 있고, 생기(נְשָׁמָה 네샤마, πνοὴν ζωῆς, 생명의 숨)가 불어넣어져 싸르크의 지배를 떠나 산 것을 향해 숨을 쉬는 레네페쉬 하야(לְנֶפֶשׁ חַיָּה, εἰς ψυχὴν ζῶσαν)가 될 수도 있다. 숨은 숨인데 무엇을 향해 숨을 쉬는가. 생각하기는 생각하기인데, 육신(σῶμά)을 향한 '생각하기'인가, 아니면 영을 향한 '생각하기'인가에 정신은 천지 차를 이룬다. 싸르크로 네페쉬가 활성화되는가 아니면, 그의 네페쉬가 프뉴마에 의해 활성화되는가. 이는 싸르크로 숨을 쉬는가 프뉴마로 숨을 쉬는가의 문제와 같다. 육신의 생각은 사망이요, 영의 생각은 생명과 평안이라고 하지 않는가. 싸르크와 프뉴마는 무엇을 말하는 것일까.

### 3. Basar 바살(בָּשָׂר, σάρξ, 싸르크, 문자적으로 육)

> 내가 홍수를 땅에 일으켜 무릇 생명의 기식 있는 육체
> (בָּשָׂר, σάρξ)를 천하에서 멸절하리니 땅에 있는 자가 다 죽
> 으리라 그러나 너와는 내가 내 언약을 세우리니 너는 네
> 아들들과 네 아내와 네 자부들과 함께 그 방주로 들어가
> 고(창 6:17)

이 단계의 사람은, 오직 자신의 필요만을 의식하고 온통 약육강식의 동물 세계에서 생존을 중심으로 사고하고 숨을 쉰다. 본능과 육체의 생존과 만족을 중심으로 네페쉬를 구동시킨다. 기 싸움에서 우위에 서려는 것을 중심으로 질서를 세운다. 자신을 중심으로 주변을 질서 짓고 세상을 파악한다. 신약의 헬라어로는 싸르크에 상응한다. 70인 역은 바살(בָּשָׂר)을 대부분 싸르크(σάρξ)로 번역한다. 적자생존 동물왕국의 질서, 계급적 지배구조 시스템에 의해 정신이 활동한다. 정신은 야만(野蠻)이 지배한다. 정신 활동은 신분 상승과 권력의 상층부, 상위 지배계급을 향해

서 있다.

> 말하는 자의 소리여 가로되 외치라 대답하되 내가 무엇이
> 라 외치리이까 가로되   모든 육체(בָּשָׂר, σάρξ)는 풀이요 그
> 모든 아름다움은 들의 꽃 같으니 풀은 마르고 꽃은 시듦
> 은 여호와의 기운이 그 위에 붊이라 이 백성은 실로 풀이
> 로다(사 40:6)

신약성서에서는 육신(σάρξ)의 생각은 사망이고 영의 생각은
생명과 평안이라고 규정한다. 육신을 좇는(κατὰ σάρκα) 자는 육신
의 일을, 영을 좇는(κατὰ πνεῦμα) 자는 영의 일을 생각한다고 한다.
이때 싸르크(κατὰ σάρκα)는 육체를 일컫는 게 아니다. 정신이 무엇
으로 숨 쉬는지 호흡의 상태를 말한다. 바울은 다음과 같은 것
들을 싸르크(σάρξ)라고 설명한다.

> 그러나 나도 육체를 신뢰할만하니 만일 누구든지 다른 이
> 가 육체를 신뢰할 것이 있는 줄로 생각하면 나는 더욱 그
> 러하리니 내가 팔일 만에 할례를 받고 이스라엘의 족속이
> 요 베냐민의 지파요 히브리인 중의 히브리인이요 율법으
> 로는 바리새인이요 열심으로는 교회를 핍박하고 율법의
> 의로는 흠이 없는 자로라 그러나 무엇이든지 내게 유익하
> 던 것을 내가 그리스도를 위하여 다 해로 여길뿐더러 또
> 한 모든 것을 해로 여김은 내 주 그리스도 예수를 아는
> 지식이 가장 고상함을 인함이라 내가 그를 위하여 모든

것을 잃어버리고 배설물로 여김은 그리스도를 얻고 그 안에서 발견되려 함이니 내가 가진 의는 율법에서 난 것이 아니요 오직 그리스도를 믿음으로 말미암은 것이니 곧 믿음으로 하나님께로서 난 의라(빌 3:4-9)

'여드레 만에 할례를 받고 이스라엘의 족속이요 베냐민의 지파요 히브리인 중의 히브리인이요 율법으로는 바리새인이요 열심으로는 교회를 핍박하고 율법의 의로는 흠이 없는' 것 등을 일컬어 싸르크라고 하고 있다. 따라서 싸르크(בָּשָׂר, σάρξ)는 그 의미가 분명하다. 인간의 정신이 자신의 스펙과 타인과의 경쟁력에서 우위를 확보하려는 그 모든 것들이다. 재물이고, 권력이며, 명예요, 학력이요, 지식이고 힘을 배양해 기 싸움의 상위에 서려는 그 모든 것을 일컬어 싸르크라고 한다. 누구나 우월하거나 혹은 열등하다. 우열의 질서에 묶여 산다. 계급사회요, 서열화의 질서에 편입되는 것이다. 정신이 이 같은 시스템에 의해 작동하고 이를 지렛대로 자신의 네페쉬가 구동되는 것을 육(בָּשָׂר, σάρξ)이라 한다.

인생은 예외 없이 그 정신이 육에 노출되어 있다. 생각도 육의 지배를 받는다. 율법의 의로는 흠이 없다는 것, 율법으로 말미암았다는 것에서 그의 정신의 토대는 곧 선악의 세계관에 속해 있다. 그가 태어난 곳이 선악의 세계고 현재 머무는 현주소가 선악의 세계관에 정착하고 있다는 말이다. 따라서 싸르크 곧 자기 기준의 선과 악으로 가치 판단하며 그 숨을 쉬고, 상위의 지배계급 자리를 향(向)해 있다. 늘 긴장과 불안, 만족과 불만족 사이를 넘나든다. 이때의 정신세계는 싸르크다. 싸르크에 의해 낳고 길러지고 싸르크가 그의 집이다. 푸쉬케는 싸르크의 지배를 받는다.

싸르크로 정신을 일깨우는 이는 어머니며 아버지다. 부모는 그 시대의 지배 이데올로기요, 그 시대의 가치다. 그 시대의 가치는 단지 그 시대만을 의미하는 게 아니다. 전승된 집단의식, 무의식에 담겨 있는 전통을 토대로 부모를 통해 싸르크의 세계가 형성된다. 싸르크의 구조는 따라서 타자지배 아래 형성된 타자 자아의 정신 활동이다. 그것에 의해서 지어진 집이 싸르크에 속한 싸르크의 몸(ἐν τῷ σώματι τῆς σαρκὸς)이다. '나는 생각한다'가 아니라, '나는 지배당한다'가 싸르크의 현주소다.

## 4. Ruah 루아흐(רוּחַ, πνεῦμα 프뉴마, 문자적으로는 바람)

루아흐는 창세기 1:2에서 하나님의 신(רוּחַ אֱלֹהִים, 루아흐 엘로힘)으로 처음 불린다. 70인 역은 프뉴마 데우(πνεῦμα θεοῦ 하나님의 영)로 번역한다. 하나님의 신은 무엇일까.

성서는 히브리인들의 이야기 모음집이다. 이야기에 등장하는 엘로힘, 혹은 야웨 엘로힘은 그 시대마다 인간의 지성이 상상할 수 있는 지고의 자리에 등장한다. 엘로힘은 인간 자의식의 투영이고 '신'은 이야기꾼에 의해 이야기에 등장한 지고 지선의 가치를 투영시킨 메타포다. 제정일치 시대의 신은 지배 이데올로기이고 공동체의 가치를 전승시키는 이야기에 반영된 은유적 표현이다. 히브리인들에게는 엘로힘이다. 이때 하나님의 신이라

불리는 루아흐는 적어도 바살에 의해 구동되는 네페쉬에 대해, 저항의 의미가 담겨 있다. 타자 자아에 의해 네페쉬가 활성화되는 것을 초월하여 드디어 스스로 자의식의 빛에 의해 네페쉬가 활성화되기를 희망하는 열망의 소산물이다.

따라서 루아흐는 '인간의 영혼'으로 불리는 정신이며 지성이다. 지성은 신적인 요소여서 성서는 '하나님의 영(אֱלֹהִים רוּחַ, 루아흐 엘로힘)'으로 표현하고 있다. 스스로의 자의식이 비로소 빛나는 것이 루아흐요 이를 하나님의 영이라고 칭한다. 그것은 감정을 구동하는 생명의 호흡이다. 어두운 밤하늘에 있던 의식활동이 타자 의존에서 스스로 자신의 지성의 창고가 반짝이게 하는 단계다. 무속에서 말하는 입신이나 강신처럼 외부에서 혹 들어오는 그 무엇이 아니다. 성소에서 반짝이는 일곱별의 형상이다. 일곱 금 촛대의 빛이 성소의 루아흐다.

낮은 의식을 가진 사람은 매우 조밀한 루아흐의 몸으로 희미한 별의 빛을 발하며 낮은 감정적 경향이 있다. 사람은 누구나 자아와 자신을 동일시하는 것을 중지하고, 낮은 차원의 감정과 동물적인 열정에서 벗어나고 싶어한다. 자유를 열망하며 자신을 정화하고 한 걸음 나아갈 수 있기를 바란다. 그런 점에서 하나님의 영으로 표현되는 루아흐는, 스스로 반짝이는 지성의 활동을 일컫는다. 여기에도 낮은 단계부터 높은 단계의 활동이 있다고 하겠다.

요한복음에는 싸르크와 관련하여 매우 예외적인 서술장면이 등장한다. '호 로고스 싸르크 에게네토' 즉 말씀이 육신이 되었다고 할 때의 싸르크다. 이 경우 위에 바울이 언급한 육의 요소들로 싸르크를 이루고 있는 게 아니라, 말씀(로고스)이 싸르크를 이루고 있다는 진술이다. 동시에 이를 모노게네스(유일하게 난 자)라고 서술한다. 마침내 죽은 자, 죽은 정신에 로고스가 깃들어 그와 하나 되므로 싸르크에서 생명이 부활하고 있다. 이를 '쏘마 투 크리스투', 곧 그리스도의 몸이 되었다고 한다. 루아흐의 활동이 깊어지고 정점에 이르게 되면 마침내 광야를 지나 요단강을 건너서 가나안에 이르게 된다. 광야의 만나는 이 뭐꼬? 의 물음과 대답이다. 정신의 영역에서는 지성의 활동으로 비유된다. 타자 자아에서 벗어나 존재 자아의 활동이 시작되는 것이다. 소중하고 아름다워 이야기꾼들은 '하나님의 신'이라 개념화한다. 참으로 거룩한 영이며, 정신이다.

그러나 인간은 이때 등장하는 하나님의 신(루아흐 엘로힘) 엘로힘을 타자 자아를 넘어서서 비로소 존재 자아의 활동으로 보기보다는, 초월적 존재의 대상으로 삼아 인간의 정신에 침입하여 활동하는 신으로 본다. 혹은 물리적 우주 창조의 어떤 특별한 활동으로 보려 한다.

칠일 창조의 이야기에 등장하는 엘로힘은 이야기꾼들에 의해, 혹은 민중의 열망을 통해서 이야기에 반영된 메타포다. 엘로힘은 은유다. 그러면 무엇에 대한 은유일까. 타자 자아를 넘어서 존재 자아에 이르고 싶은 욕망이 '엘로힘'에 투영되어 옛 지혜자들의 이야기에 등장한다는 말이다. 엘로힘은 인류의 지혜의 산물이며, 동시에 무지의 산물이다. 무지란 그렇게 등장한 엘로힘이 숭배 대상이 되었고 우주 창조의 창조주 곧 우상으로 격상되어 버렸다는 뜻이다. 이는 존중이 아니라 퇴락이다. 인생의 전면에 등장하여 인간의 내적 초월의 신성성이 아니라, 도리어 인간의 정신을 지배하는 지배자가 되어버렸다. 원효의 「대승육정참회(大乘六情懺悔)」에 기록되어 있는 '환호환탄환사(幻虎還呑幻師)'의 비유처럼 마술사의 종이호랑이가 마술사를 잡아먹는 꼴이 되어버리고 말았다. 육정(六情)이란 안(眼)·이(耳)·비(鼻)·설(舌)·신(身)·의(意)를 말한다.

환사(幻師)는 마술사를 가리키고, 환호(幻虎)는 이 마술사가 만든 허깨비 종이호랑이다. 마술사의 환술(幻術)로 만든 호랑이가 오히려 마술사를 집어삼켰다는 이야기다. 엘로힘은 이야기꾼들이 만들어낸 초월에 대한 인간의 열망을 투영시킨 지혜의 산물이다. 그러나 내적 초월이 아니라, 물리적 세계를 넘어 시공을 초월하는 존재자로 환원하여 그를 대상으로 숭배하게 되었다. 전지전능의 옷을 입고 인생의 전면에 나서서 지배력을 행사하려는 '엘로힘'은 사실 허깨비 종이호랑이다. 종이호랑이에 잡아먹히는 꼴이 되어버렸다. 모든 이야기는 메타포요, 인간의 또 다른 숭고와 성스러움의 열망이 투영된 은유다. 따라서 '루아흐 엘로힘'은 초월적 대상의 신을 일컫는 게 아니라, 타자 자아를 넘어서서 존재 자아의 빛이 비로소 시작되는 성스러움에 대해 이야기꾼이 표상한 어법이라는 점을 오늘의 사람들은 해석해 낼 수 있어야 한다. 사실 요한계시록은 이 점을 확연하게 드러내고 있다. 하늘의 용은 인간이 낳고 키운 신이다.

큰 용이 내어 쫓기니 옛 뱀 곧 마귀라고도 하고 사단이라
고도 하는 온 천하를 꾀는 자라 땅으로 내어 쫓기니 그의

사자들도 저와 함께 내어 쫓기니라(계 12:9)

하늘의 용이 지배하는 정신은 결코 '루아흐 엘로힘'일 수 없다. 거짓된 신이고 거짓말쟁이며 살인자다. 종이호랑이라는 사실이 들통나면 더는 그에게 잡아먹힐 일이 없다. '하나님의 신, 루아흐 엘로힘'은 활동하는 존재 자아의 지성의 빛인 것이다. 신약에서는 '프뉴마'라 하고, 육의 생각과 대비해 영(프뉴마, κατὰ πνεῦμα, 카타 프뉴마, 영을 좇아서)의 생각이라 구분한다. 그의 정신의 숨 쉼이 어디에 있는가를 강조하는 어법이다.

프뉴마는 출애굽 이야기에서 광야의 만나와 비유할 수 있다. 광야에는 주어진 정답이 없다. 바로의 가치를 떠났기 때문에 바로의 세계관에 지배당하지 않는다. 따라서 모든 게 의문투성이다. '이게 뭐지?'를 날마다 반복한다. 그럴 때마다 답을 만나고 이를 꿀보다도 더 단 양식으로 삼는다. 하나님의 신이 수면에 운행하는 것의 또 다른 이야기 방식이 출애굽 후 광야 생활이다. 지성의 활동은 타인의 정답에 종속된 삶을 사는 게 아니다. 자신의 존재 자아가 활성화되어 끊임없이 스스로 묻고 스스로 답을 찾아가는, 숨을 쉬는 단계다. 사춘기 소년·소녀들이 방문을 걸어 닫고 부모의 지배를 거부하며 차단하는 원리와 같다. 제소리를 듣고 제소리를 말하고 싶은 순례의 여정이라는 말이다. 저 스스로 생각하기(노에인, 메타노에오, 메타노에오는 일방적으로 주입된 타자의 생각을 넘어서서 스스로 생각하기를 시작하는 것, 루아흐 엘로힘이 수면에 운행하는 것, 그것이 회개의 진정한 의미다.)와 마침내는 스스로 말하기(레고, 내가 말한다)요, 그것의 명사형을 로고스라 한다. 요한복음의 로고스는 우주의 이치를 의미하는 게 아니다. 제소리로 말하는 것을 말씀이라 한다. 타자에 의해 일방적으로 주입된 것으로 숨쉬기에서 벗어나, 스스로 생각하기와 말하기를 통해 자기 자신으로 존재하기(εἶναι, to be)를 향해 나간다. 숨쉬기의 단계요 인생이 걷게 되는 순례의 길이다.

### 5. Neshamah 네샤마(מְשָׁמָה, πνοὴν, 프노에, 문자적으로는 숨

מְשָׁמַת חַיִּים, 니스마트 하임 πνοὴν ζωῆ, the breath of life, 생기)

네샤마는 루아흐에 의해 생각하기가 숙성된 조금 더 확고부동한 사고의 자리다. 네샤마는 헬라어로는 프노에(πνοὴ)다. 하늘로부터 급하고 강하게 부는 바람(wind, breath, 행 2:2)이다. 따라서 신약에서는 마가의 다락방 이후 예수의 정신이 거룩한 영으로 제자들에게 찾아온 것이다. 거룩한 영에 비로소 눈뜨게 된 것이다. 네샤마로 인해 형성된 몸(쏘마)은 일반적으로 두 가지로 구분된다. 구체적 사고를 하는 낮은 차원의 바디가 있고 추상적 사고를 하는 보다 높은 바디가 있다. 여기서 바디는 여전히 육체의 몸을 일컫는 게 아니라 정신의 몸을 일컫는다. 정신은 언제나 몸을 이룬다. 바살(싸르크)도 몸을 이루고, 루아흐도 몸을 이룬다. 이때의 쏘마는 정신의 모양을 일컫는다. 모든 정신에도 몸과 같이 12 계통이 있고 머리와 가슴과 배와 다리가 있다. 사지가 있고 손발이 있다. 다니엘서의 우상도 사람의 모양을 하고 있다. 인간의 정신과 모양은 마침내 하나님의 형상과 모양을 향해 있다. 네샤마의 정신은 확고하게 몸을 이루고 있어 강하고 힘있게 네페쉬의 코에 숨결을 불어 넣게 된다. 하아다마로부터 아담 아파르 이후에 산 숨이 불어 넣어지듯, 십자가 사건 이후 마가의 다락방에 거룩한 바람이 불어온 것처럼, 한 세대가 지나고 새로운 세대에 찾아온 강한 바람이다.

### 6. Hayyah 하야(הָיָה, ἐγώ εἰμι 에고 에이미, 생명, 존재)

하야는 히브리어의 존재 동사다. 영어의 Be 동사에 상응한다. 그러나 Be 동사와 온전히 일치하지는 않는다. 시제가 없고 시상만 있는 히브리어의 특성 때문이기도 하려니와 히브리어의 또 하나의 특성이 동사 원형은 3인칭 남성 단수를 주어로 포함하고 있기 때문이다. 그래서 하야는 영어로 부득불 'He was'로 번역한다. 하야(Hayyah)는 개성의 순수한 존재다. 그것은 몸이 아니라 존재의 상태다. 비로소 그가 존재한다. 그가 존재한다는 뜻은 즉 '그가 나로 존재한다.'이다. 그는 누구인가. 미카엘 천사가 히브리인들의 이야기(성서)에 등장하는 이유다. 하나님은 누구와 같은가(מִיכָאֵל 미카엘 Who is like God.). 이 물음의 끝에 '그는 나다'가 찾아온다. 미카엘 천사가 하늘의 용을 끌어내리고 지성소의 하나님을 복권하기 때문이다.

'나는 나다'가 내 안에 타자를 내보내고 그와 하나 된 것이다. '내가 나다'는 '아이 엠 히(I am He)'다. 그는 비로소 '나(I)'가 된다. 따라서 신약으로 표현하면 에고 에이미(ἐγώ εἰμι)가 된다. 물론 히브리어의 '예호예(אֶהְיֶה)'가 에고 에이미이지만, 결국 '하야'가 '에고 에이미'로 드러난다는 말이다. '아 엠 히(I am He)요,

아니 후(אני הוא)며 에고 에이미(ἐγώ εἰμι)다. 정신이 자기 정신으로 우뚝 서게 되는 단계다. 내가 마침내 나의 꼴을 갖췄다는 말이다. 하나님의 형상과 모양(HE)의 사람이 나의 정신에 지어지는 창조의 제 여섯째 날에 다다름이다. 여기서 쉬는 숨은 내가 나로 쉬는 숨이기에 하나님의 숨결이다. 내가 나로 숨을 쉰다는 말과 그로 숨을 쉰다는 말은 같은 말이다. 신성의 빛으로 숨을 쉰다는 뜻이고, 마침내 사람으로 산다는 말이기도 하다. 얼 사람이고, 참사람이고, 큰 사람이며 신의 사람이다. 하나님의 형상과 모양의 사람이다. 신성이 현현되고 나타난 사람이니 시천주(侍天主)이기도 하다. 자기 자신의 자신 됨이 길이고 진리고 생명이라는 것을 비로소 알게 된다. 예수께서 나는 길과 진리와 생명이라고 선언한 것은 모든 각각이 그 지점에 이르러 숨을 쉴 것을 가리키고(指月之指) 있다는 걸 알게 된다.

　나의 됨됨이에 이르는 길이 내가 가야 하는 길이다. '나답게'만이 나의 생명이라는 사실이다. 스스로 나답게 하는 것만이 내게 '진리'라는 사실에 주저하지 않는다. 이제는 예수만이 길이고 진리고 생명이라는 우상을 만들지 않는다. 예수는 단지 모두에게 그걸 가리켜(指) 알려주고 싶었다는 사실을 알게 된다.

　정신이 하야에 이른다는 것은 존재 개념을 가지고 있는 존재의 의식 상태다. 자기 존재에 눈뜬 이것이 야웨요 영어로는 'He was and He will be'다. 헬라어로 에이나이(εἶναι, to be, 존재하기)다. 정신이 자기 정신으로 우뚝 존재하여 자기 자신으로 숨 쉬며, 자기 자신이 길과 진리와 생명이라는 선포가 가능한 상태다. 그가 곧 나인 상태의 호흡이요 숨 쉼이다. 그는 야웨 엘로힘이지만, 자신의 지극한 자리에 있는 없이 계신 분이어서 He 이지만, 따지고 보면 마음의 지극한 곳이 환히 열리고 그와 내가 하나라는 소스라침이 신성의 나를 빚어가고 있다. 이 숨 쉬는 존재를 일컬어, 그 정신이 신성의 몸(divine body)을 입고 있다고 한다. 신성의 몸을 덧입은 것이다. 성스러움이라 한다.

앞서 언급한 여러 종류의 숨 또한 결국 여기 하야의 정신을 향한 숨결들이기도 하다. 인생은 다양한 종류의 숨을 쉬고 산다.

그대는 무엇으로 숨을 쉬는가.

### 7. Yechidah 예히다(יְחִידָה, ἕν 헨 문자적으로는 하나, νοῦς 누우스, 사유)

하야는 예히다(Yechidah)에 이른다. 예히다는 '오직 하나, 특이성, 정신', 하나 안에서 하나가 되는 것이다. 본질적으로는 하나님과 하나라는 인식이다(This aspect is essentially one with God). '나(I)'라는 감각조차 없다. 그것은 절대자의 제한 없고 초월적인 개념을 포함한다. 그러므로 이때의 '예히다'는 대상으로 있는 초월자를 의미하는 게 아니라, 내가 나를 넘어서는 절대정신으로 호흡하는 높은 정신의 상태다. 얼사람이라고 할 수 있을 것이고 한(헨, ἕν)사람이라고 할 수도 있다. 큰사람이라고 형용할 수도 있다. 신약 성서는 이를 헤이스(εἷς 한)라 하여 통일성, 동일성을 드러내 준다. 한 몸, 한 떡, 한 영혼 할 때 사용한다. '예히다'는 히브리어 '야히드(יָחִיד)'에서 유래했다. 야히드(יָחִיד)는 '유일한, 하나의'의 의미가 있다(시 22:20 참조). 신약에서는 모노게네스다.

말씀이 육신이 되어서 하나 된 것을 독생(μονογενής 모노게네스, only-begotten; unique)이라 한다(요 1:14). 따라서 예히다는 마침내 하나 된 경지요, 유일한 자기 자신, 곧 하나님의 형상과 모양의 사람이다. 신과 하나 된 마침내 사람, 하나님의 사람이라 하겠다. 비로소 사람으로 시작하여 마침내 사람이 된 것이다.

> 우리가 유대인이나 헬라인이나 종이나 자유자나 다 한 성령으로 세례를 받아 한 몸이 되었고 또 다 한(헨 ἕν, אחד) 성령을 마시게 하셨느니라(고전 12:13)

자유 영혼이 하늘을 유영하면서 무엇에도 걸림이 없고 무엇이든 다 수용하되 그것에 잡히지 않는 정신의 상태다. 마치 그물에 걸리지 않는 바람처럼…. 초월은 대상으로의 초월자가 아니다. 정신이 독수리처럼 하늘을 날고 싶은 간절함, 그것이 이야기에서는 초월자의 그림으로 그려지는 것이고, 신성성, 얼님, 하나님으로 인간의 의식을 표상하는 것이다. 신은 인간의 자기의식이 지향해 서 있는 자리에 위치시킨 인간 소망의 산물이다. 그리스 신화나 로마 신화는 당시의 사람들, 이야기꾼에 의해 만들어진 이야기다. 누군지 알 수 없는 작자 미상의 작품이라 해도 그 당시 사람들이 만들어 낸 이야기요, 이야기에 등장하는 신은 이야기꾼의 창조물이라는 것은 너무나 자명하지 않은가. 성서의 이야기는 그리스 신화에 등장하는 수많은 신과는 비교할 수 없이 다르다는 신학적 강변에 언제까지 숨을 죽여야 하는가.

신은 원초적으로 얼 숨으로 숨 쉬고 싶은 열망의 소산이다. 신은 인간의 집단 무의식이 창조해서 전승해온 산물이고 거기에는 인류의 인문학적 지혜의 결정체가 잠복해 있다. 그러나 동시에 엘로힘을 오해하여 우상으로 우뚝 세우니 인류의 비극이다. 신은 인간의 지혜며 어리석음이다. 우상을 타파하고 '하나님의 신'을 다시 복원하는 곳에 참된 지혜는 머문다.

## 하나의 숨결 - 비움과 채움

들숨과 날숨은 둘이 아니라 하나다. 들숨은 좋은 것이고 날숨은 나쁜 것이라고 말하는 이는 없다. 들숨이 없으면 날숨도 없다. 이를 호흡이라고 하고 숨쉬기라고 한다. 들숨과 날숨은 둘이 아니라 하나다. 숨을 쉰다는 것은 모든 생명 있는 것의 특성이다.

수레는 짐을 싣고 내리는 수단이다. 짐을 싣는 것이 수레라고 해서 실어놓고만 있으면 수레가 아니다. 운반하고 나면 내려놓아야 한다. 다시 짐을 실으려면 비워놓아야 한다. 비움은 채움을 위해 있고 채움은 비움을 위해 있다. 이를 반복할 때 수레는 비로소 수레다. 호와 흡은 이렇게 상생하며 유무 또한 그러하다. 있음과 없음은 서로 다른 둘의 세계가 아니다. 공과 색도 마찬가지다. 숨 쉼이다. 색즉시공이면 반드시 공즉시색이 찾아오게 마련이다. 둘은 동어반복이 아니다. 색즉시공이 날숨이라면 공즉시색은 들숨이다. 둘은 둘이 아니라 하나다.

생명의 관점에서 보면 이는 필연의 관계이며 하나일 뿐 아니라 무한이다. 생명은 무한 반복되기 때문이다. 하나(一)는 한(大)이며 동시에 무한(無限 infinite)이다. 심장박동이 생명 활동이라면 생명은 어느 한순간도 정지되지 않는 무한 반복이다. 따라서 하나는 무한인 셈이다.

창고는 물건을 보관만 하는 곳이 아니다. 물건을 들이고 내보내는 걸 반복하지 않으면 창고라 할 수 없다. 비어 있으면 거미줄만 무성해 황폐한 곳이 되고 가득 채워놓기만 하면 좀이 슬고 동록이 가득한 곳이 되고 만다. 비움은 아름다운 미덕이고 채움은 이기적인 것일까. 비움의 덕을 교조적으로 강조할 때 쓰는 말이다. 그러므로 비움이 아름다움이라는 말은 허구요 일그러진 말이다. 생명의 세계에서는 통용될 수 없는 말이다.

생명은 들숨과 날숨의 반복이다. 채움도 아니고 비움도 아니다. 채움과 비움의 반복일 뿐이다. 한 곳이나 한편에 머물고자 하는 것은 그러므로 사망이다. 죽은 자나 한곳에 머문다. 생명은 그 특성상 한 곳에 머물 수가 없다.

비움과 채움은 늘 반복되는 것이고 그게 생명의 자연스러운 현상이다. 씨를 뿌리기도 하고 거두기도 하는 게 농부의 일이다. 다만 절기를 따라 뿌릴 때와 거둘 때가 다를 뿐이다.

벌기도 하고 쓰기도 하는 게 돈이다. 버는 것과 쓰는 것은 둘이 아니라 하나라는 것. 깨달음은, 그 깨달음에 머물기만 하면 좀이 먹고 녹이 슬게 마련이다. 비워내야 또 다른 앎이 찾아온다. 비워야 한다는 당위를 말하는 게 아니다. 정신의 생명

현상이 그러할 뿐. 살아 있는 동안 의식활동은 멈출 수 있는 게 아니다. 의식의 활동도 활성과 비활성을 반복한다. 낮에 정신이 활동하였다면, 밤에는 충분한 잠을 통해 휴식을 취한다.

정신이 생명 활동을 역행할 때 경전에서는 '사망'이라 한다. 죽은 자라는 것이다. 숨이 멈췄고 기가 막혔다고 한다. 흐름이 막힌 것이다. 앎도 끝없이 흐르는 흐름이다. 그런 점에서 도그마는 역행이고 역리의 도다.

# 그 사람의 그 아들

'人子(그 사람의 그 아들)'는 성서의 독특한 기표다. 예수는 자신을 일컬어 '인자'라 하고 이를 반복해 사용하므로 그 의미를 환기한다. '인자'라는 명칭은 구약을 배경으로 한다. 히브리인들은 대개 '아무개의 자손'이라는 걸 자연스럽게 사용한다. 다윗이라 해도 되는데 굳이 '이새의 아들 다윗'이라 한다. 이삭이라 해도 되지만 아브라함의 자손 이삭이다. 히브리인들은 아브라함과 이삭과 야곱의 자손이라는 명칭을 매우 중시하고 이를 자신들의 자부심 어린 정체성으로 삼는다.

우리 조상의 문화도 유사하다. 조선 시대에는 반상이 엄격하여 상민에게 족보라는 것 자체가 없었고 이름도 없다. 즉 항렬을 따라 이름을 부르기보다는 그저 흔한 사물처럼 사물화시켜 (즉자존재, An Sich) 이름을 불렀다. 돌쇠, 개똥 어멈, 쇠돌이 등이다.

상민은 양반의 소유물로 취급되었을 뿐이다. 이에 반해 양반은 반드시 아무개의 아들로 호칭한다. 고위 관직이라도 누린 조상이 있으면 직책을 후손의 호칭에 넣어 부른다. 김 참판 댁둘째 도령 아무개라는 식이다. 참봉 벼슬이라도 하면 아무개 참봉의 몇 대손이라는 식으로 부른다.

마태복음에는 아브라함과 다윗의 자손 예수 그리스도라는 히브리인들의 관습을 따르는 호칭을 기록한다. 정작 예수는 자신의 이런 거추장스러운 호칭을 사용하지 않는다. 아브라함과 다윗의 자손이라고 하지 않고 '사람의 아들'이라고 부른다. 좀더 상세히 하면 그냥 사람의 아들이 아니라, '그 사람의 그 아들'이라 부르고 있다.

히브리인의 문화적 관습에 따라 아무개의 아들이라는 조상의 명칭을 소환하지 않고, 관습은 따르면서도 동시에 관습을 타파한다. '그 사람의 그 아들'이라고 하면서 어느 곳에서는 '인자는 머리 둘 곳이 없다'라고 탄식한다.

이게 무엇을 의미할까. '그 사람의 그 아들'이라는 표현은 구약을 배경에 두고 있다. 헬라어로는 '호 휘오스 투 안드로푸'다. 히브리어로는 '벤 아담(사람의 아들)'이요 '하벤 하아담(그 사람의 그 아들)'이다.

이에 대해 수많은 신학적 논설이 많다. 차치하고 여기서 '그 사람의 그 아들'의 배경은 '에덴의 이야기'에서 명증하게 찾아볼 수가 있다. 고유명사 아담은 동시에 보통명사 '아담(man)'이다. 창세기 2장 19절 처음 등장하는 아담의 라틴어 명칭은 호모(humo, humus 의 여격, 땅에게)라고 한다. 고유명사를 보통명사화하고 있다. 사람이라는 말이다.

정신의 세계에서 사람은 생물학적 사람의 꼴을 갖추고 있다고 해서 사람이라 하지 않는다. 정신의 형상은 동물의 형상이 있고 사람의 형상이 있고 신의 형상이 있다. 정신의 유형을 말하는 것이다. 성서 이야기에서 사람이란, 그 정신이 동물의 형상에서 사람의 형상으로 다시 태어난 것을 말한다. 정신은 수없이 거듭 태어난다. 어제의 나는 오늘의 나다. 동시에 어제의 나는 결코 오늘의 내가 될 수 없다. 인간의 정신에 대해 큰 유형에서 보면 동물의 형상이 있고 사람의 형상이 있고 신의 형상이 있다.

사람이란, 동물의 형상이 아파르(먼지) 아담(Adam of dust)이라는 새로운 인식을 통해 정신이 거듭 태어났을 때 사람이라 칭한다. 번역 성서에서는 '흙으로 사람을 지으시고'로 되었지만, 흙을 사람을 만드는 재료로 사용했다는 말이 아니다. 흙, 그중에서도 '흙먼지(아파르)와 같은 존재'라는 인식이 찾아올 때 동물의 형상은 사람의 형상이 된다는 신화적 서술이라는 말이다. 무(無)의 체험은 사람을 '비로소 사람'이 되게 한다.

그러므로 성서에서 일컫는 사람이란 생물학적 사람의 모습을 사람이라 하지 않는다. 모태에서 태어나면 사람의 모습을 하고 있지만 아직은 사람다운 사람이 아니어서 핏덩이라고 말하지 않는가.

온전한 사람의 모습을 하고 있지만, 육체로도 스스로는 무엇 하나 가늠할 수 없고 정신은 아직 미분화된 상태이니 핏덩일 뿐이다. 흔히 그 정신의 속성이 악취가 나는 경우 사람이 아니라 인두겁을 쓰고 있는 짐승이라고 한다. 이 같은 표현에서도 알 수 있듯 그 정신이 죽은 사람은 인간 피고름주머니에 불과하다.

그러므로 예수가 자신을 '인자'라고 부르는 '인(사람, 人)'은 사람다운 사람, 그 정신이 비로소 '사람'이라는 뜻이 담겨 있다는 말이다. 그런데 거기에 '아들(휘오스)'이라는 호칭이 부가된다.

다시 에덴의 이야기에서 아담의 아들들을 살펴보면, 아담과 하와가 동침하여 낳은 아들은 가인(소유)이다. 그리고 동침이라는 말이 전혀 없이 낳은 아들은 아벨(헤벨, 헛됨, 쏘)이다. 여기 아담의 두 아들은 사람이 낳는 두 형상을 의미한다. 처음은 소유로 상징되는 가인이다. 가인도 아담의 아들이니 사람의 아들이다. 둘째는 아벨이다. 아벨은 전도서에 나오는 헛되고 헛되다는 헤벨과 같은 의미의 이름이다. 표면으로만 보면 가인도 사람의 아들이고 아벨도 사람의 아들이다. 그러나 내면으로 보면, 가인은 뱀의 씨를 받아 태어난 뱀의 아들이니, 짐승의 아들이기도 하다. 표면적 사람의 아들이지만, 짐승의 형상을 지닌 가인이 아벨을 죽인다. 소유에 목매는 사람의 아들이나 곧 짐승의 형상을 지닌 가인은 모든 것이 헛되고 헛되다고 하는, 사람이 낳은 두 번째 아들의 형상을 죽인다.

두 번째 아들 아벨은 여자의 후손이다. 아담과 하와가 동침하지 않고 낳은 아들이다. 여자의 후손은 가인에게 짓밟히고 마침내 죽임을 당한다. 그리고 아담과 하와가 동침해서 아들을 낳으니 '셋'이다. 셋은 아벨 대신에 다시 낳은 아들이다. 그러므로 사람의 아들은 표면적으로는 가인이 될 수 있고, 아벨이 될 수 있고 셋이 될 수 있다.

그러나 이야기는 얼마나 정밀하고 묘(妙)가 있는가. 정관사 하(ὁ, The)를 부친다. 그냥 '사람의 아들'이라 하지 않는다. '그 사람의 그 아들'이라 한다. 하여 히브리어로는 '하벤 하아담'이요 헬라어로는 '호 휘오스 투 안드로푸'다. 그냥 단순히 '인자'가 아니다. '그 사람의 그 아들'이라는 의미다.

그러므로 여기서 그 사람의 그 아들은 가인도 아니고, 아벨도 아닌 아벨 대신에 얻은 셋이다. 그러므로 인생은 누구나 가인을 자신의 정체성으로 삼으려는가 하면 한쪽에서는 이를 강력히 부정한다. 아벨을 새로운 정체성으로 잠시 삼기도 한다. 그러나 현실의 수많은 난제 앞에서 언제나 가인이 득세한다. 가인으로 사는 동안 정신은 평화를 누리지 못한다. 마치 주가가 춤을 추는 것에 따라 천국과 지옥을 오가듯 가인으로는 평강을 누릴 수 없다. 그런데도 인생은 여전히 가인의 모습으로 살려한다.

예수께서 자신을 '그 사람의 그 아들'이라 칭하는 것의 묘를 보자. 인생의 궁극적인 상징을 담고 있다. 우리 인생은 무엇으로 살 것인가? 끊임없이 묻고 또 물어도 여전히 오리무중이다. 우리의 구원이란 가슴속에 겨자씨로 머무는 셋의 정체성이 우리를 구원한다. 비로소 '그 사람의 그 아들'이 되게 하는 근원이 인생의 마음속 깊은 곳에 자리 잡고 있다.

이천 년 전 예수가 스스로 '인자'라고 부른 뜻은 오로지 예수만이 참사람이니 그 예수를 믿어야 한다는 종교적 도그마를 형성하기 위해서가 아니다. 누구나 '그 사람의 그 아들'의 길을 향하라는 데에 있다. 예수는 온몸으로 달을 가리키고 있다.

비로소 사람이 다시 한번 거듭 태어나는 것에 인생이 가야 할 빛이 머문다. 사람의 아들을 일컬어 성서는 '비로소 사람(흙 사람)'이 아들을 낳으니 '마침내 사람'(그 사람의 그 아들)이고 창세기 1장 7일 창조의 여섯째 날에 창조한 신의 형상과 모양의 사람이라 부른다.

그러므로 순례의 길은 짐승의 형상이 사람의 형상을 거쳐 신의 형상으로 이행하는 것이고 오늘날의 용어를 사용하면 비존재에서 비로소 존재에 눈뜨고 존재로 사는 것을 일컫는다. 이를 기독교의 용어로 구원(소조)이라 한다.

# 부록 - 김창호 TV 동영상 목록

https://www.youtube.com/@biblelogos

김창호TV entebiblo
@biblelogos 구독자 623명 동영상 436개
가나안 성도를 위한 헬라어와 히브리어로 성경읽기 ›

채널 맞춤설정    동영상 관리

홈    동영상    재생목록    커뮤니티    채널    정보    Q

도마복음 말한 19 태어나기 전에 존재한 자
조회수 1,071회 · 5개월 전
가나안 성도를 위한 헬라어와 히브리어로 성경읽기
김창호 TV '구독과 좋아요'는 영상제작에 큰 힘이 됩니다.
후원계좌
국민은행 214-01-0365-031 예금주 : 김창호(형상과 글)
도서안내(글은 이 김창호)
- 베드로의 고백 그 허와 실(1994) /교보문고 e-book센터
- 그것이 나를 위한 것이나(말라기 강해) 교보 e-book_
자세히 알아보기

## 카발라 동영상

카발라와 함께 인문학 산책

유대 신비주의 카발리즘에 대해

카발라의 생명나무

메르카바(신의 전차) 신비주의

생명나무 1

생명나무 2

사단칠정론과 카발라

## 원어로 읽는 산상수훈

산상수훈 11 너희는 소금(τὸ ἅλας 토 할라스)과 빛(τὸ φῶς 토 포스)

## 원어로 읽는 주기도문

인자의 기도문(주기도문) 1 하늘에 계신 우리 아버지

인자의 기도문(주기도문) 2 이름이 거룩히 여김을 받으시오며

인자의 기도문(주기도문) 3 '오늘날'이란!? 의식의 세계에서 채권과 채무 관계

인자의 기도문(주기도문) 4 선악의 기원과 시험에 든다는 것

## 도마복음

도마복음 서론

도마복음 말씀 1 죽음을 맛보지 않는다는 것

도마복음 말씀 1, 2 엔사체 에테프, 감추인 것과 드러난 것의 구조

도마복음 말씀 2, 3 엘로힘과 쌍둥이 하나님

도마복음 말씀 4 노인과 어린아이

도마복음 말씀 5 눈앞에 있는 것과 감추인 것의 드러남

도마복음 말씀 6 금식과 거짓 그리고 밝히 드러남

도마복음 말씀 7 사람과 사자 그리고 사자와 사람

도마복음 말씀 8 사람과 현명한 어부

도마복음 말씀 9 씨 뿌리는 비유와 요한복음

도마복음 말씀 10 나는 세상에 불을 던지러 왔다

도마복음 말씀 11-1 처음 하늘은 사라질 것이고

도마복음 말씀 11-3, 4 하나일 때 둘이다. 둘일 때 무엇을 할 것인가.

도마복음 말씀 12 예수가 떠난 후 제자들이 가게 될 곳

도마복음 말씀 13-1, 2 예수와 의로운 천사, 현명한 철학자

도마복음 말씀 13-3 샘물 그리고 알 수 없는 세 마디와 돌

도마복음 말씀 14 금식, 기도, 자선에 대해

성서가 이야기라는 말에 대해

도마복음 동영상 강좌 현재 진행 중
그 外 다수의 동영상 강좌를 시청할 수 있습니다.